ALFRED COPIN

HISTOIRE

DES

COMÉDIENS

DE LA

TROUPE DE MOLIÈRE

PARIS

BIBLIOTHÈQUE DES DEUX-MONDES

L. FRINZINE & Cⁱᵉ, ÉDITEURS

1, RUE BONAPARTE, 1

1886

HISTOIRE

DES COMÉDIENS

DE LA

TROUPE DE MOLIÈRE

Il a été tiré de cet ouvrage :

10 Exemplaires sur papier de Hollande, numérotés
de 1 à 10 . . . . **15** francs.

5 Exemplaires sur japon impérial, numérotés de 1 à v. **40** francs.

ALFRED COPIN

HISTOIRE

DES

COMÉDIENS

DE LA

TROUPE DE MOLIÈRE

PARIS

BIBLIOTHÈQUE DES DEUX-MONDES

L. FRINZINE & CIE, ÉDITEURS

1, RUE BONAPARTE. 1

1886

A LA COMÉDIE FRANÇAISE

A. C.

PRÉFACE

Je sortais un soir du Théâtre-Français, où l'on avait joué du Molière ; j'avais vu nos premiers artistes aux prises avec ces rôles formidables du répertoire, si formidables que beaucoup d'acteurs, en pleine possession de leur talent, hésitent avant de s'en charger, et je pensais :

Quels comédiens Molière avait-il donc à sa disposition pour avoir eu l'audace de leur faire jouer une si grosse partie? D'où sortaient ces créateurs de Tartuffe, d'Horace, de Célimène ou bien d'Agnès? A quelle école avaient-ils appris cet art que le Conservatoire ne connaît plus que par ouï-dire?

Et une envie folle me vint de les connaître.

Mais comment?

Car si l'on a écrit des centaines de volumes sur Molière, en revanche qu'a-t-on dit sur les comédiens de sa troupe? Quand le soleil paraît, pâlissent les étoiles. C'est ce qui est arrivé pour Molière au milieu de ses comédiens. Le Maître a pris pour lui tous les rayons. Il n'en reste plus pour les autres.

Et cependant qu'étaient-ce que ces gens qui ont vécu côte à côte avec le poëte pendant trente ans, mangé à sa table, souffert de ses peines et ri de ses joies? N'était-il pas curieux, après avoir étudié et admiré le Maître, de connaître et d'admirer les disciples?

Et puis, n'ont-ils pas contribué à la gloire immortelle de leur chef, et ne leur revient-il pas une petite part? Demandez à nos auteurs d'aujourd'hui la collaboration qui existe entre le poëte et le comédien.

Un instant nous avions eu l'intention d'appeler cette étude: les *Collaborateurs de Molière*. Ce titre eût été mal interprété et paru un peu prétentieux. Nous y avons renoncé.

Or donc quand, de nos jours, un Augier, un Labiche, un Dumas, un Sardou écrit un rôle en vue de tel ou tel artiste, pourquoi n'admettez-vous pas que Molière ait écrit un rôle pour Lagrange, pour Mᴵᴵᵉ De Brie, pour Armande Béjart? Il n'a pas fait autre chose. Nous le prouverons tout à l'heure à chaque page.

Pour bien comprendre le répertoire de Molière, il est indispensable de savoir pour qui ces rôles furent écrits et par qui ils furent créés.

J'exagère?........ Alors enseignez-moi pourquoi l'on

dit que Jodelet est pâle, qu'Ergaste est gros, que Laflè-
che est boiteux. Si je sais que ces rôles ont été créés,
l'un par Jodelet, qui jouait toujours avec de la farine
sur le visage, l'autre par Du Parc qui était rond comme
une futaille, l'autre enfin par Louis Béjart, qui était devenu boiteux par suite d'un accident, tout me sera
expliqué; ainsi du reste.

Mais où trouver leur histoire, celle de leurs débuts, de
leurs chutes ou de leurs succès? Je me mis à chercher.
Ce n'était pas facile, je l'avoue. Je pris d'abord la
Galerie historique des acteurs du Théâtre Français par
Lemazurier (Paris 1810). Mais je découvris bientôt
que beaucoup de noms étaient oubliés, et que, dans les
biographies succinctes qu'on y trouvait, il y avait presque
autant d'erreurs que de pages.

Je me rejetai alors sur la *Galerie historique des portraits des Comédiens de la troupe de Molière*, gravés à
l'eau-forte par Frédéric Hillemacher. Mais, comme le
titre l'indique, ce n'est qu'une série de portraits très
remarquables du reste, et chaque portrait n'est accompagné que de quelques lignes biographiques, emprun-
tées la plupart du temps à Lemazurier déjà cité. Je
n'étais guère plus avancé.

J'avais déjà jeté les bases de cet ouvrage lorsque
parurent: les *Comédiennes de Molière*, par Arsène
Houssaye. Je crus alors que mon livre avait vécu. Il n'en

fut rien. Le livre de M. Arsène Houssaye est un livre charmant, mais où la fantaisie tient plus de place que l'histoire. Mon livre restait toujours à faire, et je poursuivis le plan que je m'étais tracé.

Assuré, dès lors, qu'il n'y avait pas de sentier frayé, je me mis à courir à travers champs. Je passais en revue tout ce qui pouvait avoir trait à Molière, et me donner quelque éclaircissement sur son entourage.

Je consultai successivement les *Recherches sur Molière et sur sa famille*, par Eudore Soulié ; le *Registre de Lagrange*, imprimé par les soins de la Comédie française ; les *Points obscurs de la vie de Molière*, par Jules Loiseleur, le plus remarquable et le plus consciencieux de tous les ouvrages de ce genre ; la *Vie de Molière,* par le sieur de Grimarest ; les *Notes historiques sur la vie de Molière*, par A. Bazin ; l'*Enigme d'Alceste*, par Gérard du Boulan ; la *Troupe de Molière et les deux Corneillé à Rouen en 1658,* par M. Bouquet ; les *Curiosités théâtrales,* par V. Fournel ; le *Théâtre-Français* de Samuel Chappuzeau ; le *Dictionnaire critique de Biographie et d'Histoire,* cette merveille de patience qu'on ne saurait trop consulter, par A. Jal ; *Molière et sa troupe au Port Saint-Paul,* par M. Collardeau ; *Racine et la Voisin,* par Mme Marc de Montifaud ; *Molière et le Misanthrope,* par M. C. Coquelin ; *Molière,* par Eugène Noël ; *Elomire hypocondre,* par Le Boulanger de Chalussay ; la *Fameuse*

Comédienne, les *Historiettes* de Tallemant des Réaux ;
les *Aventures burlesques* de d'Assoucy ; le *Gazetier
Robinet*, etc., etc.

Je vous fais grâce de cinquante autres titres d'ouvrages.

C'est ainsi que j'arrivai à reconstituer péniblement,
pièce par pièce, l'histoire des Comédiens de la troupe
de Molière.

Tel est le travail que je vous présente aujourd'hui.

Ce livre n'est donc ni du roman, ni de la fantaisie.
Il appartient tout entier à l'histoire, et c'est ce qui en
fera excuser, je l'espère, l'aridité de certains passages ;
il vise avant tout à l'exactitude la plus rigoureuse des
dates et des moindres détails connus. Si quelques
erreurs involontaires s'y sont glissées, que le lecteur
soit indulgent.

ALFRED COPIN.

Paris, avril 1885.

MADELEINE BÉJART

CHAPITRE PREMIER

MADELEINE BÉJART

De tous les comédiens qui composèrent la troupe de Molière, Madeleine Béjart est assurément la figure la plus curieuse à étudier. N'est-ce pas en effet Madeleine Béjart qui facilita l'éclosion de ce génie prodigieux qui a nom Molière, n'est-ce pas la seule femme qui l'accompagna durant toute sa vie, depuis les premiers pas sur le théâtre, jusqu'au bord de la tombe, puisqu'elle ne mourut qu'une année avant lui?

Madeleine Béjart appartenait à une famille honorable; son père, Joseph Béjart, avait un frère qui exerçait les fonctions de procureur au Châtelet; il était lui-même huissier audiencier à la grande maîtrise des eaux et forêts. Mais, comme de son mariage avec Marie Hervé, mariage contracté le 6 octobre 1615, il avait eu au moins onze enfants, toute cette famille se trouvait dans un état très voisin de la gêne. Madeleine, qui paraît avoir été le second enfant issu de ce mariage, naquit le 8 janvier 1618, et fut baptisée le même jour à l'église Saint-Paul. Après avoir reçu, comme ses frères et sœurs, une éducation assez soignée, il fallut qu'elle se décidât à choisir un état. La famille était nombreuse, les charges lourdes, la fortune petite. Elle aborda résolument celui de comédienne, et s'engagea dans une troupe d'acteurs nomades, avec qui elle parcourut le Languedoc et la Provence, en l'année 1637; Madeleine avait donc à cette époque dix-neuf ans.

C'est dans cette tournée, comme on dit aujourd'hui, qu'elle fit la connaissance du comte de Modène. Celui-ci, de son vrai nom messire Esprit Raymond de Moirmoron, comte de Modène, était chambellan du duc d'Orléans, Gaston, frère unique de Louis XIII. Le gentilhomme ne tarda pas à s'éprendre de cette belle fille rousse, et de ces amours naquit une fille qui fut baptisée à Paris, à l'église Saint-Eustache, le 11 juillet 1638, sous le nom de Françoise. Le parrain de cette enfant, représenté par un gentilhomme, était le propre fils légitime du comte de Modène, et la marraine, Marie Hervé, mère de Madeleine.

Ces faits, comme on le verra plus tard, quand il s'agira de rechercher l'origine de la naissance de la femme de Molière, ont une importance capitale, et c'est pourquoi nous nous y arrêtons volontiers.

Cependant, le comte de Modène, engagé dans un complot contre le duc de Richelieu, abandonna Paris et sa maîtresse, en 1640, pour suivre le duc de Guise. Que fit alors Madeleine pour vivre et élever son enfant dont, entre parenthèse, on ne connut jamais la destinée?

Elle poursuivit, sans se décourager, sa carrière dramatique, et repartit vraisemblablement pour le Languedoc, où différents auteurs affirment qu'elle rencontra Molière ; mais n'est-ce pas plutôt à son retour à Paris ?

Que Madeleine ait rencontré Molière dans le Languedoc ou à Paris, pour la première fois, peu importe. Le principal était qu'ils se rencontrassent quelque part, puisque l'influence de Madeleine devait être décisive sur l'avenir de Molière. Ce que l'on n'a pas assez fait remarquer jusqu'à ce jour, c'est que, lorsque Molière fut en présence de Madeleine Béjart, elle devait être accouchée depuis peu d'une autre enfant, et que cette enfant, dont la naissance était soigneusement cachée, n'était autre qu'Armande, la future épouse de Molière, laissée en nourrice dans le Midi, où elle était née.

Je n'ignore pas les dissertations infinies et les polémiques sans conclusion qu'a fait naître cette naissance mystérieuse. — Les affirmations de témoins contemporains déclarant qu'Armande était *fille de Madeleine*. — L'acte de mariage de Molière, retrouvé par M. Beffara en 1821, dans lequel Armande est déclarée *sœur de Madeleine*. — Et enfin, pour tout citer, les calomnies odieuses et ridicules des ennemis de Molière, l'accusant d'avoir épousé sa propre fille. — Eh bien! il ressort clairement de tout cela qu'Armande était bien fille de Madeleine, comme l'ont toujours dit d'ailleurs les contemporains, et que l'acte de baptême (s'il y en a eu un), — voir à l'article de Mlle Molière — avait été sciemment faussé par Madeleine, qui conservait l'espoir de se faire épouser par le comte de Modène, alors absent, et qui avait tout intérêt à dissimuler la naissance de cette enfant. Dans ce temps-là, on n'y regardait pas de si près pour falsifier un acte.

Et, sans aller aussi loin que l'auteur anonyme de la *Fameuse comédienne* qui déclare : — « qu'Armande Béjart, que le poète épousa le 20 février 1662, était fille « de la défunte Béjart, comédienne de campagne, qui « faisait la bonne fortune de quantité de jeunes gens « de Languedoc, dans le temps de l'heureuse naissance « de sa fille. C'est pourquoi il devait être difficile, ajoute-« t-il, dans une galanterie si confuse, de dire qui en « était le père ; » nous admettons que Madeleine connaissait fort bien le père de sa fille, que Molière savait son nom, mais qu'ils ne parlèrent jamais de lui.

Supposons donc que Molière, qui fit, comme on le sait, un voyage à Narbonne, à la suite du roi Louis XIII, en qualité de valet de chambre, en remplacement de son père resté à Paris, ait vu pour la première fois Madeleine Béjart en Languedoc.

Il revient à Paris, il a vingt ans ; il veut embrasser la carrière de comédien, il va trouver Madeleine, de retour elle aussi, et lui demande aide et conseils. Certains biographes ont admis cette opinion que Jean-Baptiste Poquelin n'ait pris cette résolution d'entrer au théâtre que par amour de Madeleine et pour la suivre.

Tout cela est absolument controuvé et fait injure à Molière. D'abord, il est certain qu'il ne devint son amant que plus tard. La naissance d'Armande, survenue avant cette liaison, n'en est-elle pas la meilleure preuve ? Ensuite il n'est pas admissible que Molière n'ait jamais songé au théâtre avant d'avoir vu Madeleine.

Eh quoi ! Vous admettez alors que ce jeune homme, en sortant des bancs de l'école, n'avait jamais eu aucune idée de théâtre ; le voilà qui s'amourache tout à coup d'une comédienne, qui monte sur les planches et qui devient ce que l'on sait.

Ainsi, suivant cette version, supprimez l'amour de Molière pour Madeleine et Molière n'existait pas. Ah ! nous ne nions pas l'influence, l'influence considérable qu'eut Madeleine Béjart sur la destinée de Molière. Nous savons fort bien que c'est grâce à cette dernière, fille d'huissier, et aussi entendue aux affaires qu'un huissier lui-même, nous savons fort bien que c'est grâce à cette caissière précieuse que le poète fut souvent à l'abri du besoin et put se livrer à son art, en dehors des préoccupations matérielles, qui assuraient l'existence de sa troupe ; mais aller dire que Molière ne se fît uniquement comédien que pour suivre Madeleine, et que, sans cet amour, il ne se fût jamais révélé, c'est ce que nous ne pouvons admettre. Le talent de Molière devait percer un jour ou l'autre ; Madeleine Béjart en hâta et en facilita l'éclosion, et c'est à ce titre qu'elle a droit à une large place dans l'histoire, non seulement du théâtre, mais encore de la littérature.

Molière a rompu ouvertement avec son père au commencement de l'année 1643 ; le père et le fils ont réglé leurs affaires d'intérêts, et Jean-Baptiste Poquelin a quitté la maison paternelle, emportant la somme de 630 livres. Où Molière allait-il en quittant ainsi la boutique du père Poquelin? Vous l'avez deviné sans peine. Il allait retrouver Madeleine Béjart, occupée en ce moment à monter une troupe capable de tenir tête à celle de l'Hôtel de Bourgogne, dont la réputation était assise et à celle des comédiens italiens, dont la vogue à Paris était immense.

Grâce à l'expérience de cette maîtresse femme, aidée elle-même de son frère Joseph, et de sa sœur Geneviève, grâce au concours de quelques enfants de famille, dont l'un laissait sa boutique, l'autre son écritoire, les difficultés furent vaincues.

Le lieu choisi fut le jeu de Paume des *Métayers*, — du nom des propriétaires, — jeu de paume situé près de la tour de Nesles, à peu près à l'endroit qu'occupe aujourd'hui la grande cour de l'Institut.

Une pièce bien curieuse, qui jette un jour tout nouveau sur cette association de jeunes comédiens, est l'acte de société de la troupe qui fut signé, le 30 juin 1643, devant Me Fieffé, notaire à Paris : « Clérin, Poquelin, « Joseph Béjart choisiront alternativement les héros ; « Madeleine Béjart prendra le rôle qu'il lui plaira. »

Enfin, le 12 septembre, le bail du jeu de Paume des Métayers est définitivement signé, et, le 31 octobre, les quatre musiciens, qui composent l'orchestre, sont engagés.

On comprend que, dès à présent, la vie de Molière est liée intimement à celle de Madeleine, et que les événements qui vont se passer intéressent au même point le poète et la comédienne.

Cependant la mise en état du jeu de Paume demandait quelque temps, et, pendant ce temps, il fallait vivre.

La mort du père Béjart, survenue au commencement de
cette même année, diminuait encore les ressources de
toute la famille. La jeune troupe résolut donc de s'essayer
en province, avant de tenter un grand coup à Paris.

C'est ainsi que nous trouvons toute la compagnie présente à Rouen, le 3 novembre, donnant une procura-
tion à Mᵉ Cavé, notaire royal, à seule fin de faire activer
les réparations du jeu de Paume de Paris, et cette pro-
curation nous donne, en même temps, les noms des ar-
tites composant la troupe de Madeleine. Ce sont:

Denis Beys,
Jean-Baptiste Poquelin,
Germain Clérin,
Joseph Béjart,
Nicolas Bonenfant,
George Pinel,
Magdelaine Malingre,
Catherine des Urleis,
Geneviève Béjart,
Catherine Bourgeois.

Enfin, le 28 décembre, les associés passent un marché
avec Léonard Aubry, paveur des bâtiments du roi, pour
rendre praticable l'accès du jeu de Paume où ils vont
jouer la comédie. Ce pavage doit être « parfait » pour
le jeudi suivant, c'est-à-dire le 31 décembre 1643.

Voilà donc l'*Illustre Théâtre*, — c'était le nom
choisi par la nouvelle entreprise, — qui ouvre définitivement ses portes.

Ah! pourquoi le service des premières n'existait-il
pas encore, en cette bonne année 1644, et qu'il nous

serait agréable de lire le compte rendu de l'inaugura-
tion du jeu de Paume des Métayers, compte rendu
écrit à la bonne franquette par quelque Francisque
Sarcey de ce temps-là !

Hélas ! l'entreprise nouvelle ne devait pas tarder à
péricliter.

> « Les jours suivants n'étant ni festes ni dimanches
> « L'argent de nos goussets ne blessa pas nos hanches ;
> « Car alors, excepté les exempts de payer,
> « Les parents de la troupe, et quelque batelier,
> « Nul animal vivant n'entra dans notre salle. »

Cette fois, l'auteur d'*Elomire* pourrait bien avoir dit
la vérité. Les dettes de la Compagnie ne le prouvent
que trop.

C'est alors que les jeunes comédiens pensèrent à con-
jurer la malechance en changeant de quartier. La
proximité de la place Royale et du quartier aristocrati-
que leur fit choisir le port Saint-Paul ; installée au jeu
de paume de la Croix-Noire, près du couvent de l'Ave-
Maria, et sur l'emplacement même du *marché* de ce
nom, que l'on voit aujourd'hui, la troupe inaugura sa
nouvelle salle le 8 janvier 1645.

Mais elle ne devait pas mieux réussir au port Saint-
Paul qu'elle n'avait réussi au faubourg Saint-Germain.
En vain, Gaston d'Orléans, dont Madeleine Béjart avait
obtenu la protection, par les amis de son ancien amant,
le comte de Modène, en vain, Gaston d'Orléans, disons-
nous, protégea-t-il de son argent nos jeunes comédiens jusqu'à son départ pour l'armée ; en vain Henri
de Guise leur fit-il présent de riches habits, en vain eut-

on recours à des pièces nouvelles, telles que l'*Artaxerce*
de Magnon : rien n'y fit.

La situation devenait de plus en plus critique pour Madeleine et pour ses camarades. Molière, comme chef de
troupe, avait endossé toutes les responsabilités. Le décou-
ragement le plus profond régnait parmi les comédiens, et
il ne connut plus de bornes, lorsque leur chef, leur soutien.
Molière en personne, fut jeté au Châtelet sur la requête
du maître chandelier, qui n'était pas payé. (Août 1645.)

O vocation ! ô passion du théâtre! combien faut-il
que vous soyez puissantes pour que les plus humbles
même subissent pour vous, et sans se plaindre. les dernières misères ! N'y a-t-il pas lieu de trembler en songeant que le désespoir pouvait un seul instant pénétrer
dans ce cœur ? La boutique du père Poquelin, sous les
piliers des halles, n'était-elle pas à deux pas du Châtelet ? Et le moindre repentir manifesté par ce fils comédien ne pouvait-il pas aussitôt faire rouvrir les lourdes
portes, et faire tirer les gros verrous de la prison? Le
père n'aurait-il pas été enchanté de voir le fils rentrer
au bercail, la tête basse et l'air piteux, après cette petite
mésaventure de jeunesse?

Non ! la vocation l'emporta avant tout ; Molière nous
fut gardé. Dans sa détresse. ce n'est pas à son père qu'il
aura recours, parce qu'il n'a pas renoncé, malgré tous
ses déboires. à ses planches chéries. C'est au premier
venu, c'est à un étranger généreux et compatissant qu'il
s'adressera pour se faire rendre la liberté. c'est à Léonard
Aubry, qui donnera caution, et que ses camarades désin-
téresseront à leur tour.

Comment ne pas citer ce passage de Sainte-Beuve, passage déjà appelé en témoignage par M. Eudore Soulié, mais que l'on ne saurait trop connaître : « Ces « hommes, dit-il, en parlant des génies exceptionnels, « ont des destinées diverses, traversées ; ils souffrent, « ils combattent, ils aiment ; soldats, médecins, comé- « diens, captifs, ils ont peine à vivre ; ils subissent la « misère, les passions, les tracas, la gêne des entre- « prises. Mais leur génie surmonte les liens, et, sans se « ressentir des étroitesses de la lutte, ils gardent le « collier franc, les coudées franches ! »

Revenons à la troupe de Madeleine Béjart. Pendant la captivité de Molière au Châtelet, la troupe s'était désorganisée, et des onze fondateurs, il n'en restait plus que sept. On abandonne alors le port Saint-Paul, vers la fin de cette triste année 1645, et l'on retourne au faubourg Saint-Germain, au jeu de paume de la Croix-Blanche, situé rue de Buci, sur l'emplacement actuel du café de France.

C'est là que les pauvres comédiens feront leur der-nière tentative, avant de quitter Paris pour douze années. Paris où ils ne rentreront plus maintenant qu'en triomphateurs.

Les derniers moments de Molière et de Madeleine Béjart à Paris sont encore enveloppés de ténèbres assez épaisses. Néanmoins, d'après certains documents, on peut conclure qu'ils y étaient encore à la fin de 1646 ; car c'est le 24 décembre de cette année que Molière fait garantir, par son père, le payement de la caution que Léonard Aubry avait avancée pour lui ; ce qui indique-

rait assez qu'il était sur le point de quitter Paris. Nous
en pouvons déduire aussi qu'il y avait eu, avant ce
départ, un certain rapprochement entre le père Poquelin et son fils. Ce rapprochement sera bien plus sensible encore lorsque Molière reviendra à Paris, après
avoir fait fortune en province.

Quelles furent les pièces représentées par l'*Illustre
Théâtre* pendant ces trois années ? Il est assez difficile de
le dire ; tout ce qui entoure les débuts de Molière et de
Madeleine Béjart est toujours resté dans l'ombre.
MM. Paul Lacroix et Édouard Fournier veulent que
Molière ait composé, à cette époque, deux ballets : *La
Fontaine de Jouvence* et *l'Oracle de la Sibylle de Pan-
soust*. Rien n'est moins prouvé.

Mais nous pouvons citer à coup sûr, parmi les pièces
représentées et dues à la plume de différents auteurs :
L'Artaxerce de Magnon, imprimé le 20 juillet 1645 :
Perside ou la suite de l'Illustre Bassa; *Saint Alexis ou
l'Illustre Olympie*; *l'Illustre Comédien ou le Martyre
de Saint Genest*.

Ces pièces ont été citées par les frères Parfaict, dans
leur histoire du théâtre français, et elles avaient pour
auteur Desfontaines, qui faisait partie de la troupe.

Nous avons vu jusqu'à présent les premiers pas de
Molière sur le théâtre, aux côtés de la belle et rousse
Madeleine. Nous avons assisté à leurs tâtonnements, à
leurs déboires. Maintenant, nous allons les suivre pendant leurs douze années passées en province, longue
épopée, qui commence par la misère et se termine par
la richesse et la gloire.

Cette longue pérégrination de douze années dont les maigres détails par nous connus n'ont été découverts que depuis quelques années à peine, est devenue le sujet de toutes les dissertations, et donne encore lieu aux recherches les plus infatigables.

C'est que ces douze années sont d'une importance capitale dans la vie du poète. C'est pendant ces douze années de lutte qu'il devait opérer sa transformation complète, et c'est au bout de ces douze années qu'il va enfin se révéler.

En quittant Paris, Molière avait résilié ses fonctions de chef de troupe. Ce changement s'explique facilement. Il laissait derrière lui une meute de créanciers, et il avait du reste endossé assez de responsabilités dans les deux dernières années de son séjour à Paris.

Ce fut donc Du Fresne, fils d'un peintre du roi, qui prit la direction de la Compagnie. Ce dernier s'entendait fort bien aux affaires théâtrales. Il avait déjà joué la comédie à Lyon en 1643, et s'acquittait avec habileté des fonctions toujours difficiles de régisseur et de metteur en scène. Enfin, ses aptitudes pour la peinture le désignaient d'avance comme peintre décorateur.

Mais l'âme de la troupe, dont elle est tout à la fois la caissière, la princesse et la soubrette, suivant la circonstance, c'est Madeleine Béjart. En effet, elle y prend une telle importance que sa troupe n'est plus connue dans les provinces que sous le nom de *troupe de la Béjart*; Molière ne vient qu'en seconde ligne.

Est-ce donc exagérer l'histoire que de proclamer que cette femme fut le bon génie de Molière?

Combien de fois, sans cette femme qui savait penser à tout, la troupe eût-elle manqué de pain durant ces premières années ? Comment, sans cette providence, Molière eût-il pu tranquillement enfanter ses chefs-d'œuvre et travailler ses rôles sans autre souci que celui de son art ?

Après une pérégrination fort peu définie dans l'ouest de la France, la troupe est à Bordeaux en 1647, où elle joue devant le duc d'Épernon. C'est à cette date, qu'il faut placer une anecdote relative à la tragédie d'*Héra-clius*.

Le public, mal disposé, siffla impitoyablement les interprètes, et Molière, chargé du rôle principal, dut abandonner la scène sous une avalanche de pommes cuites.

Les débuts, à Nantes, ne furent pas non plus très heureux (1648) et, s'il faut en croire la tradition, la jeune troupe eut à soutenir la concurrence redoutable d'un Italien qui faisait jouer des..... marionnettes! La même tradition ne nous dit pas si le montreur de marionnettes dut à son tour plier bagage devant le succès des comédiens ; toujours est-il que la Compagnie se fixa à Nantes et y demeura près de deux ans, non sans quitter la ville de temps en temps pour faire quelques excursions dans le voisinage. C'est ainsi que nous en retrouvons la trace à Fontenay-le-Comte en juin 1648.

L'année suivante, nos comédiens sont à Agen, puis à Toulouse. Le 10 janvier 1650, la troupe est à Narbonne.

C'est à cette année 1650 que se rattache l'apparition des deux premiers essais authentiques que nous possédions de la plume de Molière ; je veux parler de *la Ja-*

lousie du Barbouillé et du *Médecin volant*. Dans cette course folle à travers la province, il fallait jouer tous les genres, tenir tous les emplois, aujourd'hui dans une grande ville, demain dans un modeste village. Comédies, tragédies, farces, tout était représenté suivant les nécessités du moment. C'est alors que Molière composait des canevas à la manière italienne, que ses camarades et lui développaient impromptu en présence des spectateurs.

De ces fragments, il ne nous reste que les deux pièces citées plus haut, et que l'on peut garantir comme véritablement de lui. Mais l'on peut se consoler aisément en songeant que la plupart de ces canevas lui servirent plus tard à composer quelques-unes de ses pièces, notamment le *Médecin malgré lui*.

La lutte touche à sa fin. La troupe de la Béjart arrive à Lyon en 1652, et Molière donne la première représentation de sa comédie l'*Etourdi*, au commencement de l'année suivante.

Le succès en fut tel que la troupe rivale que Mitalla dirigeait à Lyon se vit réduite à jouer devant les banquettes, et que plusieurs de ses acteurs, tels que De Brie et sa femme passèrent dans la troupe de la Béjart, toujours dirigée en nom par Du Fresne.

Toutes les villes voisines voulurent connaître la pièce nouvelle de l'*Etourdi*. Vienne fut une des cités privilégiées qui accueillit Molière, ainsi que le prouve la réception qui lui fut faite par l'académicien Pierre de Boissat, vice-bailli de la ville. Celui-ci reçut le comédien à sa table, ne faisant pas, « comme font certains fana-

« tiques, et ne le mettant pas au rang des impies et des
« scélérats, quoiqu'il fût excommunié. »

Pauvres comédiens ! dont la Bruyère disait avec raison : « La condition des comédiens était infàme chez les
« Romains, et honorable chez les Grecs : qu'est-elle chez
« nous? On pense d'eux comme les Romains, on vit
« avec eux comme les Grecs. »

Nos comédiens voyageaient dans le Languedoc, lorsque Molière alla offrir ses services au prince de Conti,
qui remplissait les fonctions de gouverneur de cette
province ; le prince, qui avait été le condisciple de Molière, au collège de Clermont, le reçut très favorablement,
donna des appointements à la troupe, et l'engagea pour
les Etats du Languedoc. Cette amitié devait être le point
de départ de la fortune de Molière.

C'est au château de la Grange, près de Pézenas, que
la troupe de la Béjart donna, avec Molière, ses premières
représentations devant le prince de Conti. Elle y resta
du mois d'août au mois d'octobre 1653.

Les représentations comprenaient, comme toujours,
des tragédies, des comédies et des ballets.

Molière, soit qu'il revînt à Lyon, ce qui est assez probable, soit qu'il restât dans le Languedoc, avait été
retenu par le prince de Conti pour la durée des Etats ;
or, la tenue des Etats, commençant le 7 décembre 1654,
à Montpellier, il est hors de doute que la troupe resta
dans cette ville les cinq mois que dura la session.

De retour à Lyon, le quartier général, vers la fin
d'avril 1655, les recettes continuent à être fructueuses.
Les mauvais jours sont loin. D'ailleurs, le 18 février

précédent, Madeleine Bejart n'a-t-elle pas prêté 3.200 livres à Antoine Baralier, receveur des tailles de Montelimar, et parent de La Thorillière? Ce prêt n'indique pas la gêne de l'illustre Compagnie.

Ici se place une relation fort intéressante ; je veux parler du récit du séjour de la troupe à Lyon, fait par d'Assoucy, ce poète burlesque, troubadour et musicien.

Ce récit a été maintes fois cité dans les histoires de Molière ; je ne vois pas qu'il soit déplacé dans celle de Madeleine Béjart, puisqu'il nous apprend comment on vivait dans la société de ces heureux comédiens.

D'abord, qu'était ce d'Assoucy? Un singulier original assurément, barde ambulant, voyageant à pied, suivi de deux petits pages, et chantant ses propres œuvres dans les moindres villages, en s'accompagnant sur un luth. Après une série d'aventures et d'extravagances, il arriva à Lyon en 1655. Il y trouva Molière et MM. les Béjart. Ceux-ci, qui avaient touché une bonne somme du prince de Conti, et qui, fort goûtés à Lyon, attiraient la foule chaque jour, n'avaient rien qui pût rappeler les héros du *Roman comique* de Scarron. Aussi d'Assoucy n'a-t-il rien de plus pressé que d'aller faire leur connaissance.

« Je demeurai trois mois à Lyon parmi les jeux,
« la comédie et les festins. »

Puis il s'embarque avec eux sur le Rhône, et va perdre tout son argent au jeu, à Avignon.

« Mais comme un homme n'est jamais pauvre tant qu'il
« a des amis, ayant Molière pour estimateur et toute la
« maison des Béjart pour amie, en dépit du diable et
« de la fortune, je me vis plus riche et plus content que

« jamais ; car ces généreuses personnes ne se conten-
« tèrent pas de m'assister comme ami, elles me vou-
« lurent traiter comme parent. Etant commandés pour
« aller aux Etats, ils me menèrent avec eux à Pézenas,
« où je ne saurais dire combien de grâces je reçus
« ensuite de toute la maison. On dit que le meilleur
« frère est las au bout d'un mois de donner à manger
« à son frère ; mais ceux-ci, plus généreux que tous les
« frères qu'on puisse avoir, ne se lassèrent point de me
« voir à leur table tout un hiver, et je puis dire :

> « Qu'en cette douce compagnie,
> « Que je repaissais d'harmonie,
> « Au milieu de sept ou huit plats,
> « Exempt de soin et d'embarras,
> « Je passais doucement la vie.
> « Jamais plus gueux ne fut plus gras ;
> « Et quoiqu'on chante et quoiqu'on die,
> « De ces beaux messieurs des Etats,
> « Qui tous les jours ont six ducats
> « La musique et la comédie,
> « A cette table bien garnie,
> « Parmi les plus friands muscats
> « C'est moi qui soufflais la rôtie
> « Et qui buvais plus d'hypocras.

« En effet, quoique je fusse chez eux, je pouvais bien
« dire que j'étais chez moi. Je ne vis jamais tant de
« bonté, tant de franchise ni tant d'honnêteté que parmi
« ces gens-là, bien dignes de représenter réellement
« dans le monde les personnages des princes qu'ils re-
« présentent tous les jours sur le théâtre. »

Quelle peinture, quel tableau saisissant, nous présente ici le pauvre d'Assoucy ! Où sont-ils, les mauvais
jours, les maigres recettes, les emprunts forcés ? La ré-

putation est venue, et avec elle l'argent et le bonheur. D'Assoucy passa encore, « six bons mois dans cette Cocagne, » et il suivit la troupe de la Béjart et de Molière jusqu'à Narbonne.

Avant de poursuivre plus avant, répondons de suite à une objection bien naturelle de notre lecteur.

Nous nous efforçons de mettre ici au grand jour les points obscurs de la vie de Madeleine Béjart; nous avons raconté successivement les aventures de sa troupe à travers les provinces ; mais dans tout cela quel rôle remplissait Madeleine? Dans quelle comédie ou dans quelle tragédie paraissait-elle devant le public? Nous avouerons franchement notre embarras. C'est à peine si l'on connaît les titres des pièces représentées. Et cependant nous pouvons affirmer qu'elle ne joua pas dans l'*Etourdi*, la première véritable pièce de Molière. Elle avait sans doute trop à faire comme caissière et administrateur en ce temps-là. Quant à ce qu'on est convenu d'appeler *son emploi*, n'avons-nous pas vu plus haut qu'elle s'était réservé dans un acte en bonne forme, passé par-devant notaire, de choisir le rôle qui lui conviendrait ?

Cependant, nous allons, dès à présent, pouvoir devenir plus affirmatif au sujet des rôles remplis par elle. C'est pendant la tenue des États de Languedoc, à Béziers, pour la session de 1656-57, que Molière fit représenter sa deuxième œuvre, le *Dépit amoureux*, et Madeleine, dans cette pièce, créa le rôle de Marinette, « la forte en gueule de la pièce », comme diraient les naturalistes de nos jours.

Les États terminés, il fallut encore une fois quitter le Languedoc et retourner à Lyon pour y donner la comédie nouvelle, sans oublier toutefois de passer par Nîmes, Orange et Avignon.

Puisque nous avons entrepris de tout citer, mentionnons encore un passage du pamphlet de la *Fameuse Comédienne*, qui se rapporte à l'un de ces séjours à Lyon (1653) et aux amours de Molière et de Mlle De Brie, au détriment de Madeleine, devenue une vieille maîtresse :

« Quand ils furent arrivés à Lyon (1647), ils y trouvè-
« rent une autre troupe de comédiens établis, dans
« laquelle étaient la Duparc et la De Brie. Molière fut
« d'abord charmé de la bonne mine de la première, mais
« leurs sentiments ne se trouvèrent pas conformes sur
« ce chapitre, et cette femme qui, avec justice, espérait
« quelque conquête plus illustre, traita Molière avec
« tant de mépris, que cela l'obligea de tourner ses vues
« du côté de la De Brie, dont il fut reçu plus favora-
« blement; ce qui l'engagea si fort, que ne pouvant pas
« se résoudre à s'en séparer, il trouva le secret de l'at-
« tirer dans sa troupe avec la Duparc. La Béjart supporta
« cet engagement avec assez de chagrin; cependant,
« comme elle vit que c'était un mal sans remède, elle
« prit le meilleur parti, qui était de s'en consoler, en
« conservant toujours sur Molière l'autorité qu'elle
« avait eue, et l'obligeant à prendre des mesures pour
« cacher le commerce qui était entre la De Brie et lui.
« Ils demeurèrent quelques années dans la même in-
« telligence. »

On le voit par cette citation, à laquelle il est permis

d'ajouter quelque foi, — car le récit n'a rien en soi d'exagéré — sa liaison avec le poète dure toujours, mais s'est singulièrement relâchée. C'est qu'elle date déjà de douze ou treize ans, cette liaison, et que Madeleine a près de quarante ans ; et dans le milieu où vit Molière, il est difficile de résister aux séductions de deux beaux yeux ; surtout quand ces beaux yeux sont ceux de la De Brie.

Mais Madeleine, « en femme intelligente en prend « le meilleur parti », et « conserve toujours sur « Molière l'autorité qu'elle avait eue », ce trait nous fait connaître toute la femme dont l'esprit était infiniment supérieur à celui de toutes les autres femmes qui l'entouraient.

Une autre, en pareil cas, se fût contentée de pleurer ou de se dépiter. Elle, tira profit de la situation, se fit craindre quoique trompée, et garda son autorité sur son volage amant. C'était là pour elle le principal.

Cependant ces succès de province, autrefois si souhaités, ne suffisent plus maintenant à l'ambition de la troupe. Il faut à tout prix se rapprocher de la capitale pour y recevoir la consécration du triomphe. Mais, comment aborder Paris, où l'on n'est pas connu ? Paris, que l'on a quitté depuis onze ans ? Paris, qui a ses comédiens ordinaires choyés et adulés ? Paris, qui s'est montré si cruel au moment des débuts ? N'importe ; le Maître se sent maintenant en pleine virilité ; sa santé est robuste, sa troupe excellente, ses espérances immenses.

Après s'être aventurée jusqu'à Dijon, en juin 1657,

la Compagnie revient encore finir son année à Lyon. L'idée de venir se fixer à Paris n'en obsède pas moins sans cesse Molière ; et lorsqu'il quitte Grenoble, après ou vers les fêtes de Pâques de 1658, c'est pour revenir s'installer à Rouen, à quelques heures de la capitale.

A partir de ce moment, et depuis Lyon déjà, on peut dire que la troupe de la Béjart devient la troupe de Molière. Cet homme prodigieux a tout accaparé : il remplit toutes les fonctions : auteur, comédien, danseur, orateur de la troupe, directeur. Madeleine ne marchera plus à l'avenir à ses côtés que comme lieutenant.

De Rouen, Molière vient fréquemment à Paris, en tenant ses voyages secrets. Comment arriva-t-il à mener à bonne fin son entreprise? On l'ignore. Les uns ont voulu voir dans cette affaire la recommandation du prince de Conti ; les autres celle du peintre Mignard, qui avait fait la connaissance de Molière à Avignon.

Quoi qu'il en soit, Molière qui était venu à Paris, en repartait un jour en toute hâte, et ramenait de Rouen ses camarades, dont il avait fait agréer les services à Monsieur, frère unique du roi. Ce fut donc en qualité de *Comédiens de Monsieur* que nos acteurs parurent devant le roi et devant la reine-mère.

Cette représentation mémorable avait lieu le 24 octobre 1658, devant toute la cour, sur un théâtre dressé à cet effet, dans la salle des gardes du vieux Louvre, au grand désespoir des comédiens de l'hôtel de Bourgogne. Le 3 novembre suivant, la troupe autorisée à jouer dans la salle du Petit-Bourbon, alternativement avec la troupe italienne, inaugura la série de ses représentations par l'*Étourdi* et le *Dépit amoureux*.

Cette fois, les voilà à Paris, et pour n'en plus sortir.

Qu'était à ce moment Madeleine Béjart? Une fort belle femme encore, bien que frisant la quarantaine, rousse de cheveux, tour à tour grave et rieuse, et riant de ce sourire de soubrette particulier aux Beauval et aux Augustine Brohan.

Molière va donner, l'un après l'autre, tous ses chefs-d'œuvre ; Madeleine sera de toutes les pièces, elle créera successivement :

> 1660 La suivante de Célie, dans *Sganarelle*.
> 1661 Elise, dans *Don Garcie*.
> 1661 Lisette, dans l'*École des maris*.
> 1663 Mademoiselle Béjart, prude, dans l'*Impromptu de Versailles*.
> 1664 Une Égyptienne, dans le *Mariage forcé*.
> 1664 Philis, dans la *Princesse d'Elide*.
> 1666 Corinne, dans *Mélicerte*.
> 1668 Frosine, dans l'*Avare*.
> 1664-69 Dorine, dans *Tartuffe*.
> 1669 Nérine, dans *M. de Pourceaugnac*.
> 1670 Cléonice, dans les *Amants magnifiques*.

Dans la *Thébaïde* de Racine, jouée en 1664, sur le théâtre du Palais-Royal, elle avait créé le rôle de *Jocaste*.

Voyons maintenant en quels termes Molière lui adresse la parole dans l'*Impromptu de Versailles*.

« Vous, vous représentez une de ces femmes qui,
« pourvu qu'elles ne fassent pas l'amour, croient que
« tout le reste leur est permis ; de ces femmes qui se
« retranchent toujours fièrement sur leur pruderie, re-

« gardent un chacun de haut en bas, et veulent que
« toutes les plus belles qualités que possèdent les au-
« tres ne soient rien en comparaison d'un misérable
« honneur dont personne ne se soucie. Ayez toujours
« ce caractère devant les yeux pour en bien faire les
« grimaces. »

Voici ce qu'en dit Grimarest dans sa *Vie de Molière* :

« C'était une femme altière et peu raisonnable lors-
« qu'on n'adhérait pas à ses sentiments. »

Arrêtons-nous d'une façon toute spéciale à l'année
1662, remplie par un gros événement.

Je veux parler du mariage de Molière avec Armande
Béjart, fille de Madeleine.

Notre intention n'est pas de raconter ici par le menu
l'histoire de ce mariage. Nous en parlerons plus longuement à l'article de Mlle Molière (Armande Béjart) :
nous ne mentionnerons ici que les faits qui ont rapport
à Madeleine.

La liaison de Molière avec Madeleine n'existe plus
depuis longtemps. Sa fille Armande accompagne la
troupe depuis Lyon et vit de la vie commune. Elle a
grandi sous les yeux de Molière. Molière en est devenu
amoureux. Mais cet amour, on doit le comprendre, ne
doit que raviver la jalousie de la maîtresse déjà trompée, comme on l'a vu plus haut, et si l'on pense que
Madeleine Béjart, Armande et Mlle De Brie habitaient
sous le même toit, on se fait difficilement une idée de
ce que devait être la situation intolérable de ce grand
homme au milieu de ces trois femmes.

C'est à quoi Chapelle fait allusion dans la lettre qu'il

lui adresse de la campagne, et dans laquelle il compare
ces trois beautés à Pallas, Junon et Cypris :

> « Voilà l'histoire ; que t'en semble ?
> « Crois-tu pas un homme avisé ?
> « Vois par là, qu'il n'est pas aisé
> « D'accorder trois femmes ensemble ?
> « Fais-en donc ton profit. Surtout
> « Tiens-toi neutre, et tout plein d'Homère.
> « Dis-toi bien qu'en vain l'homme espère
> « Pouvoir jamais venir à bout
> « De ce qu'un grand Dieu n'a su faire. »

Si l'on s'en rapporte à Grimarest, Molière eut à sur-
monter de terribles difficultés avant d'épouser Armande.

Parlant de Madeleine, il dit : « qu'elle l'observait de si
« près, qu'il ne put consommer son mariage pendant
« plus de neuf mois. »

L'auteur anonyme de la *Fameuse Comédienne* est d'un
avis tout différent, et nous montre la Béjart, comme il
l'appelle, déçue dans **son** amour, et poussant Molière à
ce mariage, par haine de la De Brie, sa rivale :

« La chose était assez difficile, nous dit-il, car la De
« Brie, qu'il aimait déjà, était fort bien faite, et la petite
« Béjart n'avait point encore ces manières qui l'ont
« depuis rendue si aimable. »

Cependant, Madeleine ne se décourage pas ; elle veut,
coûte que coûte, supplanter la De Brie :

« Mais de quoi une femme jalouse ne vient-elle pas
« à bout, lorsqu'il s'agit de détruire une rivale ! »

Elle a remarqué que Molière aimait fort la jeunesse,
qu'il avait une inclination particulière pour sa fille, que

sa fille aimait Molière comme un père, c'est donc elle qui activera le feu de cet amour dans le cœur du poète, au lieu de l'éteindre, et Mlle De Brie sera à son tour vaincue.

Nous donnons cette version pour ce qu'elle vaut, sans ajouter aucun commentaire.

Nous avons dit que nous reviendrions plus en détail sur le mariage de Molière avec Armande, quand nous nous occuperons de celle-ci ; il est donc inutile d'insister ici sur cet événement. Qu'il nous suffise de savoir, en ce qui concerne Madeleine, qu'elle marie sa fille en janvier 1662 à son ancien amant, Molière, et que, continuant la fraude antérieure, qui avait fait déclarer cette enfant comme sa sœur et non comme sa fille, pour les raisons que nous avons indiquées, elle se fait inscrire au contrat comme : « sœur de la dite damoiselle. »

En attendant, Armande reçoit en dot dix mille livres tournois, environ quarante mille francs de notre monnaie, et cette dot lui est donnée par sa prétendue mère, aux termes du contrat, c'est-à-dire par la vieille veuve Béjart. Or, comme il est prouvé que celle-ci n'avait rien, il est aisé de deviner d'où lui venait cette dot. Madeleine n'était-elle pas la seule vraiment aisée dans toute cette famille ?

Enfin, c'est encore Madeleine, qui à son lit de mort va instituer Armande sa légataire universelle, n'appelant à lui succéder les enfants de sa sœur Geneviève qu'au cas où ceux nés de Molière et d'Armande décéderaient sans postérité.

Madeleine Béjart habita à Paris différents domiciles.

Après avoir logé avec Molière sur le quai de l'École, alors que la troupe jouait sur le théâtre du Petit-Bourbon, elle vint habiter, toujours en compagnie du poète, la maison qui faisait l'encoignure de la rue Saint-Honoré et de la rue Saint-Thomas-du-Louvre, et ayant vue sur la place du Palais-Royal. Cette maison était connue sous le nom de maison du Singe. C'est dans cette maison que fut signé le contrat de mariage de Molière. Madeleine y demeurait aussi avec sa sœur Geneviève, son frère Louis et leur mère commune. Après leur mariage, les nouveaux époux allèrent habiter autre part. Madeleine comprit qu'il ne fallait pas s'immiscer dans le nouveau ménage, et resta dans cette maison. Elle continua à être la caissière de la troupe, comme jadis en province, et c'est encore chez elle que les comédiens éliront domicile pour signer un acte le 16 avril 1670. Ce fait seul nous prouve quelle autorité elle conserva dans la troupe jusque dans les dernières années de sa vie.

Le premier enfant de Molière avait eu pour parrain et marraine, le roi, que le marquis de Créquy représenta, et Mme Henriette, duchesse d'Orléans, qui avait délégué la maréchale du Plessy.

La marraine du second enfant fut Madeleine, et le parrain, le comte de Modène, son ancien amant, dont nous avons déjà parlé, et que nous retrouvons encore à ses côtés au bout de vingt ans : ce comte de Modène, pour qui elle avait gardé toujours une certaine amitié, puisqu'elle lui payait ses dettes et lui rachetait ses créances. Et comme à cette époque la veuve Béjart vivait toujours, ce choix ne prouve-t-il pas une fois de plus la maternité de Madeleine?

Madeleine ne devait précéder que d'une année, jour pour jour, dans la tombe, le compagnon de toute sa vie. Au commencement de l'année 1672, à l'âge de cinquante-quatre ans, cette femme, qui n'avait peut-être jamais de sa vie connu la maladie, se mit au lit pour ne plus se relever. La femme d'affaires subsiste chez elle jusqu'au dernier instant. Près de six semaines avant de succomber, « gisante au lit, malade de corps, mais saine d'es-« prit, de mémoire et de jugement » elle dicta au notaire ses dernières volontés.

Elle veut racheter ses fautes par d'abondantes aumônes, et recommande son âme à Dieu. Elle veut que son corps, privé de vie, repose en l'église Saint-Paul, dans l'endroit où sa famille a droit de sépulture; elle lègue particulièrement à son frère Louis la moitié d'un terrain situé dans le faubourg Saint-Antoine; elle lui laisse ensuite, ainsi qu'à Geneviève et à Armande, quatre cents livres de rente viagère; mais c'est la femme de Molière qu'elle institue sa légataire universelle.

Dira-t-on après cela qu'Armande n'était pas sa fille, et est-il naturel que la plus jeune sœur soit désignée comme ci-dessus?

Pierre Mignard, dit le Romain, peintre ordinaire du roi, est chargé par elle de recueillir ses deniers comptants, lors de son décès, et d'en surveiller le placement; et M. Charles Cardé, trésorier de la Chancellerie de Paris, est nommé exécuteur testamentaire.

Comme on le voit, la pauvre comédienne ne perd

pas un instant sa présence d'esprit à son lit de mort. Bien qu'elle puisse à peine signer un codicile qu'elle fait ajouter trois jours avant sa mort, elle se fait relire le testament en entier et indique des corrections de noms propres. Enfin, elle déclare « ne pouvoir plus si- « gner, sa faiblesse et son mal augmentant toujours, « l'en empêchent entièrement. »

La profession de comédien a de cruelles nécessités. Molière ne pourra pas assister aux derniers moments de celle à qui il doit tant et peut-être même l'origine de sa gloire. Lisez le *Registre* de Lagrange, qui note, au jour le jour, les allées et venues de la troupe :

« Mardi 9e février. — La troupe est partie par ordre du « Roi pour Saint-Germain, et est revenue le vendredi 26e « du dit mois. »

Et plus loin :

« Le 17 février de la présente année, Mademoiselle « Béjart est morte pendant que la troupe était à Saint- « Germain pour le ballet du Roi, où on joua la *Comtesse* « *d'Escarbagnas*. Elle est enterrée à Saint-Paul sous les « charniers. »

Après avoir été présenté à l'église de Saint-Germain-l'Auxerrois, sa paroisse, le corps de Madeleine fut, « par permission spéciale de Monseigneur l'Archevêque, porté en carrosse à l'église de Saint-Paul, » conformément à son désir, et inhumé, le 19 février 1672, sous les charniers de la dite église.

L'acte mortuaire est signé par Béjart l'Éguisé, et J.-B. P. Molière, qui était accouru de Saint-Germain pour accompagner sa vieille amie à sa dernière demeure.

Quelles réflexions devait-il se faire, le pauvre grand homme, en suivant le cercueil qui emportait une partie de lui-même, lui, le condamné à mort, qui n'avait plus qu'un an à vivre après celle qu'il avait tant aimée aux belles heures de sa jeunesse !

M. Arsène Houssaye, dans la brillante fantaisie qu'il a brodée sur Madeleine Béjart, se plaît à énumérer longuement tous les objets relatés dans son inventaire ; ce que, d'ailleurs, M. Soulié avait fait avant lui, puisqu'il avait donné en entier le document. Nous n'entrerons pas dans cette voie. Il est évident que, chez une comédienne, on devait trouver des habits de théâtre, et c'est ce qu'on a trouvé. Peu nous importe qu'on ait prisé six livres un chaudron, un poêlon, etc., le tout en cuivre jaune, et le reste à l'avenant.

Contentons-nous de savoir que l'argenterie et les bijoux valaient environ trois mille livres, et que les deniers comptants « en espèces de louis d'or, pistoles et pièces de quatre pistoles d'Espagne, louis blancs de trente sols, » ne s'élevaient pas à moins de 17.809 livres, soit environ quatre-vingt-dix mille francs de notre monnaie actuelle.

Notre étude sur Madeleine Béjart ne serait certainement pas complète si nous ne parlions pas de Madeleine écrivain. — Car ne vous y trompez pas, — Madeleine se mêlait d'écrire et fort adroitement, nous n'en doutons pas, car elle était femme d'esprit.

C'est d'abord Lagrange qui nous signale dans son *Registre*, à la date du 30 janvier 1660, la première représentation de *Don Quichotte*, ou les *Enchantements de Merlin*, pièce « raccommodée par Mlle Béjart. »

Ce sont ensuite des vers adressés par elle à Rotrou, sur sa tragédie *Hercule mourant*.

> « Ton Hercule mourant va te rendre immortel
> « Au ciel comme sur terre, il publiera ta gloire,
> « Et laissant ici-bas un temple à ta mémoire,
> « Son bûcher servira pour te faire un autel. »

Et combien de pièces, pendant les pérégrinations de province, n'a-t-elle pas dû « raccommoder » à la façon du *Don Quichotte*? Sans vouloir en rien rapetisser l'œuvre du Maître, ne peut-on pas supposer que, plus d'une fois, cette femme, qui connaissait le théâtre comme personne au monde, lui a été d'un bon conseil ?

Celui qui ne dédaignait pas de demander avis à sa servante Laforest ne devait pas repousser les observations de Madeleine.

Telle est, à grands traits, la vie de cette femme, d'une rare intelligence, qui, si elle a commis des fautes, a su les racheter amplement par ce seul fait : celui d'avoir puissamment contribué à faire éclore ce génie prodigieux qui a nom Molière !

JOSEPH,

GENEVIÈVE & LOUIS BÉJART

CHAPITRE II

JOSEPH, GENEVIÈVE & LOUIS BÉJART

Nous avons vu quelle place importante occupait Madeleine Béjart dans la troupe de Molière ; il nous reste à nous occuper des autres Béjart, comédiens dans la même troupe, et qui sont au nombre de trois : Joseph, Geneviève et Louis ; et encore ne comprenons-nous pas dans cette énumération Armande Béjart, à qui nous réservons une étude spéciale sous le nom de Mme Molière.

Nous avons dit déjà, dans la biographie de Madeleine, que leur père, Joseph Béjart, huissier audiencier à la grande maîtrise des eaux et forêts, avait eu plusieurs enfants de son mariage avec Marie Hervé, mariage contracté à la paroisse de Saint-Paul, à Paris, le 6 octobre 1615.

Voyons quels étaient ces enfants :

1° L'aîné, Joseph Béjart, du même prénom que le père

né en 1616 ou 1617. Personne jusqu'ici n'est parvenu à retrouver son acte de baptême.

2° Madeleine Béjart, qui vint ensuite, baptisée à Saint-Paul, le 8 janvier 1618.

3° Geneviève Béjart, baptisée à la même paroisse, le 2 juillet 1624.

4° Louis Béjart, baptisé le 4 décembre 1630, à Saint-Merry.

Nous passons sous silence de jeunes enfants dont on retrouve les noms, et décédés en bas âge.

JOSEPH BÉJART, l'aîné.

La famille des Béjart était assurément fort honorable, mais elle n'était pas fortunée. Aussi, lorsque Madeleine eut débuté avec quelque succès, Joseph n'hésita pas à suivre sa sœur et à se faire comédien. Sans pouvoir fixer la date de son début d'une façon précise, on peut dire qu'il fut de toutes les premières tentatives. On reperd sa trace pendant l'année 1644. Lorsque Molière alla frapper à la porte des jeunes comédiens, Joseph Béjart était de la compagnie.

> « Ce fut là que chez nous on eut pitié de toi :
> « Car nos frères voulant prévenir ta folie,
> « Dirent qu'il nous fallait faire la comédie. »

Ainsi parle Madeleine dans *Élomire*. Mais, pour dire vrai, il aurait fallu dire : *mon frère*, puisque le jeune Louis n'avait encore que treize ans.

En 1643, nous trouvons le nom de Joseph dans un marché passé entre Léonard Aubry, paveur ordinaire

des bâtiments du roi, et les comédiens de l'*Illustre
Théâtre*, mais ce nom disparaît de tous les actes sem-
blables, dans lesquels les comédiens sont énumérés,
jusqu'au 13 août 1645.

Une clause du contrat de société passé entre les comédiens nous a appris « qu'accord est fait entre Clérin
« et Joseph Béjart, qui doivent choisir alternativement
« les héros. » (30 juin 1643.)

Joseph Béjart bégayait en parlant :

> « Et ne pouvant former une troupe d'élite,
> « Je me vis obligé de prendre un tas de gueux,
> « Dont le mieux fait était bègue.... »

C'est ce qui le força presque toujours à jouer les emplois marqués. En vain un médecin d'Angers, Alexandre Sorin, s'obligea-t-il à le guérir de « la difficulté de
parler, » dans l'espace de vingt jours moyennant la
somme de deux cents livres; rien n'y fit. On ne se figure
guère aujourd'hui un héros de tragédie bégayant. Et
cependant le fait est absolument authentique.

Nous avons suivi la troupe de la Béjart à travers toutes
ses vicissitudes, tant à Paris qu'en province; Joseph eut
naturellement sa part de tous ces tracas et de tous ces
succès, et comme nous les avons racontés autre part,
nous n'y insisterons pas ici.

En 1653, il créa à Lyon *Pandolfe* dans l'*Etourdi* : et,
comme il n'était pas, — ressemblant en cela à sa sœur
Madeleine, — un profane dans le commerce des lettres,
il profita de la tenue des Etats du Languedoc pour composer : « le Recueil des titres, qualités, blasons et ar-
« moiries des prélats et barons des Etats de Languedoc

« tenus en 1654. » recueil par lui offert. l'année suivante, au prince de Conti, qui en accepta la dédicace.

Ce livre n'avait d'autre but sans doute que d'attirer la bienveillance sur la troupe dont il faisait partie. L'ouvrage fut imprimé à Lyon par Jasserme. et contenait des planches fort coûteuses.

En cette année même, 1654, Joseph joue, d'original, *Eraste* dans le *Dépit Amoureux* devant les Etats tenus à Béziers, rôle bien différent pourtant de celui de *Pandolfe,* et qui devait être d'une singulière difficulté à remplir pour un bègue : « Quand on vit.....

> « Mon bègue dédaigneux déchirer les poulets,
> « Et ramener chez soi la belle désolée,
> « Ce ne fut que... Ah! Ah!... dans toute l'assemblée. »

Joseph revint. s'installa à Paris avec la troupe, comme bien on pense ; mais ce nouveau séjour dans la capitale ne devait pas être de longue durée pour le pauvre comédien, qui avait été à la peine, et allait disparaître sans avoir été à la gloire, à celle du moins des années de triomphe. La troupe avait débuté devant le roi, le 24 octobre 1658 ; or, le 11 mai suivant. Joseph Béjart devait jouer pour la dernière fois. Ce jour-là, la troupe de Monsieur, comme on l'appelait, donnait deux représentations de l'*Etourdi*, l'une au Louvre pour le roi, l'autre sur le théâtre du Petit-Bourbon, pour le public. Celle en public se passa bien ; mais, à la cour, Joseph se trouva si souffrant qu'il eut toutes les peines du monde à terminer son rôle. Rentré chez lui, aussitôt après la représentation, il se mit au lit pour ne plus se relever. Il mourut le 21 mai.

Lagrange nous apprend dans son *Registre* que l'on ne joua pas jusqu'au 1ᵉʳ juin en signe de deuil. Le 26, Molière conduisait au tombeau ce fidèle camarade qui, comme le dit si bien M. Edouard Thierry, « frappé le premier sur « la scène, lui donnait l'exemple d'achever son rôle « avant de s'en aller mourir; » — notons encore l'observation suivante que nous empruntons au même auteur :

« On a dit que Joseph Béjart jouait *Pandolfe* ; s'il « en était ainsi, il y avait entre les deux funestes aven- « tures un autre point de ressemblance. Pandolfe et « Argan venaient l'un et l'autre de faire le faux mort, « — Pandolfe à son insu, — lorsqu'ils passèrent tous « deux de la fiction à l'irréparable réalité. »

L'acte d'inhumation nous fait savoir que, le lundi 26 mai 1659, fut fait le convoi de « Joseph Beygar, comédien pris sur le quai de L'Escholle et porté en carrosse à Saint-Paul. » Nous avons expliqué autre part que Molière et les Béjart habitaient alors la même maison, sur le quai de l'Ecole (en la maison de l'image de saint Germain).

On a raconté que Joseph avait laissé en mourant 24.000 écus d'or, ce qui correspondrait à peu près à 14.0000 livres, soit un demi-million de nos jours. Est-il besoin de réfuter ce bruit absurde, mis en circulation par Guy-Patin ? Comme le fait fort bien remarquer M. Jules Loiseleur, Joseph n'avait rien reçu de son père, mort insolvable. Et s'il avait laissé un avoir quelconque, il en eût disposé par testament au profit de ses amis ou de ses parents les plus proches : or ses sœurs ne recueillirent rien.

A défaut de fortune, Joseph Béjart laissa la réputation

d'un honnête homme et d'un comédien consciencieux. Il ne faut pas lui en demander davantage.

GENEVIÈVE BÉJART, dite Mlle HERVÉ

Geneviève Béjart était encore bien jeune lorsque sa sœur aînée débuta en province, mais nous la retrouvons aux côtés de son frère Joseph et de sa sœur Madeleine au moment de la formation de l'*Illustre Théâtre* à Paris, en 1643; elle avait alors dix-neuf ans. Nous voyons d'abord sa signature au bas d'un acte passé entre Léonard Aubry et les comédiens; et chose curieuse, c'est le fils de ce même Aubry, paveur des bâtiments du roi, demeurant à Paris, rue Champ-Fleury, paroisse Saint-Germain-l'Auxerrois, qui épousera Geneviève, vingt-neuf ans après les débuts de l'*Illustre Théâtre*.

Puis elle signe successivement tous les actes relatifs à l'établissement de la troupe. Elle demeure et vit en commun avec Joseph, Madeleine et Molière. Le jeune Louis ne viendra la rejoindre que plus tard. Lorsque la mauvaise chance força les jeunes comédiens à se désunir, Geneviève n'abandonna pas son frère et sa sœur. Cette famille Béjart, dont faisait pour ainsi dire partie Molière lui-même, n'était-elle pas comme le noyau de la troupe, noyau autour duquel venaient se grouper des comédiens de passage dont les noms changeaient sans cesse, tels que Nicolas Desfontaines, Catherine des Urlis, Madeleine Malingre Denis Beys, Clérin, etc.

C'était d'ailleurs là le sort de toutes les troupes: « Elles ont si peu de fermeté que, dès qu'il s'en est fait « une, elle parle déjà en même temps de se désunir, »

nous dit Chappuzeau, au livre troisième de son Théâtre-Français, « et soit dans cette inconstance, soit dans le
« peu de moyen qu'elles ont d'avoir de beaux théâtres et
« des lieux commodes pour les dresser, il est aisé de voir
« la différence qui se trouve entre les troupes fixes de Pa-
« ris et les troupes ambulantes de province. » — N'est-
ce pas encore à peu près la même chose de nos jours?

Il est assez peu aisé de s'y reconnaître dans la vie de
Geneviève Béjart à cause des noms multiples qu'elle
porta au théâtre ; et cependant, si l'on veut prendre la
peine d'y regarder de près, rien n'est plus facile que de
faire cesser la confusion.

Lorsque Geneviève se promenait dans les provinces,
en compagnie de Joseph, de Madeleine, et plus tard de
Louis, il y avait bien des Béjart à mettre sur l'affiche,
— comme l'on dirait à présent, — bien que la coutume
fût de ne pas afficher les noms des acteurs. Mais on
n'en connaissait pas moins leurs noms ; Molière le comprit, et Geneviève joua d'abord sous le nom de sa mère;
et s'appela Mlle Hervé. C'est sous ce nom qu'elle abor-
dera l'emploi des soubrettes, et elle le gardera même
jusqu'en 1663, puisque dans l'*Impromptu de Versailles*
Molière dit, en s'adressant à Mlle Hervé: « Pour vous,
vous êtes la soubrette de la Précieuse, qui se mêle de
temps en temps dans la conversation, et attrape, comme
elle peut, tous les termes de sa maitresse. »

En 1664, elle épousa en premières noces à Saint-Germain-l'Auxerrois, le sieur Léonard de Loménie, fils d'un
bourgeois de la ville de Limoges; ce Léonard habitait,
ainsi que nous l'apprend le contrat signé le 25 novem-

bre, rue de la Parcheminerie, paroisse Saint-Severin ; et
Geneviève dans la même maison que Molière et ses
frère et sœurs, place du Palais-Royal ; Geneviève apportait en dot cinq cents livres tournois, en deniers comptants, et trois mille cinq cents livres tournois, en habits,
linge et meubles. Or, comme ce sieur Léonard de Loménie prit ensuite le nom de La Villaubrun, il n'y a pas
lieu de s'étonner si Mlle Hervé fut ensuite quelquefois
désignée sous le nom de Mlle de La Villaubrun. Cette union
ne devait pas être de longue durée, et le seigneur de La
Villaubrun mourut vraisemblablement au commencement de l'année 1672. Geneviève avait à cette époque quarante-huit ans. C'est alors qu'elle épousa en secondes
noces le sieur Jean Baptiste Aubry, sieur des Carrières,
et fils de ce Léonard Aubry, que nous avons vu, trente
ans auparavant, aider de ses deniers la nouvelle entreprise de l'*Illustre Théâtre*. C'étaient, comme on le voit,
de vieilles connaissances. Jean-Baptiste était, comme son
père, paveur des bâtiments du roi. Ce contrat est en
date du 15 septembre, et l'inventaire dressé après la
mort de son premier mari, avait été clos le 27 juin précédent. Elle n'avait pas eu le temps de s'ennuyer
dans son veuvage. Bref, voici Geneviève Béjart, dite
Mlle Hervé du nom de sa mère, dite Mlle de La Villaubrun du nom de son premier mari, appelée dorénavant
Mlle Aubry, du nom de son second ; et voilà du même
coup toutes ces dénominations expliquées. Rien d'étonnant que, dans cette confusion, beaucoup d'historiens ne
se soient égarés ; aussi existe-t-il fort peu de biographies exactes de cette actrice.

Nous avons laissé Geneviève en province avec la troupe de sa sœur Madeleine. Elle l'accompagne partout, jouant les rôles secondaires de soubrette, et la suit jusqu'à Paris, où nous la retrouvons faisant encore partie de la troupe.

Mais, bien qu'elle.en ait fait partie depuis sa création jusqu'à la mort de Molière, les rôles qu'elle créa dans le répertoire du Maître, sont infiniment peu nombreux ; en effet, à part les rôles de la servante précieuse dans l'*Impromptu de Versailles* (1663) et celui d'*Aristione* dans les *Amants magnifiques* (1670), rôles qu'elle joua sous le nom de Mlle Hervé, nous ne la retrouvons plus que dans le rôle de Bélise des *Femmes savantes* (11 mars 1672), qu'elle joua sous le nom de Mlle Villaubrun.

Geneviève ne devait pas survivre longtemps à sa sœur Madeleine et à Molière. Après la mort de celui-ci, lorsque la troupe se dispersa, elle passa dans la troupe Guénégaud, et mourut presque aussitôt, le 3 juillet 1675. « Le troisième jour de juillet 1675, nous dit « Lagrange, Mme Aubry mourut; l'on ne joua pas le ven- « dredi cinquième. » — Le registre mortuaire de Saint-Sulpice contient ensuite l'acte suivant : — « Le « quatrième jour de juillet 1675 a été fait le convoi, « service et enterrement de Geneviève Béjart, âgée de « quarante-quatre ans, femme du sieur Aubry, paveur « ordinaire du roi. » — C'est cinquante et un ans qu'il aurait fallu dire. Mais cette coquetterie n'a rien d'extraordinaire pour une femme de théâtre, qui avait épousé un mari beaucoup plus jeune qu'elle.

Cet Aubry, quoique maître paveur, se piquait aussi de littérature ; c'est lui qui fit représenter les tragédies de *Démétrius* (1689) et d'*Agathocle* (1690), pièces d'ailleurs dépourvues de toute espèce de valeur. Il survécut jusqu'en 1692. Il se qualifiait beau-frère de Molière, et c'est ainsi qu'il se fait appeler dans la requête signée de lui et adressée à l'archevêque de Paris pour les funérailles de notre grand poète. M. Eudore Soulié nous apprend que, le 16 août 1673, c'est-à-dire six mois après la mort de Molière, sa veuve, Jean B. Aubry et Geneviève Béjart louent, pour y demeurer ensemble, une maison, sise rue de Seine, appelée Hôtel d'Arras, à côté de la Comédie ; c'est ce qui explique pourquoi Geneviève fut enterrée à Saint-Sulpice. Tels sont les renseignements succincts que nous avons pu recueillir sur Geneviève Béjart, figure bien effacée à côté d'autres si illustres, et que ne venait rehausser aucune originalité de talent. — M. Arsène Houssaye qui écrit l'histoire un peu à sa manière, — manière brillante sans doute, mais bien peu positive, — veut qu'elle ait été blonde et jolie : ce n'est pas nous qui dirons le contraire.

Le même auteur émet cette opinion singulière qu'elle a aimé Molière, et que c'est elle qui fit opposition au mariage de celui-ci, parce que son nom ne figure pas dans le contrat ; c'est une déduction un peu hardie, il faut en convenir ; et nous ne l'enregistrons ici qu'à titre de bizarrerie. Rien n'est venu prouver qu'il y ait eu des relations entre Geneviève et Molière, et les ennemis de Molière, qui ont mis sa vie privée au grand jour, n'auraient certes pas manqué de nous le dire, si

le fait eût été vrai. Il ne faudrait cependant pas ternir
une mémoire tout en ayant l'air de la défendre. Comme
ce n'est pas assurément là le but que s'est proposé
M. Arsène Houssaye, mieux eût valu, nous semble-t-il,
laisser sous silence cette supposition, si furtive qu'elle
soit.

Louis Béjart, le cadet.

Nous arrivons à nous occuper du dernier des Béjart,
Louis, qui, beaucoup plus jeune que son frère et que
ses deux sœurs, ne devait pas participer à leurs premiers
débuts, mais ne les rejoignit que plus tard, alors,
sans doute, qu'ils couraient déjà la province. Nous
avons vu un peu plus haut que Louis était né en 1630 :
c'est pourquoi il n'est pas étonnant de ne pas voir son
nom figurer dans tous les actes par lesquels fut cons-
titué l'établissement de l'*Illustre Théâtre*, puisqu'à ce
moment il n'avait encore que treize ans. Aussi, avons-
nous réfuté, à l'article de Joseph Béjart, ce passage
d'*Elomire*, où le pamphlétaire passe en revue la troupe :
« dont le mieux fait était bègue, borgne ou boiteux ».
Nous avons dit que Joseph était bègue. Quant à Louis,
qui ne fit que bien plus tard partie de la Compagnie,
il ne devint boiteux que par la suite, et après un accident que nous raconterons tout à l'heure. Est-ce à dire
maintenant que cette épithète de borgne, s'applique aussi
à lui? Quelques historiens le disent. Nous nous demandons où ils ont pris ce renseignement.

Louis Béjart se destinait-il tout d'abord au théâtre
comme toute sa famille? Ce qui nous fait poser cette

interrogation, c'est qu'après sa retraite définitive du théâtre, survenue en 1670, c'est-à-dire, alors qu'il n'avait encore que 40 ans, nous le trouvons qualifié du titre d'ingénieur du roi. D'autre part, son acte de décès prouverait qu'il fut un moment officier au régiment de la Ferté. Est-ce donc à quarante ans qu'on devient ingénieur? Et n'est-il pas permis de supposer que, ne se destinant pas tout d'abord au théâtre, il avait au moins fait quelques études préparatoires en vue de cette carrière? Cependant le père Béjart était mort au commencement de l'année 1643. Sa veuve se trouvait dans un état précaire. Joseph, Madeleine et Geneviève parcouraient l'ouest et le midi de la France ; s'ils n'avaient pas encore l'aisance, ils avaient du moins un métier entre les mains et étaient à même de gagner leur vie. Aussi le jeune Louis, s'il ne partit pas en même temps qu'eux de Paris, ne tarda-t-il pas à les aller rejoindre. Peut-être même, Molière ou sa sœur Madeleine le ramenèrent-ils avec eux dans un de ces voyages qu'ils faisaient à Paris, au moment de la fermeture de Pâques, en vue de remonter leur troupe pour la saison suivante. Lorsque Louis eut été accepté dans le temple de la Comédie, on lui donna les troisièmes et quatrièmes rôles tragiques, et les rôles de seconds valets ; à Lyon, en 1653, c'est lui qui créa le rôle d'*Anselme* dans l'*Etourdi* de Molière. Quoique fort jeune encore, puisqu'il n'avait que 23 ans, Molière n'hésita pas à lui confier des rôles de vieux .

Il joua encore *Valère* dans le *Dépit amoureux*, à Béziers (1654) ; puis, après avoir parcouru le Languedoc pendant plusieurs années, en compagnie de Molière, de

son frère Joseph, et de ses deux sœurs, il revient avec
eux à Rouen, puis à Paris. Lagrange, dans son *Registre*,
en faisant l'énumération de la Troupe à son arrivée à
Paris, en 1658, le désigne sous le nom de Béjart cadet.

La troupe se composait alors de dix parts, savoir:

Les sieurs,	MOLIÈRE.	Les demoiselles,	BÉJART
—	BÉJART l'aîné.	—	DUPARC
—	BÉJART cadet.	—	DE BRIE
—	DUPARC.	—	HERVÉ
—	DU FRESNE.	—	—
—	DE BRIE.	—	—
—	CROISAC, gagiste à 2 fr.	—	—
	par jour.	—	—

Louis Béjart était connu de préférence sous le surnom
de l'Éguisé, surnom qui ne peut lui venir sans doute que
de son esprit naturel et de ses vives réparties. L'anecdote suivante, passée à l'état de légende, le prouve assez.
— Les gens de la maison du roi jouissaient autrefois de
l'entrée gratuite à la Comédie; Molière ayant obtenu du
roi la suppression de cet abus, la maison du roi se crut
outragée, se porta au théâtre, enfonça la porte et tua
le portier. Déjà ces furieux cherchaient les acteurs pour
leur faire éprouver le même traitement, quand Béjart
l'Éguisé, habillé en vieillard pour la pièce que l'on allait représenter, se précipita sur le théâtre: « Eh! messieurs, leur dit-il, épargnez du moins un pauvre vieillard
« de soixante-quinze ans, qui n'a plus que quelques
« jours à vivre. »

Ces paroles, dans la bouche d'un jeune acteur aimé,
excitèrent un grand éclat de rire, et Molière acheva de
ramener les rebelles à la raison en leur parlant de la volonté du roi.

En 1663, Béjart joue d'original *Béjart*, homme qui fait le nécessaire, dans l'*Impromptu de Versailles*, rôle de quatre lignes il est vrai, mais qui nous sert à constater toujours sa présence dans la troupe.

Voici ses principales créations dans le répertoire de Molière :

1664   *Alcantor*, père de Dorimène, dans le *Mariage forcé*.
1664   *Théocle*, prince de Pyle, dans la *Princesse d'Elide*.
1665   *Don Louis*, dans *Don Juan*.
1666   *Dubois*, dans le *Misanthrope*.
1668   *La Flèche*, dans l'*Avare*.
1669   *Oronte*, dans *Monsieur de Pourceaugnac*.

Nous avons dit que Béjart le cadet était boiteux. Voici comment on raconte l'origine de cette infirmité. Un jour, voulant séparer deux de ses amis qui avaient tiré l'épée sur la place du Palais-Royal, il fut blessé à la jambe. Il en resta boiteux le reste de sa vie. Cet accident pouvait être funeste pour l'avenir d'un comédien. Le public, qui connaissait l'aventure, ne cessa pas de l'accueillir favorablement, et l'allusion que Molière avait introduite dans l'*Avare*, lorsqu'il dit en parlant de la Flèche, rôle que jouait Béjart : « Je ne me plais point à voir ce chien de boiteux-là », était toujours accueillie par une salve d'applaudissements du parterre.

On dit que pendant longtemps beaucoup d'acteurs qui jouaient ce rôle, affectaient de boiter comme lui. Aujourd'hui on a supprimé le mot de boiteux et on le remplace par une épithète quelconque. Est-ce cette infirmité qui décida Béjart à se retirer du théâtre, à peine âgé de quarante ans ? Ou, peu passionné pour un art dans lequel il n'avait jamais brillé au premier rang, aimait-il mieux rentrer dans une sorte de vie plus paisible ? Nul ne le sait.

« Il y a eu du changement dans la troupe, nous dit
« Lagrange ; le sieur Béjart, par délibération de toute
« la troupe, a été mis à la pension de 1.000 livres, et
« est sorti de la troupe. Cette pension a été la pre-
« mière établie à l'exemple de celles qu'on donne aux
« acteurs de la troupe de l'hôtel de Bourgogne ; le con-
« trat en a été passé par devant M⁰ Le Vasseur, notaire,
« rue Saint-Honoré, près la barrière des Sergents, le
« 16 avril 1670. »

La fermeture eut lieu par *l'Avare*, le dimanche 23
mars, et la réouverture, le 18 avril vendredi.

Si l'on ajoute à cette pension de 1.000 livres, les 400
livres de rente que lui laissa sa sœur Madeleine, et l'argent qu'il avait pu mettre de côté, on peut voir que
Béjart vivait dans une honnête aisance. Quatorze cents
livres de rente, à cette époque, correspondent pour le
moins à 6.000 francs, de nos jours.

Cette pension, en outre, a cela de particulier qu'elle
est la première pension accordée à un artiste de la Comédie-Française proprement dite. Béjart cadet est donc
le premier pensionnaire attitré de la Comédie.

Tant qu'il fut comédien, Béjart prit le titre d'officier
de Monsieur dans les actes où nous retrouvons sa signature. C'est ainsi du moins qu'il est qualifié dans un
acte de baptème de la fille d'un bourgeois de Paris, daté
du 16 février 1664, et où Louis Béjart fut parrain avec
la femme de Molière. Mais lorsqu'il fut retiré du théâtre,
il s'intitula ingénieur du roi. La version que nous

avons donnée plus haut, est donc assez plausible. Béjart se retira sans doute du théâtre à la suite de son accident, et comme il étaitjeune encore et plein d'activité, il embrassa une nouvelle carrière et obtint, par ses protections et celles de Molière, une place comme ingénieur du roi. (Contrat de Jean-Baptiste Aubry avec Geneviève Béjart, 15 septembre 1672.)

Louis Béjart habita toujours à Paris avec son frère et ses sœurs. C'était un commensal de plus sous le toit de Molière ; lorsque Molière mourut, il alla demeurer chez sa veuve, en compagnie d'Aubry et de sa femme Geneviève, en une maison sise à Paris rue de Seine, appelée Hôtel d'Arras, paroisse Saint-Sulpice.

Mais, chose singulière, lorsque la veuve de Molière se remaria avec le comédien Guérin, le 29 mai 1677, nous ne voyons le nom de Louis Béjart figurer ni au contrat, ni à l'acte de mariage. Y avait-il un froid entre l'oncle et la nièce, ou est-ce un simple hasard ?

Ou bien, plutôt encore, l'*Eguisé* avait-il compris, comme il est permis de le croire, qu'il était bien peu digne, quand on portait le nom de Molière, de l'échanger contre celui de Guérin ?

Béjart mourut jeune encore.

Il s'éteignit le 13 octobre 1678, et fut enterré à Saint-Sulpice, aux côtés sans doute de sa sœur Geneviève.

Ainsi, de toute cette tribu des Béjart, il ne restait plus qu'Armande, fille de Madeleine, et, remarque à enregistrer, aucun d'eux n'avait vécu bien vieux. Joseph mourut à quarante deux ans, Madeleine à cinquante-quatre, Geneviève à cinquante et un, lui succombait à quarante-huit.

Une seule figure, parmi eux tous, devait surpasser les autres de cent coudées.

Celle-là s'appelait Madeleine Béjart, et nous avons essayé de la dépeindre.

Quant aux autres, braves et honnêtes gens, et fort dignes de considération, ils seraient sans doute restés des comédiens de province fort obscurs sans Madeleine et sans Molière.

Mais ils ont droit d'avoir leur petite place dans la postérité, pour avoir vécu de la même vie que le poète, couché sous son toit, mangé à sa table, durant trente ans, et combattu, soldats obscurs et dévoués à ses côtés, les jours des grandes batailles.

C'est pourquoi nous avons essayé de les tirer un peu des ténèbres épaisses et de l'oubli où ils dormaient.

LES PREMIERS CAMARADES

DE MOLIÈRE

CHAPITRE III

LES PREMIERS CAMARADES

DE MOLIÈRE

S'il n'est déjà pas très aisé, à deux siècles de distance, de recueillir des renseignements précis sur des comédiens aussi fameux que les Béjart, il est encore bien plus difficile de savoir ce qu'étaient les premiers camarades de Molière, et quelle était la composition exacte de sa troupe, pendant ses douze années de province.

Lorsque « les enfants de famille » décidèrent, pour la première fois, de paraître en public, au jeu de paume des Métayers, la troupe se composait de onze personnes, dont nous avons donné les noms plus haut, à l'article de Madeleine Béjart. De Poquelin et des Béjart, nous n'a-pas à nous occuper ici. Voyons ce qu'étaient les sept autres.

Il y avait eu déjà un nommé Charles Beys ou de Beys, qui avait composé deux comédies, représentées, en 1635, à l'Hôtel de Bourgogne : l'*Hôpital des fous* et le *Jaloux sans sujet*, et une autre, représentée en 1636 : *Céline ou les Fous rivaux*. Ce de Beys, que Scarron compare pompeusement à Malherbe, était né, en 1610, à Paris, et mourut en 1659. Est-ce le même que le Denis Beys de l'*Illustre Théâtre*, ou est-il permis seulement de supposer qu'il était de la même famille? C'est encore lui qui est désigné dans les *stances adressées à Monseigneur le duc de Guise sur les présents qu'il a faits de ses habits aux comédiens de toute la troupe :*

> La Béjart, Beys et Molière,
> Brillants de pareille lumière,
> N'en paraissent plus orgueilleux ;
> Et, depuis cette gloire extrême,
> Je n'ose plus m'approcher d'eux,
> Si ta rare bonté ne me pare de même.

Ce qui nous ferait croire assez volontiers que ce Beys était le même, c'est que l'on retrouve encore dans ses œuvres un sonnet à la louange du pâtissier Raguencau, qui s'engagea dans la troupe de Molière, comme nous allons le voir tout à l'heure. Denis Beys ne faisait plus partie de l'*Illustre Théâtre* en 1645.

Germain Clérin était le frère d'une comédienne du théâtre du Marais, dont les frères Parfaict ont parlé dans leur histoire du Théâtre Français, et qui se retira en 1670. Le 17 septembre 1644, il demeure rue et proche la porte Dauphine et se dit « comédien de la troupe de l'*Illustre Théâtre* entretenuë par son Altesse Royale »,

Georges Pinel était maître écrivain, et une vieille connaissance pour la famille Poquelin. C'est lui qui, le 25 juin 1641, avait emprunté 172 livres au père de Molière, et, le 1er août 1643, 160 livres à nouveau, dont sa femme Anne Pernay, se portait aussi garante. On voit

que la richesse n'abondait pas dans le ménage du pau-
vre maître écrivain, premier professeur d'écriture de
Molière peut-être. On connait l'anecdote racontée par
Charles Perrault, dénaturée par Grimarest, et mise
en pièce de théâtre, il y a quelques années, à la Comédie
Française.

Le père de Molière était désespéré de voir son fils
embrasser la carrière de comédien. Mais, comme ni
prières, ni supplications, ne pouvaient le détourner de
cette voie, le vieux Poquelin s'en va trouver Georges
Pinel, le maître, nous dit Perrault, « chez qui il l'avait
« mis en pension pendant les premières années de ses
« études, espérant que, par l'autorité que ce maître avait
« eue sur lui pendant ce temps là, il pourrait le ramener à
« son devoir. Mais bien loin que le maître lui persuadât
« de quitter la profession de comédien, le jeune Molière
« lui persuada d'embrasser la même profession, et
« d'être le docteur de leur comédie, lui ayant représenté
« que le peu de latin qu'il savait, le rendrait capable de
« bien faire le personnage, et que la vie qu'il mènerait
« serait plus agréable que celle d'un homme qui tient
« pensionnaires ».

Malheureusement, les premiers essais ne devaient pas
être faits pour tenter le vieux maître d'écriture qui, dès
1645, était sans doute retourné à ses leçons, puisque
nous ne retrouvons plus sa trace.

Nicolas Bonenfant était un jeune clerc en rupture
d'écritoire. M. Eudore Soulié nous donne quelques
renseignements précis sur ce personnage :

« Nicolas Bonenfant était un jeune clerc de procu-

« sols tournois pour chacun jour, jouant ou non. »
Ajoutons qu'il avait droit à cinq sous de plus les jours
« qu'il jouait rôle à la dite comédie ».

Voici ensuite Nicolas Desfontaines, un poète, celui-là,
qui, avant d'entrer dans la troupe, avait déjà composé
Eurymédon ou l'Illustre Pirate, et plusieurs autres
pièces. On croit même qu'il fit représenter par ses nouveaux associés les pièces suivantes, dont le titre seul
n'est pas sans nous effrayer quelque peu :

Perside ou la suite de l'Illustre Bassa ;

Saint Alexis ou l'Illustre Olympie ;

L'Illustre Comédien ou le Martyre de Saint-Genest ;

Et tout cela était représenté sur l'*Illustre théâtre* !

Notons encore, comme de passage dans la troupe vers
la même époque, Philippe Millot, et un certain Pierre
Dubois, qui s'intitule maître brodeur. Enfin signalons
l'apparition, en août 1645, du sieur Germain Rabel, qui
est aussi venu apporter son appoint.

Nous touchons au moment où la troupe, lassée par
ses trois tentatives infructueuses à Paris, va partir en
province. Denis Beys, Georges Pinel, Nicolas Bonenfant, Nicolas Desfontaines, Catherine des Urlis, Madeleine Malingre ont abandonné la partie. La troupe,
réduite à sa plus simple expression, est donc composée
comme suit :

Les sieurs MOLIÈRE.	Damoiselles Madeleine BÉJART.
Germain CLÉRIN.	Geneviève BÉJART.
Joseph BÉJART.	Catherine BOURGEOIS.
Germain RABEL.	

Mais la troupe ne pouvait rester en si petit nombre,

on le comprendra sans peine. Aussi l'on se mit en quête de bonnes recrues et c'est ainsi qu'on s'adjoignit tout d'abord Charles Du Fresne, dont nous avons déjà prononcé plusieurs fois le nom, et dont nous allons nous occuper avec plus de soin.

Charles Du Fresne naquit à Argentan. C'était le fils de Claude Du Fresne, peintre du roi. Avant d'entrer dans la troupe de Molière, il avait dirigé en personne une entreprise théâtrale en province. C'est ainsi que l'on constate son passage à Lyon en 1643. Desfontaines avait fait, paraît-il, partie de cette compagnie, et comme Desfontaines avait été attaché à la fortune des Béjart, on ne s'étonnera pas si Charles Du Fresne fit la connaissance de Molière. Les affaires étaient fort embrouillées lorsque Du Fresne entra dans la troupe ; pour éviter sans doute les poursuites des créanciers, Molière se mit à l'écart, et Du Fresne en devint, nominalement du moins, le directeur. C'est ainsi qu'il est désigné, au mois d'avril 1648. Du Fresne avait assurément des qualités administratives que n'avaient pas les autres, et, comme ancien directeur et fils de peintre, il ne tarda pas à devenir le régisseur et le décorateur de la troupe.

En conséquence, c'est Du Fresne qui adresse des demandes aux municipalités pour donner la comédie. Le sieur Molière n'est qualifié que de « comédien de la troupe du sieur Du Fresne ». C'est Du Fresne qui adresse des requêtes à qui de droit, comme à Fontenay-le-Comte, où l'on tardait à mettre un jeu de paume à la disposition des acteurs.

C'est Du Fresne qui est appelé à Agen par ordre du

gouverneur, et c'est encore lui qui vient rendre ses devoirs aux officiers municipaux.

La troupe est connue de réputation sous le nom de troupe de la Béjart, mais c'est Du Fresne qui la dirige en nom, et remplit les formalités d'usage pour les représentations à donner.

En 1653, nous retrouvons Du Fresne à Lyon avec toute la troupe, signant au contrat de mariage de Du Parc avec Marquise de Gorla. Puis nous le retrouvons encore à Paris, lorsque la troupe vient s'y fixer définitivement. On peut dire que, sauf Molière et les Béjart, c'est le seul comédien qui soit resté attaché à la troupe depuis son départ de Paris jusqu'à son retour, soit l'espace de douze années.

Du Fresne jouait les seconds rôles tragiques, mais ces longues courses en province l'avaient lassé. Il avait mis de côté quelque argent et ne songeait qu'à se retirer du théâtre. Aussi, à Pâques 1659, il préféra quitter la troupe, alors installée sur le théâtre du Petit-Bourbon, et aller vivre de ses rentes à Argentan, son pays natal.

C'est là qu'il épousa, le 17 juillet 1664, une demoiselle Grimblot, en prenant le titre, sur les registres de la paroisse, de valet de chambre officier du roi. On sait qu'il vivait encore en 1679, mais nul n'a pu fixer l'époque exacte de sa mort.

Nous avons dit combien la troupe s'était trouvée dégarnie au moment du départ de Paris. Voici les noms de quelques-uns des comédiens qui vinrent tour à tour en grossir les rangs à travers les provinces.

A Nantes, en 1648, c'est Pierre Reveillon, qui avait déjà

joué la comédie à Lyon, sous les ordres de Du Fresne Nous retrouvons la signature de Reveillon sur un acte de baptême (Lyon 9 décembre 1652) et au contrat de Duparc passé à Lyon le 19 février 1653.

C'est René Berthelot, dit Du Parc ou Gros-René, auquel nous consacrerons un article spécial.

Ce sont Catherine du Bosc et Julien Mélindre de Roc-Hessanne, présents à Narbonne en 1650.— C'est Cyprien Ragueneau de l'Estang, autrefois pâtissier à Paris, rue Saint-Honoré, près du Palais-Cardinal, qui entra dans la troupe de Molière à Lyon en 1653. — Et, le 15 octobre 1653, ce même Ragueneau prend à bail pour trois ans un appartement situé à Lyon, dans une maison près de celle des Jésuites de Saint-Joseph, ce qui indique bien, comme le fait remarquer M. Loiseleur, des idées de résidence et des retours périodiques de la troupe dans cette ville.

Cet ex-pâtissier, nous dit la légende, se piquait aussi de poésie, mais nous croyons savoir que dans l'*Illustre Compagnie* son emploi, comme comédien, ne fut jamais bien important, et qu'il se contenta plus volontiers de moucher les chandelles.

On trouve cependant dans les œuvres poétiques de Beys (1652) un sonnet à sa louange, — affaire de politesse réciproque probablement.

Nous aurons à nous occuper plus loin de sa fille, devenue la femme de Lagrange, et qui, avant de devenir actrice, fut femme de chambre de Mlle De Brie et buraliste au contrôle. Lagrange nous apprend par une petite note inscrite sur un feuillet de son *Registre* que :

« M. Cyprien Ragueneau, père de sa femme, est mort
« à Lyon le 18 août 1654, et qu'il fut enterré en l'église
« Saint-Michel ». Le pauvre pâtissier-comédien n'avait
pas profité de son bail de trois ans.

Nous retrouvons encore la trace de deux comédiens,
les Martin, mariés à Lyon en l'église Sainte-Croix, le
29 avril 1655.

Voici le document communiqué à M. Jal par M. Eudore, Soulié : « Martin (nom de baptême illisible), un
« des comédiens de la troupe de Monseigneur le prince
« de Conti, et Anne Reynes, comédienne de la même
« troupe, reçurent la bénédiction nuptiale en présence
« de Pierre Reveillon, Charles Du Fresne, René Ber-
« thelot, Jean-Baptiste Poquelin et Joseph Béjart, tous
« de la même troupe. » Cependant le succès croissant
des comédiens à Lyon forçait bien Molière à renforcer
sa troupe de jour en jour. C'est ainsi qu'il acquit successivement, sortant de la troupe dirigée par Mitalla
à Lyon, Edme Villequin, sieur de Brie, et sa femme,
puis Mlle de Gorla, qui allait devenir la femme de
Du Parc.

Mais ceux-ci ayant leur place marquée dans cette
histoire, nous nous contentons de ne signaler ici que
les oubliés ou les inconnus.

Dans ce nombre figurent : Mlle Magdelon, dont on retrouve le nom sur un exemplaire d'*Andromède*, tragédie
de Corneille, imprimée à Rouen en 1651 ; — Chasteauneuf,
qui figure aussi dans la même distribution ; c'est ce
Chasteauneuf que l'on suppose être l'auteur de la *Feinte
mort de Pancrace,* imprimée en 1663 ; — Jean-Baptiste

L'Hermite Souliers, sieur de Vauselle, poète à ses heures, et Mlle de Vauselle, sa femme.

Ce Vauselle, qui s'intitulait chevalier de l'ordre de Saint-Michel et gentilhomme servant chez le roi, n'était pas un comédien de rencontre. C'était un vieil ami du comte de Modène, et, par conséquent, de Madeleine Béjart. C'est lui qui, en 1638, au baptême de la fille de Madeleine et du comte de Modène, avait représenté le jeune fils de ce dernier, choisi pour parrain de l'enfant. C'est encore lui qui deviendra dans la suite le beau-frère du comte de Modène, lorsque celui-ci, devenu veuf, épousera la sœur du comédien.

Était-ce bien un comédien, ce gentilhomme qui s'occupait d'art héraldique et écrivait les *Éloges de tous les premiers présidents de Paris?* ou se trouvait-il seulement dans la troupe par aventure?

De Vauselle possédait un petit bien rural, appelé la Souquette, situé à Saint-Pierre-de-Vassal, dans le Comtat-Venaissin. Il était originaire du pays qu'il habitait avec sa femme. Or il est dit, d'autre part, qu'Armande, la femme de Molière, fut élevée chez une dame de qualité qui habitait le Midi, et que Molière, allant à Lyon, retira de chez cette dame la fille de Madeleine, qui avait alors dix ans. Il en résulte que M. Loiseleur se demande, dans son remarquable ouvrage, si cette dame n'était autre que la sœur de ce de Vauselle, vieil ami du comte de Modène, et nous nous le demandons avec lui. Les dates, le lieu, tout semblerait le faire croire. Mais, encore une fois, que venait faire de Vauselle dans la troupe?

Quoi qu'il en soit, nous le retrouvons à Paris en 1631, demeurant, avec sa femme, rue et devant le Petit-Bourbon, paroisse Saint-Germain-l'Auxerrois, vendant à Madeleine Béjart la grange de la Souquette contre la somme de 2.856 livres.

La série des premiers camarades de Molière peu connus ou totalement oubliés commence à s'épuiser. Nous verrons plus loin comment Molière fit la connaissance à Rouen de Du Croisy, qui dirigeait une autre troupe, et comment Lagrange se joignit à eux dès qu'ils furent installés au Petit-Bourbon à Paris.

Il ne nous reste plus, par conséquent, à nous occuper ici que des deux frères Bedeau, plus connus sous leurs noms de guerre, l'Espy et Jodelet.

C'est quand on se trouve en présence de personnalités comme celle de l'Espy, que l'on est frappé du silence qui s'est fait pendant deux siècles autour de ces noms. Ainsi voilà un homme qui n'était pas le premier venu, qui s'illustra même pendant de longues années sur le théâtre du Marais, qui fit pendant quatre ans partie de la troupe de Molière, qui eut l'honneur de jouer, dans le répertoire du maître, *Gorgibus* des *Précieuses*, *Gorgibus* de *Sganarelle*, *Ariste* de *l'Ecole des maris*, *Damis* des *Fâcheux*, *Chrysalde* de *l'Ecole des femmes*, et sur lequel il est impossible de rien découvrir. Il naquit, paraît-il, vers 1603, et était frère du fameux Jodelet; son véritable nom était Bedeau. Guéret, dans la *Promenade de Saint-Cloud*, nous apprend qu'il était excellent dans le rôle d'*Ariste* de *l'Ecole des maris*. Pour le reste, il nous faut consulter le *Registre* de *Lagrange*, dont nous aurons

à nous occuper, d'une façon toute particulière, à l'article
Lagrange.

« Le sieur l'Espy et Jodelet, son frère, qui étaient
« dans la troupe du Marais, passèrent dans la troupe de
« Monsieur. »

Les débuts de l'Espy au théâtre du Petit-Bourbon
eurent donc lieu après la rentrée de Pâques 1659.

Lorsque, le lundi 11 octobre de l'année suivante, le
théâtre du Petit-Bourbon commença a être démoli par
M. de Ratabon, surintendant des bâtiments du roi, sans
en avertir la troupe qui se trouva fort surprise de rester
sans théâtre, on alla se plaindre au roi. Mais M. de Ratabon insista, disant que la place de la salle était nécessaire pour le bâtiment du Louvre, et qu'il n'avait pas
cru devoir entrer en considération de la Comédie pour
avancer son projet. Cependant le roi, à qui la troupe
avait le bonheur de plaire, gratifia les comédiens de la
salle du Palais-Royal, cette même salle que Richelieu
avait fait construire pour y faire jouer *Mirame*. Seulement, nous dit encore Lagrange, il y avait trois poutres
de la charpente pourries et étayées, et la moitié de la
salle était découverte et en ruine. Le sieur de Ratabon
reçut un ordre exprès de faire les grosses réparations.

Ce fut l'Espy qui fut chargé de conduire les ouvrages.
On demanda au roi le don et la permission de faire em-
porter les loges de la salle du Petit-Bourbon, ce qui fut
accordé, à la réserve des décorations, que le sieur de
Vigarani, machiniste du roi, nouvellement arrivé à
Paris, se réserva, sous prétexte de les faire servir au
palais des Tuileries ; mais il les fit brûler jusqu'à la

dernière, afin qu'il ne restât rien de l'invention de son prédécesseur, qui était le sieur Torelli, dont il voulait ensevelir la mémoire.

Il ne faut pas oublier que Molière jouait, sur le théâtre du Petit-Bourbon, alternativement avec une troupe italienne, à qui il paya 1.500 livres pour jouer les jours extraordinaires, les lundis, mercredis, jeudis et samedis.

C'est dans cette ciconstance difficile que l'on put juger des sentiments des comédiens pour Molière. Profitant de l'occasion qui s'offrait à eux, les concurrents de l'Hôtel de Bourgogne et ceux du théâtre du Marais firent tous leurs efforts pour démembrer la troupe de Molière par des propositions engageantes.

« Mais, nous dit Lagrange, toute la troupe de Monsieur demeura stable; tous les acteurs aimaient le sieur Molière, leur chef, qui joignait à un mérite et une capacité extraordinaire, une honnêteté et une manière engageante qui les obligea tous à lui protester qu'ils voulaient courir sa fortune et qu'ils ne le quitteraient jamais, quelque proposition qu'on leur fît et quelque avantage qu'ils puissent trouver ailleurs. »

Les représentations avaient cessé au Petit-Bourbon le dimanche 10 octobre; elles ne purent recommencer au Palais-Royal que le 20 janvier 1661. C'était une perte considérable pour la troupe, qui ne put jouer en public pendant ce laps de temps. Elle en avait profité pour jouer à la ville, en visite, comme on disait alors, chez les grands du jour, et au Louvre. Mais ce n'étaient pas là les recettes ordinaires.

Cependant les travaux tiraient à leur fin. De l'Espy,

qui s'était prodigué, fut chargé de payer les ouvriers,
le bois, les serruriers, les charpentiers, maçons et autres, et nous voyons qu'il a touché à cet effet 1.497 livres,
d'une part, plus 317 livres, 8 sols, de l'autre.

L'Espy prenait de l'âge et n'aspirait plusqu'au repos.
On se souvient de ce passage de l'*École des maris :*

ARISTE

. . . . . .La jeunesse

Veut . . .

SGANARELLE

La jeunesse est sotte et parfois la vieillesse.

. . . .

. . . .

Riez donc, beau rieur. Oh! que cela doit plaire
De voir un goguenard presque sexagénaire !

(ÉCOLE DES MARIS, acte Ier.)

Il avait acheté du vivant de son frère Jodelet, mort en
1660, une terre nommée Vigray, aux environs d'Angers.
C'est là qu'il se retira. Il quitta la troupe à Pâques
ou avant Pâques, en 1663, âgé de plus de 60 ans. On
ignore l'époque de sa mort.

Jodelet, frère du précédent, s'illustra, à vrai dire, sur
d'autres scènes que sur celle de Molière, où il ne fit que
passer, mais il a sa place ici comme tout autre. On sait
peu de choses précises sur l'origine de Jodelet, de son
vrai nom Julien Bedeau. Tout fait présumer qu'il
naquit vers le commencement du XVIIe siècle, et qu'il
entra d'abord au théâtre du Marais. Jodelet appartenait
à cette race de farceurs célèbres qui firent les beaux
jours du règne de Louis XIII. Il était de l'école des
Turlupin, des Gros-Guillaume et des Gautier Garguille.

Il plut de suite au public par la naïveté de son jeu et la vérité de son débit. Un ordre de Louis XIII le fit passer à l'Hôtel de Bourgogne en 1634. Jodelet s'appliqua alors à devenir un comédien. Les traits de son visage étaient si marqués et si comiques, paraît-il, qu'il n'avait qu'à se montrer pour exciter le rire. Mais, comme on va le voir, Jodelet ne se contenta pas de ses avantages physiques, et voulut aborder les rôles importants. Pierre et Thomas Corneille brillaient alors d'un vif éclat. Scarron était aussi un des maîtres de la scène. Ces auteurs lui confièrent une grosse partie à jouer et Jodelet la gagna.

C'est d'abord le rôle de *Cliton* du *Menteur*, en 1642, et de *La Suite du Menteur*, en 1643; celui de *Jodelet* dans *Jodelet maître et valet*, en 1645, et dans *Jodelet duelliste ou souffleté*, en 1646.

En 1650, il joue d'original le principal personnage de *Don Bertrand de Cigarral*, pièce de Thomas Corneille, et, en 1655, le *Geôlier de soi-même*, du même auteur, pièce plus connue sous le nom de *Jodelet prince*.

Jodelet parlait du nez horriblement, mais ce défaut ne faisait que rendre son débit plus burlesque, et passait aux yeux du public pour une qualité de plus. La même chose ne se passe-t-elle pas de nos jours, où nous aurions peine à nous accoutumer à entendre tel ou tel artiste privé d'un tic ou d'un accent qui l'a rendu célèbre.

Abraham Bosse nous a laissé un portrait de Jodelet gravé de son temps. Il nous est représenté avec une grosse moustache noire et le visage couvert de farine. Mais les

portraits — littéraires — ne manquent pas, témoin ces
quelques citations que nous prenons dans les pièces où
Jodelet joua un rôle. *Cliton*, dans *La Suite du Menteur*,
rôle joué par Jodelet, parle de lui-même en ces termes :

> Le héros de la farce, un certain Jodelet,
> Fait marcher après vous votre digne valet ;
> Il a jusqu'à mon nez et jusqu'à ma parole,
> Et nous avons tous deux appris à même école ;
> C'est l'original même, il vaut ce que je vaux ;
> Si quelqu'autre s'en mêle, il peut s'incrire en faux,
> Et tout autre que lui dans cette comédie
> N'en fera jamais voir qu'une fausse copie.

Dans l'*Amour à la mode*, scène VII, acte IV :

LISETTE A CLITON

> Tu m'abandonnerais, toi que met hors de mise
> Ton poil déjà grison et ta nasillardise ?

Dans *D. Bertrand de Cigarral*, scène II, acte Ier :

GUSMAN, *parlant de son maître* Jodelet

> Mais quant à la parole, il a grand agrément
> Et débite son fait fort nazillardement.

Tallemant des Réaux raconte l'aventure suivante concernant Jodelet : « Un jour que les comédiens du Ma-
« rais jouèrent au Palais-Royal, le chancelier Séguier
« qui y était, trouva Jodelet, leur *farin*, fort plaisant ; il
« en fut si charmé que, pour tout dire en un mot, il en
« devint libéral, et lui fit dire qu'il le vînt trouver le
« lendemain et qu'il lui ferait un présent ; Jodelet ne

« manqua d'y aller. D'abord, un des valets de
« chambre du chancelier lui vint dire : — J'ai parlé
« pour vous à Monsieur ; Monsieur a le dessein de vous
« donner cent pistoles ; — et ajouta à cela : Vous n'ou-
« blierez point vos bons amis. Le *fariné* lui promit qu'il
« y aurait le quart pour lui. Incontinent après, un autre
« valet de chambre lui fit la même harangue, et Jode-
« let lui fit la même promesse ; enfin, il en vint jusqu'à
« quatre, car le chancelier a quatre rançonneurs de
« gens. Jodelet ensuite fut introduit, et le chancelier,
« tout riant, lui demanda : Que voulez-vous que je
« vous donne ? — Monsieur, lui répondit-il, donnez-moi
« cent coups de bâton, ce sera vingt-cinq pour chacun
« de vos valets de chambre. Sa Grandeur voulut tout
« savoir, et Jodelet, par ce moyen, s'exempta de rien
« donner à personne : ces coquins furent bien gron-
« dés. »

On ne sait pas jusqu'à quelle époque Jodelet resta à
l'Hôtel de Bourgogne, mais Lagrange, en nous annon-
çant l'entrée de l'Espy et de Jodelet, son frère, dans la
troupe de Molière, à Pâques 1659, nous dit qu'ils venaient du Marais. Après tout, Lagrange se trompe-t-il ?
Dans l'esprit de Molière, Jodelet entrait pour remplacer dans les valets Du Parc, parti avec sa femme dans
la troupe du Marais, et l'Espy, pour remplacer Du Fresne,
qui prenait sa retraite définitive et se retirait à Argentan. Jodelet apportait tout naturellement avec lui son
répertoire.

Jodelet est une recrue précieuse, une personnalité,
une attraction nouvelle chez Molière. Aussi voyons-nous

aussitôt au programme : *Jodelet maître et valet, Jodelet prince*, et *Don Bertrand* — ses succès.

Le 18 novembre 1659, le théâtre du Petit-Bourbon est
en émoi, c'est la première représentation des *Précieuses ridicules*, pièce qui va avoir tant de succès que le
prix du parterre sera porté, pour la 2ᵉ représentation, de
15 sols à 30 sols. Jodelet y paraît sous son nom, suivant
l'habitude consacrée : Molière est trop fier de sa recrue
pour ne pas faire valoir son acquisition.

Ce n'est donc pas Cliton, ce n'est donc pas Dubois, ce
n'est donc pas Sylvestre, ou quelque autre nom de valet ; c'est Jodelet en personne.

Plaçons ici une observation personnelle, qui n'a pas
encore été faite, sachions-nous. Nous avons vu que Jodelet est représenté *fariné*, que Tallemant l'appelle le
fariné : Jodelet, pour le public, c'est donc le *fariné*.
Comme Pierrot, c'est Pierrot. Eh bien ! croyez-vous
que, chez Molière, Jodelet, s'appelant sur la scène Jodelet, va renoncer à sa farine ? Ce ne serait plus Jodelet.
Cela peut vous paraître extraordinaire, mais cela est
ainsi. Il fallait la farine pour le public. En doutez-vous
encore ? Ecoutez alors la présentation de *Jodelet* faite par
Mascarille, qui est Molière en personne : « Ne vous étonnez
« pas de voir le vicomte de la sorte (de quelle sorte ?) ;
« il ne fait que sortir d'une maladie qui lui a rendu le
« visage pâle comme vous le voyez », et tout vous sera
expliqué. La chose n'est pas douteuse. Voyez-vous, de
nos jours, un mime, comme Paul Legrand, renoncer à
son plâtre lorsqu'on lui intercale un rôle dans une comédie quelconque ? Et cela cependant vous paraît tout

naturel, parce que, pour vous, ce successeur de Deburau est, comme son maître, le *fariné*. Pourquoi donc voulez-vous qu'il en fût autrement pour Jodelet? Il serait assurément ridicule de jouer, de nos jours, le vicomte de Jodelet dans les *Précieuses* avec une couche de blanc sur le visage, et je ne crois même pas que Brécourt, qui lui succéda dans ce rôle et qui le tint longtemps, le jouât ainsi.

Je tenais seulement à prouver que le rôle fut joué ainsi d'original, à cause de Jodelet, qui jouait toujours avec sa farine; en attendant le mot, «*le visage pâle* », n'a pas été retiré par Molière, et l'usage veut que l'acteur, chargé du rôle, évite avec soin de se faire un teint coloré.

Cependant Jodelet touche au terme de sa carrière. La tradition veut qu'il soit devenu, sur ses derniers jours, d'un caractère difficile et hargneux, qui le faisait haïr de tous ses camarades. Qui sait si un mal secret ne le dévorait pas déjà, et n'était pas la cause involontaire de cette humeur quinteuse?

Lagrange nous apprend, dans son *Registre*, que l'on joua les *Précieuses*, le vendredi 12 mars, au théâtre du Petit-Bourbon : tout laisse à supposer que Jodelet jouait encore dans la pièce; ce fut la dernière fois qu'il parut en public. La fermeture annuelle eut lieu ce jour-là, et Lagrange nous apprend encore qu'il mourut le jour du vendredi saint, et qu'il fut enterré à Saint-Germain l'Auxerrois, suivant ainsi de près Béjart, l'aîné, mort au mois de juin précédent.

Le vendredi saint tombait, cette année-là (1660), le

26 mars, et, le 27, les registres de Saint-Germain-l'Auxerrois enregistrent le convoi de Julien Bedeau, comédien du roi, pris rue des Poulies. Lemazurier, qui commet plus d'une erreur sur son compte, et qui l'appelle
Geoffrin, je ne sais pourquoi, dit qu'il fut marié et que
son fils devint un prédicateur célèbre sous le nom de
D. Jérôme. D'autre part, M. Jal, qui fut un chercheur
infatigable, nous avoue ingénument qu'il n'a jamais pu
découvrir ni son mariage ni la naissance de ce fils. C'est
comme pour l'âge de Jodelet. Lemazurier, s'appuyant
sans doute sur ce passage de Loret :

> Ici gît qui de Jodelet
> Joua cinquante ans le rôlet,

en conclut qu'il débuta au théâtre en 1610. Alors Jodelet serait mort à 80 ans !

Mais, d'où vient que Lagrange ne nous en dit rien, alors
qu'il a bien soin de nous faire remarquer que son frère,
le sieur de l'Espy, âgé de plus de soixante ans, s'est
retiré près d'Angers ? Si Jodelet était mort à quatre-vingts
ans, Lagrange aurait noté cette particularité, croyez-le
bien. De plus, comment se fait-il que, débutant, suivant
Lemazurier, en 1610, nous n'entendions pas parler de
lui avant 1634 ? Loret n'y regardait pas de si près ; il a
voulu nous dire que Jodelet avait plus de cinquante
ans, voilà tout. et, puisque nous avons parlé de cette
épitaphe, nous la citerons tout entière :

> Ici gît qui de Jodelet
> Joua cinquante ans le rôlet,
> Et qui fut de même farine
> Que Gros-Guillaume et Jean Farine,

> Hormis qu'il parlait mieux du nez,
> Que les dits deux enfarinés.
> Il fut un comique agréable,
> Et, pour parler suivant la fable,
> Par avant que Cloton, pour nous pleine de fiel,
> Eût ravi, d'entre nous, cet homme de théâtre,
> Cet homme archi-plaisant, cet homme archi-folâtre,
> La terre avait son môme, aussi bien que le ciel.

LES DU PARC

CHAPITRE IV

LES DU PARC

René Berthelot, dit Du Parc, et surnommé ensuite *Gros-René*, parce qu'il créa le rôle de *Gros-René* dans le *Dépit amoureux*, fut un des premiers acteurs de la troupe de Molière, où il entra pour jouer les valets. Quelques biographes, qui d'ailleurs donnent fort peu de détails sur sa vie, disent qu'il fut un des acteurs de la troupe bourgeoise qui jouait en 1645 au faubourg Saint-Germain. Eh bien ! nous devons l'avouer, nous n'avons trouvé aucun document sur lequel on peut s'appuyer pour une semblable assertion. La troupe de l'*Illustre Théâtre,* on la connaît. Nous l'avons passée en revue dans un autre chapitre ; nulle part on ne voit Du Parc y figurer. Ce qui est plus logique, c'est que Du Parc, dont on ignore les antécédents, sortait probablement de quelque troupe au moment où Molière quittait Paris pour ses pérégrinations en province ; ou bien encore il se joignit à la troupe de Molière, dans quelque ville que celui-ci traversait. Quoi qu'il en soit, il est certain que Du Parc faisait partie de la Compagnie, dès le début des excursions dans l'ouest de la France. Nous l'y retrouvons encore, douze ans plus tard, quand Molière revient définitivement à Paris. Du Parc suivit donc le sort commun de la troupe, à Nantes, à Lyon, à Limoges, à Agen, partout où l'on retrouve des traces de ce passage. Le voilà à Lyon, en 1652 et 1653, et c'est là qu'il va se marier. Relevons encore une erreur grossière commise à ce sujet. Nous lisons, en effet, à propos de Mlle Du Parc : « Elle s'engagea avec son mari dans la « troupe de Molière, lorsqu'il partit pour la province. »

C'est absolument faux. Mlle de Gorla, dont le prénom était Marquise, était fille de Jacques de Gorla, originaire du pays des Grisons, et fixé à Lyon depuis 1635.

M. J. Loiseleur, à qui nous empruntons ces détails, nous apprend qu'il s'intitulait opérateur. Or, Marquise faisait partie de la troupe rivale de Molière à Lyon, et avait pour amant le gros Du Parc. Lorsque le succès de l'*Etourdi* eut fait le vide dans la salle voisine, plusieurs de ces comédiens vinrent offrir leurs services à Molière. Du Parc épousa sa maîtresse, et la fit entrer dans la troupe. Ce mariage fut célébré à Lyon, le 23 février 1653. Le contrat, où signèrent Molière, Du Fresne, Joseph Béjart et Pierre Reveillon, porte la date du 19 du même mois.

Quelle était donc cette femme, dont les cinq plus grands génies du siècle de Louis XIV allaient devenir successivement amoureux ? Molière à Lyon (1653), les deux Corneille à Rouen (1658), La Fontaine et Racine à Paris (1664). Empressons-nous de dire que ce dernier eut seul quelque succès.

Mlle Du Parc avait la figure noble et un talent très distingué dans les rôles tragiques ; elle jouait surtout avec un grand naturel, comme le prouve le passage suivant de l'*Impromptu de Versailles* :

MOLIÈRE

Pour vous, mademoiselle.....

Mlle DU PARC

Mon Dieu, pour moi, je m'acquitterai fort mal de mon personnage, et je ne sais pourquoi vous m'avez donné ce rôle de façonnière.

MOLIÈRE

Mon Dieu, mademoiselle, voilà comme vous disiez lorsqu'on vous donna celui de la *Critique de l'École des femmes* ; cependant vous vous en êtes acquittée à merveille, et tout le monde est demeuré d'accord qu'on ne peut pas mieux faire que vous n'avez fait. Croyez-moi, celui-ci sera de même, et vous le jouerez mieux que vous ne pensez.

Mlle DU PARC

Comment cela se pourrait-il faire? Car il n'y a pas de personne au monde qui soit moins façonnière que moi.

MOLIÈRE

C'est vrai, et c'est en quoi vous faites mieux voir que vous êtes une excellente comédienne, de bien représenter un personnage qui est si contraire à votre humeur.

Et plus loin :

Prenez bien garde, vous, à vous déhancher comme il faut, et à faire bien des façons; cela vous contraindra un peu, mais qu'y faire?

Voici, d'autre part, ce que l'on trouve dans le *Mercure*

de France, nᵒˢ de mai et de juin 1740, *Lettres sur la vie de Molière et des comédiens de son temps*, lettres attribuées à Mlle Poisson, et qui prouvent que Mlle Du Parc remplissait bien sa partie dans les ballets :

« Elle faisait certaines cabrioles remarquables, car on « voyait ses jambes et partie de ses cuisses par le « moyen de sa jupe fendue des deux côtés, avec des bas « de soye attachés au haut d'une petite culotte. »

Revenons à Molière, à Lyon, en 1653. La beauté de Mlle Du Parc ne devait pas le laisser bien longtemps insensible ; seulement Molière ne s'apercevait pas sans doute d'une chose, c'est que son mariage avec Du Parc était encore bien neuf, et que la noble dame était encore « acoquinée » de son Gros-René.

Nous avons cité, dans l'article consacré à Madeleine Béjart, le passage du pamphlet de la *Fameuse Comédienne* où il est dit que Molière fut d'abord charmé de la bonne mine de la Du Parc, mais que celle-ci le traita avec tant de mépris que cela l'obligea à tourner ses vues du côté de la De Brie.

Ce récit peut être vrai, mais, comme le fait remarquer fort judicieusement M. Arsène Houssaye, Molière n'était pas un ingénu ; si la Du Parc l'eût traité avec tant de mépris, il ne l'eût pas prise dans sa troupe avec la De Brie. Molière, en ce temps-là, était le beau Molière, celui que Mignard représentait, à Avignon, drapé à l'antique et couronné de lauriers ; et Du Parc n'était après tout qu'une grosse futaille roulante. Il est vrai que si l'on ne peut pas décider du goût des femmes, on peut encore bien moins commander l'affection.

Molière n'en continua pas moins à soupirer en silence, comme le prouvent les vers suivants de sa jeunesse, publiés par le Bibliophile Jacob, chez A. Lemerre, en 1869 :

Il n'est rien de plus aimable
Qu'Iris en toute la cour ;
Que n'est-elle autant traitable
Qu'elle sait donner d'amour !
On ne serait pas à plaindre,
Quoique l'on pût endurer ;
Mais elle nous fait tout craindre
Et ne fait rien espérer.

Quand pour elle un cœur soupire,
Il ne s'en trouve pas bien.
Hélas ! je sais bien qu'en dire,
Quoique je n'en dise rien.
Je crois bien la rendre tendre
En aimant ses doux attraits,
Mais lors on a beau se rendre,
Elle ne se rend jamais !

Ah ! que l'on souffre de peine,
Quand on est absent de vous !
Loin de vos beaux yeux, Climène,
On ne trouve rien de doux.
Dans votre aimable demeure,
Les ris ne vous quittent pas,
Et le chagrin, à toute heure,
Accompagne, ici, nos pas.

Quand je vins, belle Marquise,
Avec vous, en ce beau lieu,
A mon aimable franchise,
En partant, je dis adieu.
Sans penser à la défendre,
Moi, qui la chérissais tant,
Je ne pensai qu'à me rendre :
Un autre en eût fait autant.

> Ah ! vous avez beau vous plaindre
> Que je me plains, nuit et jour,
> Je ne saurais me contraindre,
> Vous voyant si peu d'amour.
> Voulez-vous me faire taire,
> Sans qu'on m'entende jamais?
> La chose est facile à faire,
> Aimez autant que je fais.

Cependant Du Parc ne voulait pas rester au second plan pendant que sa femme obtenait chaque jour de nouveaux succès dus à son talent et à sa beauté. Il s'était perfectionné dans l'emploi des valets, et Molière n'hésita pas à lui confier le rôle de *Gros-René* dans le *Dépit amoureux*, rôle qui devait le rendre à jamais célèbre.

> Je suis homme fort rond de toutes les manières,

lui faisait-il dire, et le parterre, en voyant ce gros homme, se tenait les côtes à force de rire. Du reste, prenez le rôle du commencement à la fin, et vous verrez qu'il est écrit pour Du Parc, ce bon vivant à la trogne vermeille :

> Pour moi, je ne sais pas tant de philosophie,
> A ce que voient mes yeux franchement je me fie,
> Et ne suis point de moi si mortel ennemi
> Que m'aller affliger sans sujet ni demi.
> . . . .
> Le chagrin me parait une incommode chose,
> Je n'en prends point pour moi, sans bonne et juste cause.

Quel duo ce devait être et quel régal, Du Parc en *Gros-René*, et Madeleine Béjart en *Marinette*. Le maître assurément formait ses élèves, mais il faut avouer qu'il avait là de rudes collaborateurs pour son œuvre.

Le *Dépit amoureux* fut joué, pendant la tenue des Etats du Languedoc, à Béziers, en 1656-57. Nous en arrivons au moment où la troupe quitte Lyon et Grenoble et vient se fixer à Rouen pour se rapprocher de la capitale (mai 1658).

Les deux Corneille habitaient Rouen à cette époque. Pierre avait cinquante-deux ans ; marié depuis dix-huit ans à Marie Lampérière, il en avait eu cinq ou six enfants. Avocat du Roi, il avait résilié ses fonctions depuis 1650, après plus de vingt années d'exercice, et il avait aussi renoncé au théâtre après la chute de *Pertharite*, en 1653. Lorsque Molière arriva à Rouen, Pierre Corneille préparait une nouvelle édition de ses œuvres revues et corrigées. La présence des comédiens à Rouen, et ses conversations avec Molière, ne contribuèrent pas peu sans doute à sa rentrée sur la scène par la tragédie d'*Œdipe*.

Thomas était beaucoup plus jeune, il n'avait que trente-deux ans et il avait épousé, depuis huit ans, la sœur cadette de la femme de son frère. Il avait déjà donné dix pièces au théâtre, et *Timocrate* (1656) avait été joué 80 fois au théâtre du Marais.

On comprend que l'arrivée de la troupe de Molière à Rouen fut un véritable événement pour nos deux poètes dramatiques.

Le 19 mai, Thomas Corneille, qui a déjà jugé de l'excellence de la troupe, écrit à un de ses amis :

« Je voudrais qu'elle voulût faire alliance avec le Marais ; elle en pourrait changer la destinée. »

On sait que le théâtre du Marais était le théâtre où

les deux Corneille faisaient de préférence représenter leurs ouvrages.

Les rapports entre les deux Corneille et la troupe de Molière, qui s'empressa de monter quelques-uns de leurs ouvrages, devinrent donc chaque jour de plus en plus intimes. Pierre et Thomas assistaient aux répétitions, causaient avec les comédiens. La beauté sculpturale de la Du Parc ne fut pas sans faire une impression profonde sur Pierre, malgré ses cinquante ans. Reproduisons, d'après M. Bouquet, la curieuse lettre suivante que Pierre Corneille écrivait à l'abbé de Pure :

« Monsieur,

« Je vous envoie un méchant sonnet que je perdis hier au jeu contre une femme, dont le visage et la voix valent bien quelque chose. C'est une bagatelle que j'ai brouillée ce matin. Vous en aurez la première copie. Il y a un peu de vanité d'auteur dans les six derniers vers. »

SONNET PERDU AU JEU

Je chéris ma défaite, et mon destin m'est doux,
Beauté, charme puissant des yeux et des oreilles ;
Et je n'ai point regret qu'une heure auprès de vous
Me coûte, en votre absence, et des soins et des veilles.

Se voir ainsi vaincu par vos rares merveilles,
C'est un malheur commode à faire cent jaloux ;
Et le cœur ne soupire, en des pertes pareilles,
Que pour baiser la main qui fait de si grands coups.

Recevez de la mienne, après votre victoire,
Ce que pourrait un roi tenir à quelque gloire,
Ce que les plus beaux yeux n'ont jamais dédaigné.

Je vous en rends, Iris, un juste et prompt hommage.
Hélas ! contentez-vous de me l'avoir gagné,
Sans me dérober davantage.

On remarquera que Molière avait déjà appelé Mlle Du Parc, *Iris*, dans les vers que nous avons cités plus haut. Et c'est encore par le nom d'*Iris*, que Thomas Corneille, enflammé à son tour, va célébrer Mlle Du Parc, dans son élégie que nous ne citerons pas ici, parce qu'elle n'a pas moins de 136 vers, mais qui commence ainsi :

> Iris, je vais parler, c'est trop de violence.
> Il est temps que mon feu se dérobe au silence,
> Et qu'il fasse échapper au respect qui me nuit
> L'aveu du triste état où vous m'avez réduit.

En attendant, Mlle Du Parc est de marbre. Elle repoussera les deux Corneille, comme elle a repoussé Molière à Lyon. Mais Pierre ne veut pas encore désarmer si vite.

> Je vous estime, Iris, et crois pouvoir, sans crime,
> Permettre à mon respect un aveu si charmant ;
>   Il est vrai qu'à chaque moment,
>   Je songe que je vous estime.
>
> Cette agréable idée où ma raison s'abîme,
> Tyrannise mes sens jusqu'à l'accablement ;
> Mais pour vouloir fuir ce tourment,
>   La cause est trop légitime.
>
> Aussi quelque désordre où mon cœur soit plongé,
>   Je ne veux l'en voir dégagé ;
>   Aimer ma peine est mon étude.
>
> J'en aime le chagrin, le trouble m'en est doux.
>   Hélas ! que ne m'estimez-vous
>   Avec la même inquiétude !

Les jours s'écoulent, et Molière vient d'obtenir enfin l'autorisation tant souhaitée d'emmener sa troupe à Paris et de jouer devant le roi. Il faut se séparer, et Pierre Corneille reprend sa plume pour adresser à Marquise ses adieux.

> Allez, belle Marquise, allez en d'autres lieux
> Semer les doux périls qui naissent de vos yeux.
> Vous trouverez partout les âmes toutes prêtes
> A recevoir vos lois et grossir vos conquêtes ;
> Et les cœurs à l'envi se jetant dans vos fers
> Ne feront point de vœux qui ne vous soient offerts.
> Mais ne pensez pas tant aux glorieuses peines
> De ces nouveaux captifs, qui vont prendre vos chaînes,
> Que vous teniez vos soins tout à fait dispensés
> De faire un peu de grâce à ceux que vous laissez.
> Apprenez à leur noble et chère servitude
> L'art de vivre sans vous, et sans inquiétude,
> Et si, sans faire un crime, on peut vous en prier,
> Marquise, apprenez-moi l'art de vous oublier.
> . . . .
> . . . .
> Je vois mes cheveux gris, je sais que les années
> Laissent peu de mérite aux âmes les mieux nées ;
> Que les plus beaux talents des plus rares esprits,
> Quand les corps sont usés, perdent bien de leur prix ;
> Que si, dans mes beaux jours, je parus supportable,
> J'ai trop longtemps aimé pour être encore aimable,
> Et que d'un front ridé les replis jaunissants
> Mêlent un triste charme aux plus dignes encens.

Il est vrai que le temps, grand réparateur de toute chose, passa par là-dessus, comme le prouvent ces quatre vers que le grand Corneille ajouta au bas de cette pièce de vers, quelques années plus tard :

> Ainsi parla Cléandre, et ses maux se passèrent,
> Son feu s'évanouit, ses déplaisirs cessèrent ;
> Il vécut sans la dame, et vécut sans ennui,
> Comme la dame, ailleurs, se divertit sans lui.

Avant de revenir définitivement à Paris, ajoutons une petite remarque concernant Du Parc. Le rôle typique de *Gros-René* lui avait donné une grande importance. Outre le *Dépit amoureux*, il y avait beaucoup de pièces, — aujourd'hui disparues, — où existait le rôle de

Gros-René. Nous ne citerons comme exemple que les
titres suivants : *Gros-René écolier*, la *Jalousie de Gros-
René*, *Gros-René petit enfant*, *Gros-René* dans le *Mé-
decin volant*, sans compter le rôle de *Gros-René* que Du
Parc établira plus tard dans *Sganarelle*. En venant à
Paris, il est donc absolument un personnage de tradition.
C'est *Gros-René !*

Les débuts à Paris commencèrent, comme on sait,
devant le roi, le 24 octobre, et devant le public, le
13 novembre. Lagrange nous apprend que l'*Étourdi* et
le *Dépit amoureux* passèrent pour pièces nouvelles à
Paris et eurent un grand succès. Il est bien certain que
Du Parc (*Gros-René* dans le *Dépit*), et sa femme (*Hippolyte* dans l'*Étourdi*), en eurent leur bonne part. Ce qui
ne les empêcha pas tous deux de quitter la troupe à
Pâques (1659), pour entrer au Marais.

D'où vient donc ce brusque départ? Eh quoi ! voilà
Du Parc qui vit avec Molière depuis bientôt douze ans,
voilà Mlle Du Parc, une des colonnes de la troupe, la
reine en beauté à coup sûr, qui, à peine arrivés à Paris,
c'est-à-dire au but tant souhaité, faussent compagnie et
laissent là amis et camarades ! Et remarquez que Gros-
René va perdre énormément au change, car si nous
avons vu Jodelet apporter au Petit-Bourbon son répertoire et son bagage, nous ne verrons pas Gros-René en
pouvoir faire autant au Marais. Molière compose lui-
même ses pièces, et n'est pas homme à les laisser traî-
ner partout. Aussi, ce n'est plus Gros-René qui démé-
nage, c'est Du Parc, et il a perdu dans ce changement
le plus beau fleuron de sa couronne.

La cause de ce départ, vous l'avez devinée : la visite à Rouen est encore trop récente pour que vous ayez oublié l'engouement des deux Corneille pour la Du Parc. Le Marais, c'est le théâtre des deux Corneille par excellence. Rien ne le dit, rien ne le prouve, mais si Mlle Du Parc quitte Molière, — car c'est bien elle qui le veut et non Du Parc, — c'est sur les conseils réitérés des Corneille, qui n'ont cessé de lui écrire depuis son passage à Rouen. Ils lui ont fait miroiter devant les yeux une foule d'avantages ; les rôles qu'ils écriront pour elle et qu'elle jouera au Marais. Mlle Du Parc n'a pas su résister et le bon gros Du Parc a obéi à son épouse, en mari bien dressé, et l'a suivie, le chagrin dans le cœur d'abandonner Molière et les Béjart et de passer pour un ingrat.

Voici comment Loret mentionne ce fait dans sa *Muse historique* du 31 mai. Nous avons vu que Jodelet, par contre, quittait le Marais pour entrer au Petit-Bourbon :

> Dudit acteur (Jodelet) les compagnons,
> Quoiqu'ils se soient frottés d'oignons,
> N'ont pas pleuré cette disgrâce !
> Car Gros-René vient à sa place,
> Homme tiré sur le rôlet
> Et qui vaut trois fois Jodelet.

L'empire exercé par Mlle Du Parc sur les Corneille, et principalement sur le grand Corneille, est encore plus grand qu'on ne le suppose. Comme le fait remarquer très bien M. Levallois dans les *Amours de Corneille*, ce ne fut pas un attachement passager. Ce fut cet amour, — tout platonique nous l'avons vu, — qui arracha le poète à sa retraite, et le relança dans la lutte dramatique. Il donna de plus à sa muse un accent tout nouveau et, rien qu'à entendre la façon dont s'expriment désormais, dans ses œuvres, les vieillards amoureux, on devinera sans peine la flamme intérieure qui consumait le poète.

Cependant, il faut avou : que la troupe de Molière avait quelque chose de bien attachant. Ce diable d'homme savait se faire des amis de tous ceux qui l'approchaient, et les comédiens étaient de sa famille. On ne s'en allait de la troupe de Molière que pour deux motifs : la mort ou la retraite.

Les uns mouraient comme Joseph Béjart et Jodelet, les autres, trop âgés et fatigués, se retiraient à la campagne comme Du Fresne et de l'Espy. Mais on ne s'en allait pas dans une autre troupe. Les enfants prodigues, comme les Du Parc, revenaient au bercail au bout d'un an. Ah ! comme ils devaient rentrer l'oreille basse après cette petite escapade, et comme le Maître devait sourire en les morigénant doucement !

Leur passage au Marais, malgré les promesses des Corneille, n'a donc été qu'une déception, et Gros-René s'en est venu retrouver Marinette.

Et puis Mlle Du Parc s'était trouvée enceinte. M. Jal, dans son dictionnaire, nous apprend que, le jeudi 13 octobre 1659, René Berthelot, comédien de M. le duc d'Anjou (Monsieur, qui fut duc d'Orléans ; mais pourquoi Du Parc prenait-il alors cette qualification ?) et Marguerite-Thérèse Gorle (sic) sa femme, firent baptiser, à Saint-Germain-l'Auxerrois, Catherine, qui fut tenue par François de Rebé, archidiacre, comte de Lyon, et par

Catherine de Neuville, fille de Nicolas de Neuville, maréchal de France, gouverneur de Lyon. Nul doute que c'est pendant leur séjour à Lyon que les Du Parc avaient connu ces hauts personnages, qui ne dédaignaient pas de tenir leur enfant sur les fonts baptismaux.

Enfin, à Pâques 1660, voici Du Parc et sa femme réintégrés dans la troupe de Monsieur; ils joueront l'un et l'autre dans le *Cocu imaginaire* (le 28 mai), Mlle Du Parc, le rôle de *Célie*, Du Parc le rôle de *Gros-René*. Molière est trop heureux de son retour pour ne pas le faire rejouer sous ce nom, même dans un bout de rôle assez insignifiant et peut-être ajouté après coup à dessein.

Ouvrons une parenthèse. Nous relevons de divers côtés que Mlle Du Parc créa le rôle de *Cathos* dans les *Précieuses*. Elle le reprit, c'est possible, mais ne le créa pas. Nous ferons remarquer, nous, que c'est précisément pendant que Mlle Du Parc était au théâtre du Marais, qu'eut lieu la première représentation des *Précieuses*. Il eût fallu alors que le Marais l'eût *prêtée*, comme on dit à présent. Vu les mœurs de l'époque et la rivalité des troupes, c'est bien peu vraisemblable. Et puis, sur quel document s'appuie-t-on ?

Le 4 février 1661, première représentation de *Don Garcie de Navarre* sur le théâtre du Palais-Royal, où la troupe est installée depuis peu. Mlle Du Parc joue le rôle d'*Elvire*. On peut voir par l'importance de ce rôle quelle place occupait désormais Mlle Du Parc dans la troupe.

Le 24 juin, l'*École des Maris*. Mlle Du Parc ne fait point partie de la distribution de cette pièce, mais Du

Parc, quittant pour une fois le nom de Gros-René, joue le rôle d'*Ergaste*, valet de Valère. Si nous en croyons ces deux vers mis dans la bouche de Sganarelle, Du Parc n'a pas maigri :

> Peste soit du gros bœuf, qui, pour me faire choir,
> Se vient devant mes pas planter comme une perche !

« Lundi, 15 août, la troupe est partie pour aller à Vaux
« le-Vicomte pour M. le Surintendant, et a joué les
« *Fâcheux* devant le roi, dans le jardin, et est revenue
« le vingtième du dit mois. »

On la connaît cette fameuse fête de Fouquet, et la façon précipitée dont fut composée pour la circonstance la comédie des *Fâcheux*, conçue, faite, apprise et représentée en quinze jours par Molière, qui pourtant ne se piquait pas d'impromptu.

Le prologue en avait été écrit par Pellisson, qui, peu de jours après, était arrêté avec Fouquet. Le valet d'Eraste, *La Montagne*, c'est encore le gros Du Parc, et la fâcheuse *Oronte* c'est sa femme.

Les *Fâcheux* eurent un grand succès à la ville aussi bien qu'à la cour, et l'année qui suivit fut presque entièrement remplie par les représentations des *Fâcheux* et de l'*Ecole des Maris*, avec le répertoire courant. Mlle Du Parc avait dû encore une fois se tenir pendant quelque temps à l'écart de la scène, car le 27 janvier 1663, Molière et sa femme tiennent sur les fonts baptismaux de Saint-Eustache Jean-Baptiste René, fils de René Berthelot, demeurant alors rue de Grenelle. Lagrange, qui note d'ordinaire les naissances des enfants des comé-

diens de la troupe, n'en fait aucune mention, et c'est
M. Jal qui nous apprend ce détail.

Disons tout de suite ce que devint cet enfant. On
verra tout à l'heure qu'il perdit ses parents étant encore
fort jeune. Il ne fut donc pas élevé pour la comédie. Il
s'embarqua sur un navire de commerce, et partit pour
les colonies. Bientôt, dégoûté de ce métier pénible, il
revint à Paris et épousa, le 1er mars 1688, âgé d'environ
26 ans, une demoiselle Charlotte Dennebault, demeurant alors rue Mazarine. C'est tout ce qu'on sait sur son
compte.

Mlle Du Parc avait repris son service; le premier rôle
qu'elle créa à nouveau dans une pièce de Molière, fut celui
de *Climène* dans la *Critique de l'École des femmes*, le
1er juin 1663, — rôle où elle eut un grand succès; —
puis, en octobre, le rôle de *Mlle Du Parc*, marquise façonnière, dans l'*Impromptu de Versailles*.

Nous avons vu plus haut ce que Molière lui faisait
dire. Elle joue encore *Doriméne*, jeune coquette, dans
le *Mariage forcé*; *Aglante*, cousine de la princesse, dans
le *Princesse d'Elide* (8 mai 1664). Voyons, à titre de
curiosité, quelle part prirent Du Parc et sa femme dans
les *Plaisirs de l'Ile enchantée*, « fêtes galantes et magni-
« fiques faites par le roi à Versailles, le 7 mai 1664, et con-
« tinuées plusieurs autres jours. »

« Le Printemps parut ensuite sur un cheval d'Espagne,
« représenté par Mlle Du Parc, qui, avec le sexe et les
« avantages d'une femme. faisait voir l'adresse d'un
« homme. Son habit était vert, en broderie d'argent
« et de fleurs au naturel.

« L'Eté le suivait, représenté par le sieur Du Parc, sur
« un éléphant couvert d'une riche housse. »

Du Parc sur un éléphant ! Quelle masse ! Le lendemain on jouait la *Princesse d'Elide*, où Mlle Du Parc
avait un rôle, nous l'avons dit plus haut. Le troisième
jour, Mlle Du Parc est en nymphe.

« Mais ce qui surprit davantage, fut de voir sortir
« Alcine de derrière le rocher, portée par un monstre
« marin d'une grandeur prodigieuse. » Deux des nym-
phes de sa suite s'approchent, et toutes trois récitent
des vers à la louange de la reine, mère du roi. — Alcine,
on l'a deviné, c'est Mlle Du Parc.

Nous avons dit, au début de ce chapitre que Mlle Du Parc
dansait à merveille, et nous avons même cité un passage
attribué à Mlle Poisson. Si l'on doutait encore du talent
de ballerine de Mlle Du Parc, il suffirait de lire la relation
des plaisirs de l'*Ile enchantée*, pour voir la place qu'occupait Mlle Du Parc dans un ballet. Tandis que ses
compagnes, Mlle De Brie, Mlle Molière, se retirent après
avoir récité leurs vers, pour laisser la place aux danseurs,
Mlle Du Parc reste, au contraire, et va devenir le premier
personnage du ballet. Dans l'énumération des noms des
danseurs, nous ne trouvons qu'un nom de comédien
ou de comédienne, et c'est le sien. Lisez le détail des
six entrées du *Ballet du palais d'Alcine*, dans la troisième journée des fêtes, et vous serez tout à fait con-
vaincus.

Vous avez dû remarquer que, depuis longtemps déjà,
Du Parc n'a plus créé aucun rôle dans les pièces de
Molière. Nous l'avons vu sur un « éléphant », mais cela

ne peut guère compter. Le dernier rôle véritablement établi par lui est celui de *La Montagne* des *Fâcheux*. Et cependant nous voyons sur le *Registre* de Lagrange les noms des pièces où jouait Gros-René, restées au répertoire. Que faut-il en conclure? Du Parc était-il malade depuis longtemps? ne jouait-il que par intervalles? ou ses rôles étaient-ils tenus par des camarades? Quoi qu'il en soit, malade ou non, on avait joué encore, avec ou sans lui, les *Fâcheux* et le *Dépit*, du 13 au 25 octobre, à Versailles. — Le pauvre Gros-René mourut le mardi 28 octobre 1664 et fut enterré le lendemain : « Convoi de « 20 prêtres, vêpres de feu René Du Parc, vivant comé- « dien de M. le duc d'Orléans, pris rue Saint-Thomas- « du-Louvre ». (*Registre de St-Germain-l'Auxerrois.*)

Lagrange commet donc une erreur dans son *Registre* lorsqu'il écrit : « Mardi 4 novembre on ne joua pas à cause de la mort de M. Du Parc ». C'est mardi 28 octobre qu'il faut lire. Cette mort causa une profonde affliction dans la troupe. Du Parc était aimé de tout le monde. On renonça à jouer le soir, bien que ce fût jour de représentation (dimanche, mardi, vendredi), et l'on continua sa part à sa veuve jusqu'à Pâques de l'année suivante.

Malgré tous ses adorateurs, Mlle Du Parc paraît avoir fait bon ménage avec son mari. Rien ne prouve un dé- règlement dans sa conduite pendant ses courtes années de mariage, et l'on a vu que les prétendants, s'appe- lassent-ils Molière, Pierre ou Thomas Corneille, étaient froidement accueillis. Du Parc, qui connaissait sa femme et qui avait confiance en elle, se contentait d'en rire :

> Je veux croire les gens lorsqu'on me dit : je t'aime,
> Et ne vais pas chercher, pour m'estimer heureux,
> Si Mascarille ou non s'arrache les cheveux.
>
> . . . .
>
> Moi, jaloux ? Dieu m'en garde, et d'être assez badin
> Pour m'aller emmaigrir avec un tel chagrin !
> Outre que de ton cœur ta foi me cautionne,
> L'opinion que j'ai de moi-même est trop bonne
> Pour croire auprès de moi que quelqu'autre te plût.
> Où diantre pourrais-tu trouver qui me valût ?
>
> . . . .

Tout Du Parc n'est-il pas dans ces vers ? Et comme Molière connaissait bien son monde. Il n'est nul détail de la vie privée dont il ne sache, pour lui aussi bien que pour les autres, tirer parti et mettre sur la scène. Du Parc vécut heureux et dut mourir de même. Seulement nous n'avons jamais parlé de son âge, vu que personne ne le connaît, et que nous ne le connaissons pas davantage.

Mlle Du Parc devenue veuve continua donc à faire partie de la troupe de Molière, mais comme on va le voir, elle ne devait pas y rester bien longtemps. Bien que jeune encore, car elle ne devait pas avoir beaucoup plus de vingt-cinq à trente ans à cette époque, elle était arrivée en pleine possession de son talent. Molière n'hésita pas à lui confier ses premiers rôles, *Elvire* dans *Don Juan* (15 février 1665), *Arsinoé* dans le *Misanthrope* (4 juin 1666), *Mélicerte* dans *Mélicerte* (2 décembre 1666).

Assurément une jeune comédienne ne peut rêver de plus beaux rôles ni de plus beaux succès. Et cependant Mlle Du Parc quitte la troupe à Pâques en 1667, et passe à l'Hôtel de Bourgogne.

Quels étaient les motifs assez puissants qui pouvaient décider Mlle Du Parc à prendre une pareille détermination ? Nous arrivons à un point très délicat à traiter. Nous voulons parler de l'amour de Racine pour Mlle Du Parc, d'où la fuite de Mlle Du Parc, la brouille survenue entre Racine et Molière, et la première représentation d'*Andromaque* à l'Hôtel de Bourgogne.

Molière, qui avait dix-huit ans de plus que Racine, l'avait protégé à ses débuts : on prétend qu'il lui avait donné le sujet et le plan de la *Thébaïde*, en y joignant une bourse de cent louis. Cette tragédie fut jouée le 20 juin 1664 sur le théâtre du Palais-Royal et Molière se chargea lui-même du rôle d'*Etéocle*. Racine était donc de ce fait l'obligé de Molière.

Le 4 décembre 1665, Racine fait encore représenter sur le théâtre de Molière, *Alexandre*, et Molière lui donne les meilleurs comédiens de sa troupe pour inter-préter les principaux rôles. Ce sont Lagrange, Lathoril-lière, Hubert, Mlle Du Parc (rôle d'*Axiane*), Mlle Molière et Ducroisy.

Et voici qu'à la date du 18 du même mois, Lagrange écrit sur son *Registre* : « Ce même jour, la troupe fut « surprise que la même pièce d'*Alexandre* fût jouée « sur le théâtre de l'Hôtel de Bourgogne. Comme la chose « s'était faite de complot avec Racine, la troupe ne crut « pas devoir les parts d'auteur au dit M. Racine qui en « usait si mal que d'avoir donné et fait apprendre la « pièce aux autres comédiens. Les dites parts d'auteur « furent repartagées et chacun des douze acteurs ont eu « pour sa part 47 livres. »

Quel était donc ce procédé ? Aller donner à Floridor, Montfleury et les autres comédiens concurrents de Molière, le même manuscrit et faire jouer la pièce le même jour? On comprend facilement que Molière n'eut pas lieu d'être très satisfait. Les recettes de 1294, 1262 tombèrent à 116 et 277 livres.

Trois jours après, *Alexandre* disparaissait de l'affiche du théâtre du Palais-Royal.

La brouille entre Molière et Racine était donc commencée. La désertion de Mlle Du Parc, la première actrice de la troupe, désertion due uniquement à Racine, allait finir de fâcher à jamais ces deux génies, qui, hâtons-nous de le dire, ne continuèrent pas moins l'un et l'autre à se rendre justice. Molière défendit les *Plaideurs*. comme Racine le *Misanthrope*.

Racine avait pour lui deux avantages que n'avait pas eus Pierre Corneille. Il était jeune, et la Du Parc était veuve. Le rôle d'*Ariane* que venait de jouer Mlle Du Parc lui fit perdre la tête. Il devint amoureux fou de son actrice, et soit jalousie, fondée ou non, contre Molière dont le ménage n'allait déjà plus fort bien, soit qu'il jugeât la troupe de l'Hôtel de Bourgogne plus apte à jouer la tragédie, il écrivit le rôle d'*Andromaque*, en vue de Mme Du Parc, et lui fit quitter brusquement Molière et le Palais-Royal. Molière ne lui pardonna jamais cette action.

Les amours de Racine et de Mlle Du Parc, bien que niées par son fils Louis Racine, qui, du reste, nie les choses les plus évidentes, furent des amours folles, insensées. interrompues brusquement un an après par la mort de l'amante. On a bien même été jusqu'à dire que Racine avait contracté un mariage secret avec elle. Em-

. pressons-nous de dire que ceci n'est rien moins que prouvé, et rentre plutôt dans le domaine du roman que de l'histoire.

Mlle Du Parc créa *Andromaque* (1667) à l'Hôtel de Bourgogne. Elle avait pour partenaire Floridor (*Pyrrhus*), Montfleury (*Oreste*), Lafleur (*Pylade*) et Mlle Désœillet (*Hermione*).

La représentation d'*Andromaque* fut un événement et ne fit pas moins de bruit que n'en avait fait celle du *Cid* trente ans auparavant.

Le grand Corneille avait désormais un rival. On peut dire que ce rôle d'*Andromaque* fut le couronnement de la carrière de Mlle Du Parc. La mort s'approchait à grands pas.

La fin de Mlle Du Parc fut toujours enveloppée du plus grand mystère. Au faîte de la renommée et de la gloire, Mlle Du Parc était entourée d'adorateurs. « Le chevalier « de Rohan, écrit Mme de Montmorency à la date du 10 « juillet 1668, veut épouser la Du Parc, fameuse comé- « dienne ; la famille du chevalier s'y oppose. » Bussy répond de Chaseu, le 17 du même mois : « J'admire l'étoile « de la Du Parc qui a donné mille passions à mille gens « et jamais une médiocre. Si le chevalier de Rohan « l'épouse, ce sera un grand triomphe pour l'amour. »

D'où Mme Marc de Montifaud conclut dans son livre *Racine et la Voisin*, que Racine n'était pas marié avec la Du Parc, ce qui pourtant ne serait pas une preuve, si le mariage avait été tenu secret pour tout le monde.

Cependant les amours de Racine et de Mlle Du Parc

duraient toujours, lorsque Mlle Du Parc mourut presque subitement le 11 décembre 1668. Et puisque nous avons entrepris de tout dire, Racine fut accusé de l'avoir empoisonnée. Cette accusation est tellement monstrueuse qu'il était bien juste que nous en recherchions la source. Nous la trouvons surtout dans l'interrogatoire de la Voisin, la célèbre empoisonneuse, interrogatoire du 21 novembre 1679, c'est-à-dire onze ans après:

« — Qui lui avait donné la connaissance de la Du Parc, « la comédienne? —Elle l'a connue il y a quatorze ans; « elles étaient très bonnes amies ensemble, et elle a su « toutes ses affaires pendant ce temps. Elle avait eu l'in- « tention de nous déclarer, il y a déjà du temps, que la *Du* « *Parc devait avoir été empoisonnée*, et que l'on a soup- « çonné Jean Racine; le bruit en a été assez grand; ce « qu'elle a d'autant plus lieu de présumer que Racine a « toujours empêché qu'elle, qui était la bonne amie de « la Du Parc, ne l'ait vue pendant tout le cours de sa ma- « ladie, quoique la Du Parc la demandât toujours. »

Mais pour quelle raison Jean Racine aurait-il empoisonné sa maîtresse? Ce n'est que l'année suivante qu'il deviendra l'amant en titre de la Champmeslé.

Au moment de la mort de Mlle Du Parc, un autre bruit courut et celui-là paraît beaucoup plus fondé. Mlle Du Parc était devenue enceinte. Veuve, elle craignit le scandale, Racine ne le redoutait pas moins. On devine le reste. Des gens allèrent colporter que Racine était cause de la mort de Mlle Du Parc et il n'en fallut pas davantage pour dire qu'il avait empoisonné sa maîtresse.

C'est du reste l'opinion adoptée par Ravaisson, *Archives de la Bastille*, tome VI. Rapprochons cette opinion, la vraie selon nous, de ce passage de Mathieu Marais, *Mémoires touchant la vie de Boileau Despréaux* : « La Du Parc mourut bientôt en couches. « Elle était veuve. » Racine donne bien assez d'autres prises à la critique, comme conduite et comme caractère ; n'en faisons pas, de grâce, un ignoble traître de mélodrame, et cela sur la déposition de la Voisin, déposition qui n'est rien moins que claire, et qui émane d'une mégère cherchant à sauver à tout prix sa tête, quitte à compromettre tout le royaume.

La mort de Mlle Du Parc laissa un grand vide au théâtre. Robinet nous signale ainsi l'événement :

> L'Hostel de Bourgogne est en deüil
> Depuis peu voyant au cercueil,
> Son Andromaque si brillante,
> Si charmante et si triomphante,
> Autrement la belle Du Parc.
> Par qui l'amour tirait de l'arc,
> Sur les cœurs avec tant d'adresse.
> Clotho, sans yeux et sans tendresse
> Pour les plus accomplis objets,
> Comme pour les plus imparfaits,
> Et qui n'aime pas le théâtre,
> Dont tout le monde est idolâtre,
> Nous a ravi cette beauté
> Dont chacun était enchanté,
> Alors qu'avec un port de reyne,
> Elle paraissait sur la scène,
> Et tout ce qu'elle eut de charmant
> Gît dans le sombre monument.
>
> Elle y fut mercredi conduite
> Avec une nombreuse suite,
> Dont étoyent les comédiens
> Tant les Français qu'Italiens,

Les adorateurs de ses charmes,
Qui ne la suivaient pas sans larmes,
Quelques-uns d'eux, incognito,
Qui, je crois, dans leur memento,
Auront de la belle inhumée
Fort longtemps l'image imprimée.
Item, maints différents amours
Assemblés de sombres atours,
Qui pour le pas sembloyent se battre.
Item, les poëtes de théâtre,
Dont l'un, le plus intéressé,
Était à demy trépassé.
Item, plusieurs peintres célèbres
Etaient de ces honneurs funèbres,
Ayant de leurs sçavants pinceaux
Été l'un des objets plus beaux.
Item, enfin, une cohorte
De personnes de toute sorte
Qui furent de ses sectateurs,
Ou plutôt de ses spectateurs :
Et c'est ce que pour épitaphe
En stile d'historiographe,
Croyant lui devoir ce soucy,
J'en ai bien voulu mettre scy.

Voici, d'après M. Jal, la copie exacte de l'acte mortuaire de la comédienne :

« Du 13 décembre 1668, Marquise. Thérèse de Gorla,
« veuve de feu René Berthelot, vivant sieur Du Parc,
« l'une des comédiennes de la troupe royale, âgée d'en-
« viron 25 ans, décédée le onzième du présent mois,
« rue de Richelieu ; son corps porté et inhumé aux
« religieux carmes des Billettes de cette ville de Paris,
« présents au convoi Rault Régnier, marchand apothi-
« caire, demeurant paroisse Saint-Germain, et Spencer,
« juré crieur, témoins. »

Registres de Saint-Roch.

On a remarqué dans ces deux documents, d'abord :
« le poète de théâtre le plus intéressé, à demy trépassé, »
et ensuite les vingt-cinq ans environ déclarés sans doute
par le même poète. C'est trente-cinq ans qu'il aurait
fallu dire.

LES DE BRIE

CHAPITRE V

LES DE BRIE

Lorsque Molière vint à Lyon vers la fin de l'année 1652, il y trouva installée la troupe d'Abraham Mitalla. C'est dans cette troupe que se trouvaient De Brie et sa femme, ainsi que Mlle Marquise de Gorla qui devint la femme de Du Parc, et dont nous avons conté l'histoire. Molière fut ravi du jeu et de la tournure de ces deux actrices et les fit passer dans sa troupe. Tel est pour nous jusqu'à ce jour le commencement des De Brie, dont, chose assez singulière, on n'a pas encore retrouvé les actes de baptême et par conséquent l'origine.

De Brie s'appelait de son vrai nom Edme Villequin et avait pour frère Etienne Villequin qui fut peintre. Mlle De Brie, de son vrai nom Catherine Leclère du Rozet, était grande, bien faite, jolie, avec un visage qui resta toujours jeune, et chantait et dansait à merveille, sans cependant égaler Mlle Du Parc dans les ballets ; Mlle Du Parc avait pour elle la beauté altière, Mlle De Brie possédait le charme, la douceur et la grâce.

De Brie, disons le tout de suite, fut toujours « le mari de la reine ». Engagé complaisamment par Molière qui tenait avant tout à une acquisition aussi précieuse que Mme De Brie, il fut voué à perpétuité aux utilités. Nous ne savons s'il s'en plaignit ; tout laisse à croire qu'il fut content de son sort. On a voulu toujours le représenter comme un bretteur et un spadassin. Est-ce parce qu'il joua un maître d'armes dans le *Bourgeois gentilhomme*? Il est difficile de se prononcer. Mais nous pouvons affirmer que s'il était querelleur avec ses camarades, c'était bien le mari le plus accommodant du monde ; sans quoi, le pauvre Molière n'aurait eu qu'à se bien tenir. Nous avons rapporté à l'article *Madeleine Béjart* le passage du pamphlet de la *Fameuse Comédienne*, où il est dit que Molière déjà un peu lassé de sa liaison avec Madeleine, liaison qui remontait bien à dix ans, jeta son dévolu sur la Du Parc ; mais que repoussé « dédaigneusement » par celle-ci, il s'en consola avec la De Brie.

Eh bien! voilà le grand mot lâché, le mot de consolation, et pendant vingt ans c'est Mlle De Brie qui sera la consolatrice du poète. Qu'il ait pour maîtresse Madeleine, ou qu'il rompe avec elle, qu'il se laisse prendre aux attraits naissants d'Armande et qu'il en essuie les dédains, que dans un moment de folle passion il l'épouse, et en supporte les tristes conséquences, c'est toujours à Mlle De Brie qu'il reviendra. Elle accepte tout, elle pardonne elle l'encourage et le console. Mlle De Brie c'est l'ange gardien de Molière, et surtout du Molière des dernières années, du Molière triste et ravagé, misanthrope et malade, comme Madeleine Béjart a été le soutien de ses premières années, et son premier amour.

Et que dira Madeleine de cette liaison? nous l'avons dit plus haut, quand nous nous sommes occupé d'elle. Madeleine se sent vieillir; elle est femme d'esprit; elle fermera les yeux, mais gardera son ascendant sur le poète.

Mlle De Brie était-elle bien intelligente? Intelligente, oui certes, mais d'une intelligence supérieure, nous ne le croyons pas. Ce n'était pas une maîtresse femme comme la Béjart, femme de conception et de tête, née pour le commandement ; ce n'était pas une beauté sculpturale, comme la Du Parc. C'était la résignation, la douceur, le chien fidèle; c'est sur son sein que Molière, fatigué de ses luttes et de ses travaux, viendra se reposer et oublier.

Finissons-en de suite avec De Brie, personnage fort peu intéressant en somme, pour ne nous occuper ensuite que de sa femme, une des figures principales de la troupe de Molière. Voici donc l'énumération des rôles créés ou plutôt tenus par De Brie :

VILLEBREQUIN, dans la *Jalousie du Barbouillé*. (On n'a pas oublié que De Brie, s'appelait Villequin. Ce jeu de mots devait être passé à l'état d'habitude.)
LA RAPIÈRE, dans le *Dépit amoureux*.
ALMANZOR, dans les *Précieuses ridicules*. (Tout le monde le désigne du moins pour ce rôle, mais comment expliquer alors : « Allons, petit garçon », etc., lorsque Madelon s'adresse à Almanzor. De Brie n'était pas de petite taille ; voyez plus loin au *Bourgeois gentilhomme*.)
LA RAMÉE. dans *Don Juan*.
UN GARDE DE LA MARÉCHAUSSÉE, dans le *Misanthrope*.

M. Loyal, dans le *Tartuffe*.
Un maître d'armes, dans le *Bourgeois gentilhomme* (« ce grand
escogriffe de maître d'armes »).
Le Dieu d'un fleuve, dans *Psyché*.
Sylvestre, dans les *Fourberies de Scapin*.
Diafoirus père, dans le *Malade*.

D'après la lettre sur Molière et les comédiens de son
temps (*Mercure de France*, mai 1740), il avait succédé
à Du Parc dans les emplois de Gros-René. Après avoir
suivi Molière pendant vingt ans, il passa en 1673 à la
salle Mazarine, et mourut le 9 mars 1676. « Le 9ᵉ jour
« de mars 1676, environ six heures du matin, Edme de
« Brie, bourgeois de Paris, est décédé en sa maison,
« rue Guénégaud, et son corps a été inhumé le lende-
« main. » (*Registres de Saint-André*.)

Mᵐᵉ De Brie suivit donc les destinées de la troupe
pendant vingt ans (1653 à 1673), et l'on peut affirmer
qu'aucune autre actrice ne créa autant de rôles qu'elle
dans le répertoire de Molière.

> Un air tout engageant, je ne sais quoi de tendre,
> Dont il n'est point de cœur qui se puisse défendre.

Qui parle ainsi ? Molière, et encore :
« Elle se prend d'un air le plus charmant du monde
« aux choses qu'elle fait, et l'on voit briller mille grâces
« en toutes ses actions, une douceur pleine d'attraits,
« une bonté toute encourageante, une honnêteté ado-
« rable. »

Mᵐᵉ De Brie, c'est le type de l'ingénue au théâtre ;
en un mot c'est Agnès. L'âge n'est rien pour elle, elle
se rit des années, elle sera Agnès encore à soixante
ans passés, et non pas de son propre désir, mais, comme

nous le verrons tout à l'heure, parce que le public n'en
veut pas d'autre. Il n'en connaît pas de plus jeune. Le
souvenir de Déjazet n'est pas si loin de nous pour ne
pas croire à ces récits, et chaque soir ne pouvons-nous
pas aller applaudir, dans *Fortunio* ou *Perdican*, M. De-
launay, le plus jeune de tous les jeunes premiers?

Pour énumérer les rôles de Mlle De Brie, il faut passer
en revue l'œuvre du Maître, depuis le commencement
jusqu'à la fin. C'est l'ingénue de son théâtre et il ne faut
pas qu'elle vieillisse ; elle ne vieillira pas.

Voici d'abord *Célie* dans l'*Etourdi*. *Lélie* ne peut
s'empêcher de s'écrier dès son entrée:

> Ah ! que le ciel m'oblige, en offrant à ma vue,
> Les célestes attraits dont vous êtes pourvue !

Célie n'est point méchante :

> Mon cœur, qu'avec raison votre discours étonne,
> N'entend pas que mes yeux fassent mal à personne.

Que *Lélie* se rassure ; les yeux de Mlle De Brie ne
feront jamais de mal à personne.

Voici *Lucile*, du *Dépit amoureux*; c'est *Eraste* qui
parle :

> Je l'avouerai, mes yeux observaient dans les vôtres
> Des charmes qu'ils n'ont pas trouvés dans tous les autres,
> Et le ravissement où j'étais de mes fers
> Les aurait préférés à des sceptres offerts.

Mais *Lucile* n'est-elle point femme?

> ..... ma faiblesse est trop grande,
> J'aurais peur d'accorder trop tôt votre demande.

Le ton et l'allure changent nécessairement avec *Madelon* des *Précieuses* où cependant ses yeux ne sont point oubliés :

> Vicomte, que dis-tu de ces yeux ?

Mais ce n'est là qu'une excursion dans la fantaisie. Mlle De Brie va revenir à son genre avec la *femme de Sganarelle* dans le *Cocu imaginaire*, et surtout avec *Isabelle* de l'*Ecole des maris*.

La scène entre *Isabelle* et *Sganarelle* (acte II, scène IV) ne fait-elle pas déjà pressentir la scène légendaire entre *Agnès* et *Arnolphe*? C'est, croyons-nous, une des premières scènes que l'on ait jamais faites au théâtre de franche ingénuité.

> Vous n'avez pas été plutôt hors du logis,
> Qu'ayant pour prendre l'air la tête à la fenêtre,
> J'ai vu dans ce détour un jeune homme paraître,
> Qui d'abord, etc...............
> . . . .
> Et je m'en sens le cœur tout gros de fâcherie.

Et *Sganarelle*, ravi de tant de candeur, de s'écrier :

> Dans quel ravissement est-ce que mon cœur nage,
> Lorsque je vois en elle une fille si sage !
> C'est un trésor d'honneur que j'ai dans ma maison.
> Prendre un regard d'amour pour une trahison !

Voilà donc les ingénues proprement dites implantées sur notre théâtre, et peut-être grâce à qui? Grâce aux airs pudiques et aux yeux de Mlle De Brie, yeux qu'elle s'obstine si souvent à tenir baissés devant ses tuteurs, bien qu'elle les ait pourtant fort beaux.

Nous ne parlons que pour mémoire du petit rôle de

Climène joué par Mlle De Brie dans les *Fâcheux*, où chacun devait faire sa partie, et nous arrivons au rôle principal de la carrière de Mlle De Brie, à celui dans lequel elle a laissé des traces ineffaçables, à celui qu'elle tint toute sa vie, et où personne, paraît-il, ne parvint à l'égaler de son vivant ; nous avons dit: *Agnès*.

L'*Ecole des femmes*, c'est *Arnolphe* et *Agnès*. Molière qui avait déjà vu la façon dont Mlle de Brie avait interprété le rôle d'*Isabelle* de l'*Ecole des maris*, et qui rêvait une grande figure (*Arnolphe*), n'en travailla qu'avec plus d'ardeur à son sujet. L'*Ecole des femmes* fut son premier grand chef-d'œuvre personnel, et qui sait s'il aurait écrit cette pièce s'il n'avait pas eu sous la main une *Agnès*?

Loin de nous la pensée d'étudier ici le rôle d'*Agnès*. Des gens bien autrement compétents que nous en la matière ont versé des torrents d'encre en l'honneur d'Arnolphe et d'Agnès. Disons seulement en ce qui concerne Mlle De Brie qu'elle y fut inimitable, et reproduisons après tous les autres l'anecdote à laquelle nous faisions allusion plus haut:

Quelques années avant la retraite de Mlle De Brie, ses camarades l'engagèrent à céder son rôle d'Agnès à une autre actrice plus jeune, nommée Angélique Ducroisy. Lorsque celle-ci se présenta pour le jouer, le parterre demanda Mlle De Brie avec tant d'insistance qu'on fut obligé de l'aller chercher chez elle. Elle vint, joua le rôle en habit de ville, parce qu'on ne voulut pas même lui donner le temps d'en changer, reçut des applaudissements qui ne *finissaient point*, et conserva le rôle d'*Agnès* jusqu'à sa retraite. Voici les vers qu'on fit alors sur elle :

> Il faut qu'elle ait été charmante,
> Puisqu'aujourd'hui, malgré ses ans,
> A peine des attraits naissants
> Égalent sa beauté mourante.

Lorsque l'*Ecole des femmes* fut attaquée et que Molière écrivit la *Critique*, c'est à Mlle De Brie qu'il confia le rôle d'*Uranie*, Uranie qui défend la pièce contre les détracteurs et qui trouve que les « femmes qui font « tant de façons n'en sont pas estimées plus femmes « de bien. »

Nous sommes en 1663. Molière donne l'*Impromptu,* cette scène de sa vie de coulisses transportée en pleine lumière sur le théâtre. Molière est marié avec Armande depuis plus d'une année. Comment va-t-il donc parler à Mlle De Brie « sa consolatrice, » et ce, en présence de Madeleine Béjart et d'Armande sa femme. On ne compte pas le mari, qui devait en ce moment s'habiller pour jouer un spadassin quelconque dans une autre pièce. Ecoutez :

« Pour vous, vous faites une de ces femmes qui peu- « vent être les plus vertueuses personnes du monde, « pourvu qu'elles sauvent les apparences ; de ces femmes « qui croient que le péché est dans le scandale, qui veu- « lent conduire doucement les affaires qu'elles ont, sur « le pied d'attachement honnête, et appellent amis ce « que les autres nomment galants. Entrez bien dans ce « caractère. »

Voilà donc Isabelle et Agnès expliquées, « Mlle Nitouche, » dirait-on de nos jours. Telle est Mlle De Brie.

Nous avons dit que Mlle De Brie chantait et dansait. Le petit rôle de l'*Egyptienne* dans le *Mariage forcé* en est la preuve. Rien à dire du rôle de *Cynthie*, cousine de la princesse, dans la *Princesse d'Elide*. Nous arrivons à la relation des fêtes de Versailles, en date du 7 mai 1664 et jours suivants.

« Lorsque l'on eut fait halte en cet état, un profond « silence causé tout ensemble par l'attention et par le « respect, donna le moyen à Mlle De Brie, qui représentait « le *siècle d'airain*, de commencer ces vers à la louange « de la reine. »

Ajoutons que les vers en question étaient du président de Périgny. Quelques jours après, toujours dans les mêmes fêtes, nous la retrouvons en nymphe, sous le nom de *Célie*. Enfin, le 15 février suivant, nous la voyons encore sous un jour nouveau, dans le rôle de la paysanne *Mathurine* de *Don Juan*.

Un grand événement se prépare, c'est la première représentation du *Misanthrope*. N'oublions pas qu'à ce moment Molière est brouillé avec sa femme et cherche à se rapprocher de Mlle De Brie. Certes nous n'allons pas prétendre, comme on l'a fait souvent, qu'Alceste c'est Molière, et Célimène Armande. Un tel raisonnement est absurde, s'il est affirmatif. Alceste, c'est Alceste, et Célimène, c'est Célimène. Mais Molière est homme, aucun auteur ne fut plus humain. Ne vous étonnez donc pas s'il tire parti de tout, se jouant lui-même au besoin, plaçant dans la bouche d'Alceste des tirades qui eussent été de circonstance dans la sienne.

A ce point de vue donc, et sans entêtement de vouloir que tout ce que dit Alceste soit dit par Molière, rappelons-nous que le rôle d'*Eliante* était tenu par M{ᵉ} De Brie. Aussi *Philinte* dit-il à Alceste :

> Et ce qui me surprend encore davantage
> C'est cet étrange choix où votre cœur s'engage.
> La sincère Eliante a du penchant pour vous,
> La prude Arsinoé vous voit d'un œil fort doux ;
> Cependant à leurs vœux votre âme se refuse,
> Tandis qu'en ses liens, Célimène l'amuse.

Et plus loin :

> Pour moi, si je n'avais qu'à former des désirs,
> La cousine Eliante aurait tous mes soupirs ;
> Son cœur qui vous estime est solide et sincère,
> Et ce choix plus conforme était mieux votre affaire.

Eh! parbleu! Alceste le sait bien.

> Il est vrai, ma raison me le dit chaque jour ;
> Mais la raison n'est pas ce qui règle l'amour.

Ces aveux n'ont-ils pas l'air d'une confession publique? Et le public ne s'y trompe pas. Il sait bien alors qui est Alceste, Célimène ou Eliante, et prend au vol les allusions. Mais encore une fois, cela n'empêche pas la fiction d'être la fiction, et la comédie suit son cours. On nous dira que nous cherchons les rapprochements à plaisir. Certes non, et pourtant comment s'en défendre! Prenez le *Misanthrope*, acte IV, scène II, Alceste (Molière) est ou se croit trahi par Célimène (Armande). A qui vient-il confier ses malheurs, près de qui vient-il chercher une consolation? Près d'Eliante, lisez, M{ᵉ} De Brie.

Madame, c'est à vous qu'appartient cet ouvrage;
C'est à vous que mon cœur a recours aujourd'hui
Pour pouvoir s'affranchir de son cuisant ennui ;
Vengez-moi d'une ingrate et perfide parente
Qui trahit lâchement une ardeur si constante ;
Vengez-moi de ce trait qui doit vous faire horreur.

ÉLIANTE

Moi ! vous venger, comment ?

ALCESTE

En recevant mon cœur.

Oui, je vous l'accorde, tout cela c'est la comédie. Mais vous savez bien à présent par tout ce qui précède que les choses dans la vie réelle ne se passaient pas autrement.

Nous l'avons dit en commençant, Mlle De Brie, c'est la consolatrice de Molière. On nous demandera de conclure ; nous le ferons très volontiers. Nous ne dirons pas aussi affirmativement que M. Coquelin dans son intéressante étude *Molière et le Misanthrope*, qu'il n'y a rien de Molière dans Alceste, mais nous dirons plutôt avec M. de la Pommeraye (*Réponse à M. Coquelin*) qu'un auteur met toujours quelque chose de soi dans son œuvre, et c'est ici le cas plus que jamais.

Il nous répugne de citer des passages du pamphlet la *Fameuse Comédienne* parce qu'on ne sait jamais là où commence la vérité ni où elle finit dans cet affreux libelle. Mais il faut bien reconnaître que l'auteur anonyme de ce livre connaissait à fond certains détails. En ce qui concerne la De Brie, comme il l'appelait, voici ce qu'il en dit. C'est au moment où Molière cherche à se détacher d'elle pour épouser Armande :

« La De Brie, qui s'aperçut des desseins secrets de sa
« rivale, mit de son côté tout en œuvre pour empêcher
« l'accomplissement d'un mariage qui offensait si fort
« sa gloire. Rien ne lui paraissait plus cruel que de cé-
« der un amant à une petite créature qu'elle jugeait,
« avec quelque sorte de raison, lui être inférieure
« en mérite. Elle en témoigna son inquiétude à Mo-
« lière, et le mit en quelque incertitude par ses repro-
« ches. Il conservait beaucoup d'honnêteté pour elle,
« et il avait reçu des gages de son amour qui le met-
« taient dans la nécessité d'avoir de ces sortes d'é-
« gards. »

On sait qu'avant son mariage Molière habitait dans
une vaste maison qui faisait l'encoignure de la rue
Saint-Honoré et de la rue Saint-Thomas-du-Louvre ; là
demeuraient aussi Madeleine, Armande, Geneviève,
Louis Béjart, leur mère, et Mlle De Brie. Lorsque l'union
fut consommée, Molière alla vivre à l'écart avec sa jeune
femme, et s'installer rue Richelieu. Par quel motif deux
ans plus tard est-il revenu habiter la rue Saint-Honoré ?
Est-ce pour les couches de sa femme ? Est-ce par crainte
de..... Bref, le revoilà sous le toit de Mlle De Brie, et
nous n'avons cité ces changements de domicile que
pour en arriver là.

Mais revenons aux rôles créés par Mlle De Brie :

Daphné, bergère, dans *Mélicerte* (1666). *Iris*, dans la
Pastorale comique (1666). *Isidore*, esclave grecque, dans
le *Sicilien* (1667). *Mariane*, fille d'Orgon, dans *Tartuffe* (1667).

On voit par ce dernier rôle que Mlle De Brie ne vieillissait pas. Molière n'aurait pas été assez fou pour lui faire tenir un pareil emploi si elle n'avait encore paru fort jeune, alors que sa propre femme, Armande, âgée de 25 ans, jouait *Elmire* à ses côtés.

Mariane dans l'*Avare* (1668). C'est dans l'*Avare* que se trouve, acte Ier, scène II, le portrait de Mariane par Cléante, portrait que nous avons reproduit plus haut.

Claudine suivante d'Angélique dans *George Dandin* (1668).

« Comment est-ce que tu fais pour être si jolie? » Nous nous le demandons avec Lubin. Voulez-vous savoir maintenant ce que Claudine pense des maris?

« Pour moi, je hais les maris soupçonneux, et j'en
« veux un qui ne s'épouvante de rien, »
Retiens cela, De Brie, mon ami.
« un si plein de confiance, et si sûr de ma chasteté,
« qu'il me vît sans inquiétude au milieu de trente hom-
« mes. »

Quelle école! aussi De Brie pouvait-il répondre comme Lubin : « Eh bien! je te donnerai la liberté de faire tout
« ce qu'il te plaira. »
Molière n'en demandait pas davantage.

Dorimène, marquise, dans le *Bourgeois gentilhomme* (1670).

Nous voici en 1671. Le sujet de *Psyché* vient d'être remis en vogue par le roman de La Fontaine. Le carnaval approche, et les ordres du roi sont pressants. Molière a fait le plan de *Psyché*, tragédie-ballet. Quinault a écrit les paroles qui se chantent en musique, à la réserve de la plainte italienne. Molière a versifié le prologue, le premier acte, la première scène des deuxième et troisième actes ; Corneille s'est chargé du reste, et Sa Majesté s'est trouvée servie à point.

A qui donc Molière va-t-il confier le rôle de Vénus ? à Mlle De Brie. Qui nous dira alors l'âge de Mlle De Brie ? Puisque personne n'a jamais pu découvrir la date de sa naissance, il n'est permis que de faire des suppositions. S'il fallait s'en rapporter à ses biographes, elle aurait eu près de cinquante ans. Mais si vous voulez admettre avec nous que lorsqu'elle rencontra Molière à Lyon elle avait de dix-huit à vingt ans, nous dirons qu'elle pouvait avoir environ trente-sept ans. Croyez-bien que le grand roi s'entendait en morceaux friands, et qu'il aurait bien su se plaindre à Molière, si celui-ci lui avait présenté une Vénus sur le retour. Voici donc *Psyché* joué devant toute la cour ; *Vénus* descend du ciel dans une grande machine avec l'*Amour*, son fils, et deux petites Grâces. Toutes les divinités de la terre et des eaux joignent leurs voix et lui témoignent la joie qu'elles ressentent.

> Cessez, cessez pour moi, tous vos chants d'allégresse ;
> De si rares honneurs ne m'appartiennent pas ;
> Et l'hommage qu'ici votre bonté m'adresse,
> Doit être réservée pour de plus doux appâts.

Les *appâts* de *Psyché* représentée par Armande, la femme de Molière.

> C'est une trop vieille méthode
> De me venir faire sa cour ;
> Toutes les choses ont leur tour
> Et Vénus n'est plus à la mode.
> Il est d'autres attraits naissants,
> Où l'on va porter ses encens.

Psyché ! Psyché la belle aujourd'hui tient ma place,
Déjà tout l'univers s'empresse à l'adorer,
   Et c'est trop que dans ma disgrâce
Je trouve encor quelqu'un qui me daigne honorer.

On va s'écrier que nous voulons encore trouver des allusions où Molière n'a jamais songé à en mettre. C'est bien possible et nous ne voulons pas forcer cette note. Mais avouez que la chose mérite bien d'être citée, ou relevée en passant, et qu'il est étrange d'entendre l'ancienne maîtresse délaissée parler ainsi à la nouvelle épouse ; si Molière n'a pas vu là d'allusions, il devait du moins tenir pour assuré que ces paroles ne seraient pas déplacées dans la bouche de Mlle De Brie, et qu'elle les saurait dire comme il convient.

Cependant, un rapprochement s'est encore opéré entre Molière et sa femme. Armande est devenue enceinte pour la troisième fois, et comme le fait observer M. Loiseleur, « Molière fait jouer les *Femmes savantes,* et « scelle sa rupture définitive avec Mlle De Brie et sa « réconciliation avec sa femme en confiant à la première « le rôle sacrifié d'*Armande,* et à la seconde l'aimable « personnage d'*Henriette,* l'idéal de l'épouse pure, honnète et sérieuse, celui qu'il avait rêvé pour lui-« même. »

Armande fut le dernier rôle joué par Mlle De Brie dans le répertoire de Molière, puisque Molière mourut un an après. Et avec Molière, Mlle De Brie. bien que peut-être alors en froid avec le poète, Mlle De Brie, disons-nous, plus encore que tous les comédiens de la troupe, perdait tout.

Passée avec son mari et ses camarades au théâtre de
Guénégaud, et conservée à la réunion, il y eut alors un
fait assez étrange en ce qui la concerne. Jusqu'à ce jour,
elle et son mari avaient eu chacun part entière, elle à
cause de son talent, lui à cause de sa femme. Au moment de la réunion, on trouva le mari trop bien payé,
mais comme on craignit sans doute le bretteur et le
spadassin, on réduisit la part de Mlle De Brie d'une moitié, ce qui fit une part et demie pour eux deux. Mlle De
Brie, d'humeur assez accommodante, accepta la diminu-
tion sans rien dire.

Quelques-uns ont voulu voir là une petite vengeance
de Mlle Molière. Quoi qu'il en soit ce fut ainsi, et cela
dura ainsi jusqu'à ce qu'elle reçût l'ordre de sa retraite
avec une pension de mille livres, le lundi 19 juin 1684.
Voici l'ordre du Roi :

« La De Brie, la Dennebaut et la Dupin sortiront de
« la troupe et auront chacune mille livres de pension,
« et il leur sera permis de prendre à chacune douze
« cents livres que les comédiens leur paieront dans le
« courant de cette année, ou de conserver leur part
« jusqu'à Pâques. »

Et Lagrange ajoute : « Elles ont opté de rester jus-
« ques à Pâques. »

Aucune des 68 paroisses de Paris ne contenant son
acte de décès, il a été impossible jusqu'à ce jour de
préciser la date de sa mort (Lemazurier dit le 19 novembre 1706 ; où a-t-il pris cette date ?). Tout laisse donc
supposer qu'elle se retira en province ou plutôt dans les
environs de Paris. La famille de son mari était originaire

de la Brie, d'où le nom de guerre qu'il avait pris.

Mlle De Brie eut à notre connaissance deux enfants.
Lagrange nous dit sans préciser : « Mlle De Brie est
« accouchée le......d'une fille, nommée Catherine, octo-
« bre 1650. » M. Jal a retrouvé l'acte de baptême de
cette enfant. Elle naquit le 9 novembre (et non pas en
octobre) et fut baptisée à Saint-Germain-l'Auxerrois le
10 novembre. Elle s'appelait *Catherine* du nom de sa
mère, *Nicolle* du nom de sa grand'mère. Elle est qualifiée « fille de Edme Vilquin (*sic*) comédien de M. le
« duc d'Anjou, et de Catherine Leclère, sa femme, rue
« des Fossés ; le parrain Etienne Vilquin. »

Cette fille épousa plus tard Jean-Baptiste Vinx,
escuyer, sieur des Plantes, et capitaine au régiment de
Picardie.

L'autre enfant, dont on ignore la date de naissance,
était un garçon. Il s'appelait Jean-Baptiste, ce qui laisse
à supposer que Molière avait été son parrain, et se
maria à Saint-Sauveur le 3 avril 1691 ; sa femme était
la petite-fille de Montfleury et de Floridor. Mlle De Brie
sa mère et Lagrange assistaient au mariage ; le marié
est qualifié bourgeois de Paris.

Enfin en ce qui concerne la parenté de Mlle De Brie,
expliquons ce passage à première vue fort obscur du
Registre de Lagrange, où il dit que le 25 avril 1672, jour
de son mariage à lui, Lagrange, Jean Baraillon, tailleur
ordinaire des ballets du Roi, épousa Jeanne-Françoise
Brouart, sœur de Mlle De Brie. On s'y perd ! L'explica-
tion est toute simple, et c'est M. Jal, si souvent cité, qui
nous la donne. Nicolle Ravanne, mère de Mlle De Brie,

se maria deux fois : la première fois avec Leclère. C'est
de cette union que naquit Mlle De Brie, de son vrai nom
Leclère. La seconde fois avec Jean Brouart, un des vingt-
quatre violons du Roi. C'est de cette union que naquit
Mlle Jeanne Brouart, sœur par conséquent de Mlle De
Brie.

Nous nous attachons à tous ces faits pour ne rien
laisser d'inexpliqué, et bien prouver que nous avons
recherché jusqu'au moindre détail concernant les faits
et gestes des comédiens de la troupe de Molière.

Mlle De Brie, Mlle Du Parc, ce sont les deux colonnes
du théâtre de Molière, femmes diamétralement oppo-
sées comme figure et comme caractère, autant que
peuvent être dissemblantes la beauté altière et la douce
ingénuité. Mais quelles femmes! Et comme Molière
pouvait se reposer sur elles, avec Madeleine pour soubrette, et Armande comme grande coquette! Tout le
théâtre de Molière est dans ces quatre noms.

Ajoutons, pour Mlle De Brie, que dans la vie traver-
sée, agitée, ravagée même du poète, elle fut, et cela
vingt années, la note douce entre les exigences et les
jalousies de l'autoritaire Madeleine, et les frivolités, pour
ne pas dire les trahisons, de la trop volage et capricieuse
Armande.

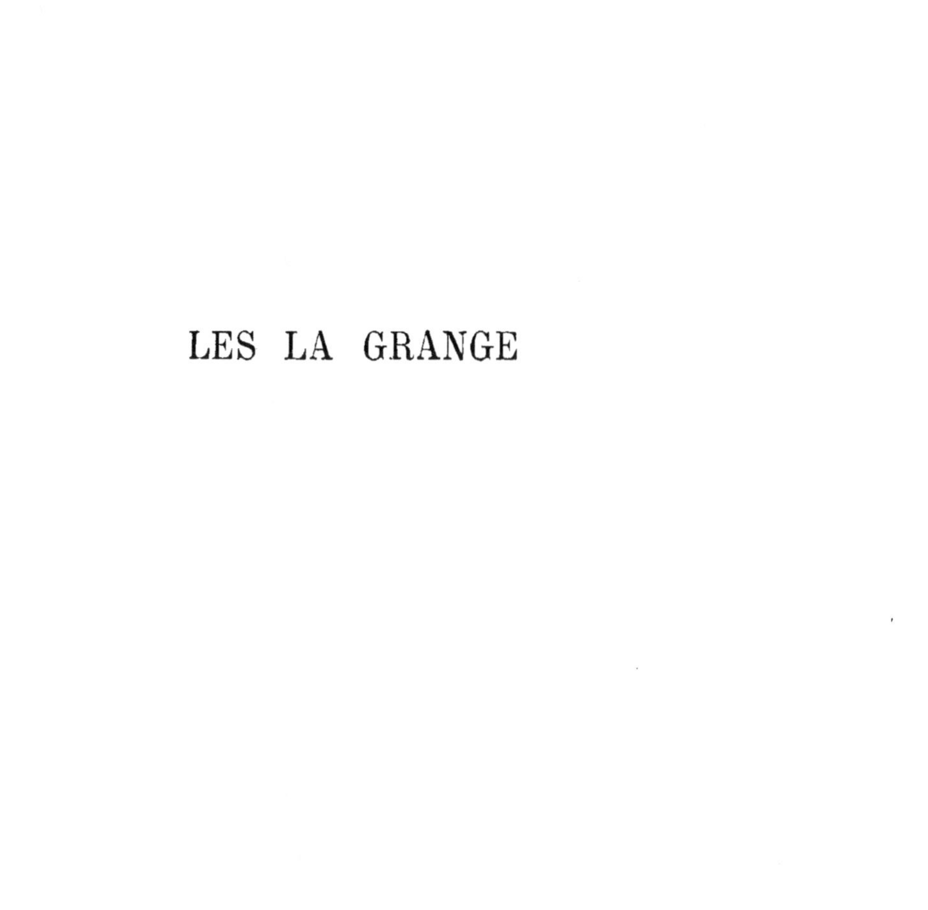

LES LA GRANGE

CHAPITRE VI

LES LA GRANGE

LE PREMIER ARCHIVISTE DE LA COMÉDIE FRANÇAISE

Pour vous, je n'ai rien à vous dire.

Ainsi s'exprime Molière en parlant à Lagrange dans l'*Impromptu de Versailles*, et c'est le plus bel éloge que l'on puisse faire de ce comédien.

Charles Varlet, dit de Lagrange, naquit, suivant la plupart de ses biographes, à Amiens, où son père était procureur du roi. Comment se fait-il que ce prétendu procureur se qualifiait « capitaine du château de Nanteuil, » et se mariait, non pas à Nanteuil ni à Amiens, mais tout simplement à Paris, en 1634, à la paroisse de Saint-Germain-l'Auxerrois? C'est ce que nous ne chercherons même pas à deviner. Qu'il ait été aussi avec sa femme à Montpellier en 1636, et même en 1638, peu nous importe. Le principal pour nous est de savoir que

Charles Varlet dit de Lagrange, naquit selon toute proba-
bilité vers 1639, perdit de bonne heure ses parents, et
qu'il embrassa ainsi que son frère Achille Varlet, dit de
Verneuil, la profession de comédien. Il devait avoir
lors de cette résolution environ dix-huit ans. Lagrange
a été, sans le savoir sans doute, le premier historien
de la troupe de Molière. En effet, c'est lui qui laissa ce
fameux journal, si souvent évoqué dans cet ouvrage,
sorte de mémorial écrit tantôt au jour le jour, tantôt
d'après ses souvenirs, comme le prouvent quelques
légères erreurs qui s'y sont glissées.

Prenons dans M. Jal la description de ce fameux
registre :

« Ce mémorial, que les comédiens français possèdent
« aujourd'hui et que leur caissier garde comme un
« trésor dans le coffre de fer où il enferme ses recettes,
« forme un volume in-4°, écrit sur papier de Hollande,
« d'une écriture assez grosse, non pas belle, mais lisi-
« ble. Une reliure de parchemin en manière de porte-
« feuille, attaché par un cordon de cuir, couvre le livre
« auquel Lagrange donna ce titre : Extrait des receptes
« et des affaires de la Comédie, depuis Pâques de l'an-
« née 1659, apartenant au sieur de La Grange, l'un des
« comédiens du Roy. »

Cet article est donc en vérité le plus facile de tous à
faire, puisque, grâce à ce registre, nous allons suivre Lagrange pas à pas. Ajoutons que le dit registre, imprimé
et publié par les soins de la Comédie française en 1876
(J. Claye, imprimeur-éditeur à Paris), a paru précédé
d'une notice biographique due à la plume savante de

M. Ed. Thierry, et qu'ici nous trouvons la besogne
toute faite. Une fois n'est pas coutume.

Charles Varlet adopta le nom de sa mère et se fit appeler de Lagrange au théâtre. Sur quelle scène fit-il
ses premières armes ? Voilà ce qu'il est difficile de préciser. En province sans doute. Bref, un hasard le mit
un jour en présence de Molière ; c'était au moment où
celui-ci quittait sa vie nomade et allait se fixer à Paris.
Molière fut frappé de la jeunesse, de la distinction, de
la bonne tenue de Lagrange. C'était là le type rêvé du
jeune premier, l'amoureux à la voix sympathique et
chaude, c'était *Lélie, Eraste, Don Juan, Valère*, que
sais-je ! Molière ne laissait pas échapper de pareilles
occasions. Ce qui lui manque encore du métier, il le
lui apprendra et il va l'attacher à sa troupe à tout jamais.

Lagrange nous dit fort bien la date de son entrée
dans la troupe ; après avoir rappelé en quelques lignes
que Molière et sa troupe arrivèrent à Paris en octobre
1658, que l'on joua devant le roi le 24 du même mois,
et en public le 3 novembre suivant, que l'*Etourdi* et le
Dépit amoureux, pièces jouées en province, passèrent
pour nouvelles à Paris, il nous annonce qu'il y eut du
changement à Pâques en 1659. Les engagements des
comédiens partaient toujours de Pâques. La troupe di-
minuée par le départ de Du Parc et de sa femme qui
passaient au Marais, et de Du Fresne qui se retirait à
Argentan, se reconstitua comme il suit :

Les sieurs :	MOLIÈRE	Mlles	BÉJART
—	BÉJART AINÉ	—	DE BRIE

Les sieurs BÉJART CADET   Mlles HERVÉ
   —   DE BRIE   —   DU CROISY
   —   L'ESPY
   —   JODELET
   —   DU CROISY
   —   DE LA GRANGE

La date est donc certaine, Pâques 1659; la réouverture eut lieu le 28 avril, et à partir de ce jour, Lagrange notera jour par jour les événements. Molière n'eut d'abord rien de plus pressé que de faire apprendre à Lagrange le rôle de *Lélie* dans l'*Étourdi*, rôle qui convenait si bien à sa jeunesse, à sa taille bien prise, à ses bonnes manières; et par suite de la mort de Joseph Béjart, il lui donna également le rôle d'*Eraste* dans le *Dépit amoureux*, rôle qu'il joua pour la première fois le 14 juin. Enfin profitant de la présence de Jodelet dans la troupe, Jodelet qui avait joué d'original le rôle de *Cliton* du *Menteur*, Molière ne manqua pas de monter la pièce de Corneille, et donna le rôle du *Menteur* à Lagrange. Voici donc Lagrange posé du premier coup. Le public fait bon accueil à ce jeune homme qui plaît dès son entrée en scène avant d'avoir ouvert la bouche, et qui enchante dès qu'il parle.

Néanmoins Lagrange ne se contente pas d'être le jeune premier de la troupe. Il en est aussi le caissier, non seulement parce qu'il tient note sur son registre des recettes et des dépenses, mais parce qu'il avance de sa bourse, quand il faut, 300 livres pour payer de vieilles décorations à Mlle Béjart ou des frais extraordinaires, dont il avait « dégagé la troupe ». On devine sans peine

que les vieilles décorations en question étaient celles qui
s'étaient promenées dans le chariot comique à travers
les provinces.

Le 18 novembre Lagrange joue sous son propre nom
le rôle de *La Grange* dans les *Précieuses* ; et, le 30 mai
suivant, le rôle de *Lélie* dans *Sganarelle*. Il sera désormais de toutes les pièces.

Don Alphonse, dans *Don Garcie* (4 février 1661).
Valère, dans l'*École des Maris* (24 juin 1661).
Lisandre dans les *Fâcheux* devant la Cour (7 août 1661).
Eraste,   —   —   —   le public (25 août 1661).

On se rappelle cette pièce des *Fâcheux* improvisée
au grand galop par Molière pour être jouée à Vaux devant
le surintendant Fouquet, et son hôte royal. Dans sa
précipitation, Molière ne put confier le long rôle d'*Eraste*
à personne, et le prit pour lui.

C'était le seul moyen pour que le rôle fût su. Mais
quand les fêtes furent passées, Molière donna alors son
rôle d'*Eraste* à Lagrange qui ne le joua guère plus de
cinq fois, car il tomba malade d'une fièvre continue —
c'est lui qui nous le dit — et fut deux mois sans jouer.
Ce fut Du Croisy qui reprit le rôle. Et voilà comment,
en fort peu de temps, le rôle d'*Eraste* fut joué par trois
comédiens différents. C'est qu'on ne chômait pas dans
la troupe de Molière. Le Maître lui-même ne donnait-
il pas l'exemple d'un travail surhumain ? C'est à se demander, quand on étudie de près la vie de cet homme
prodigieux, quand il pouvait trouver le temps d'écrire,
partagé qu'il était entre ses tracas de directeur, de

régisseur, de metteur en scène, de professeur — Lagrange
et Baron ne furent-ils pas ses élèves — et Armande donc ?
et les autres ! — et d'auteur. Nous ne parlons que pour
la forme de ses fonctions plutôt honorifiques de valet de
chambre tapissier du roi, et nous passons sous silence les
visites obligées auprès des grands du jour ; ajoutez à
cela le temps forcément consacré à l'étude de ses rôles
et celui passé près de Mlle De Bric ou d'Armande,
et dites-nous franchement à quelle heure de la journée ou de la nuit il avait une minute à lui pour la
production de tant de chefs-d'œuvre. Eh bien, dans
cette troupe, il fallait se tenir prêt à tout, savoir tous
les rôles, remplacer les absents, les malades, passer du
tragique au comique, et tout cela marchait, et tout le
monde était content, car le maître était là payant de sa
personne, toujours sur la brèche, le premier et le dernier au théâtre, et chacun l'admirait, faisant tous ses
efforts pour se rapprocher le plus possible d'un tel
modèle.

Le 26 décembre 1662, Molière donne l'*Ecole des fem-
mes*. Nous avons déjà parlé, à l'article de Mlle De Bric,
de cette représentation. L'interprétation devait en être
exceptionnelle si l'on songe aux trois premiers rôles
tenus par Molière, Mlle De Bric et Lagrange. Nous ne
pouvons nous empêcher de citer ce passage de M. Ed.
Thierry, passage que nous empruntons à son *Etude
sur Charles Varlet de La Grange et son Registre*, et
relatif à ces deux pièces : l'*Ecole des maris* et l'*Ecole des
femmes*.

« L'amant, c'était La Grange, Isabelle Mlle De Bric,

« Sganarelle Molière. Au moment du premier succès,
« la gravure (gravure ou imagerie?) s'est hâtée de les
« reproduire. Nous les avons tous les trois en tête de
« l'*Ecole des maris* (Paris, Sercy 1661) médiocrement
« flattés, avouons-le, et bien plutôt maltraités par un
« crayon bourru, mais tels que les a vus un spectateur
« attentif et dont la mémoire a gardé une impression
« fidèle : Molière, avec la moustache en parenthèse,
« l'œil attendri et confiant, la fraise au cou, le bonnet
« plat sur la tête : Mlle De Brie, câline, inquiète.
« l'œil attaché sur l'argus qu'elle affine, plus grande
« qu'on ne s'attendrait à la voir, si l'on songe à Agnès.
« mais de la taille de la Vénus tragique qu'elle jouait
« dans *Psyché* ou de *Plautine* dans *Bérénice* : Lagrange,
« jeune et mignon, perruque blonde, baudrier brodé,
« plumes et canons de beau volume, ravi, respectueux.
« incliné avec grâce, le véritable amoureux du théâtre
« des honnêtes gens et des amoureux par excellence.....
« .... Du *Valère*, de l'*École des maris*, que Lagrange,
« après Molière, a fait si élégant et si tendre, Molière
« a refait aussitôt le plus adolescent, le plus épris, le
« plus brillant de ses amoureux, Horace de l'*École des
« femmes*. Eraste, des *Fâcheux*, est un Horace qui
« sait mieux le monde, parisien acclimaté, mais impa-
« tient, agacé contre tous les sots qui traversent ses
« rendez-vous, plus persécuté par le guignon que par
« le tuteur d'*Orphise*, toujours Horace en somme, et
« toujours Lagrange. »

Après le *Marquis*, de la *Critique*, voici Lagrange de
l'*Impromptu*. Nous ne répéterons pas le mot de Molière

sur Lagrange, mot placé en tête de cet article, et qui nous fait savoir tout le bien qu'il pouvait penser de son pensionnaire et de son élève — son élève? voilà deux fois que ce mot nous revient sous la plume. En avez-vous douté? Ecoutez donc :

(A Lagrange) « Souvenez-vous bien, vous, de venir « comme je vous ai dit, là, avec cet air, qu'on nomme « le bel air, peignant votre perruque et grondant une « petite chanson entre vos dents. La, la, la, la, la, la ; « rangez-vous donc, vous autres, car il faut du terrain à « deux marquis ; et ils ne sont pas gens à tenir leur per- « sonne dans un petit espace. (*à Lagrange*) Allons, parlez.

« *Lagrange* — Bonjour, marquis.

« *Molière* — « Mon Dieu, ce n'est point là le ton d'un « marquis ; il faut le prendre un peu plus haut ; et la « plupart de ces messieurs affectent une manière de « parler particulière pour se distinguer du commun : « Bonjour, marquis. Recommencez donc. »

N'en devait-il pas être ainsi tous les jours?

Lagrange joue encore *Alcidas* du *Mariage forcé*, *Euryale* de la *Princesse d'Elide*. Pendant les fêtes de Versailles, nous le retrouvons sous les traits d'*Apollon*.

Le vendredi 14 novembre 1664, à ne consulter que l'affiche, il ne se passe rien d'extraordinaire au Palais-Royal. C'est la troisième représentation en public de la *Princesse d'Elide*, et cependant ce jour fait date dans la vie de Lagrange, car c'est ce jour-là qu'il commença à *annoncer* pour la première fois à la place de Molière, et c'est lui qui *annoncera* à l'avenir.

Expliquons-nous à ce sujet : il existait dans chaque théâtre une fonction qu'on appelait la fonction de *l'orateur*. Cette fonction était ordinairement remplie par le chef de la troupe, quelquefois par un comédien habile à parler. Chappuzeau nous apprend que « Molière était « bon orateur et faisait un compliment de bonne « grâce ». L'orateur faisait donc la harangue au public à chaque représentation, et composait l'affiche. Chappuzeau, déjà cité, et qui nous met au courant des mœurs théâtrales de l'époque, nous dit que le discours de l'orateur avait pour but de captiver la bienveillance de l'assemblée. L'orateur la remerciait de son attention, lui annonçait la pièce du jour suivant, et l'invitait à la venir voir par quelques éloges habilement tournés. Le compliment devait être court, naturellement, et n'était guère étudié que lorsque le roi ou quelque prince du sang se trouvait là. Le vendredi qui précédait le dimanche de la Passion, jour de la fermeture, l'orateur était chargé de faire l'adieu au public au nom de la troupe.

C'est encore lui qui faisait le discours d'ouverture après les fêtes de Pâques. Comme on le voit ces fonctions étaient fort délicates. Il fallait trouver un trait plaisant, une saillie, un à-propos, et surtout éviter ce double écueil : ou faire trop d'éloges ou n'en pas faire suffisamment.

Molière excellait dans le genre ; n'était-ce pas lui qui pendant douze ans avait régalé ainsi les provinces d'annonces plus ou moins mirobolantes ? A Paris, l'annonce avait changé ; elle s'était civilisée, épurée, elle avait parlé un langage plus humain ; on ne pouvait pas toujours parler comme en Languedoc. Il avait donc fallu suppléer aux boniments un peu épais par de l'esprit, et du meilleur, changer son tambour contre un fifre. Pour Molière, ce n'était pas l'embarras. Mais Molière ne pouvait pas tout faire. Il lui fallait un second lui-même, et c'est Lagrange qu'il choisit. Si nous doutions que Lagrange ait été homme d'esprit, ce choix-là seul dissiperait nos derniers doutes. Ce que faisait Molière était bien fait. Voici d'ailleurs en quels termes Chappuzeau rend hommage à Lagrange dans son *Théâtre-Français* :

« La troupe du Palais-Royal a eu pour son premier
« orateur l'illustre Molière, qui, six ans avant sa mort,
« fut bien aise de se décharger de cet emploi, et pria
« Lagrange de le remplir à sa place. Celui-ci s'en est tou-
« jours acquitté dignement jusqu'à la rupture entière de
« la troupe du Palais-Royal, et il continua à l'exercer
« avec grande satisfaction des auditeurs dans la nou-
« velle troupe du roi. Quoique sa taille ne passe guère
« le médiocre, c'est une taille bien prise, un air libre et
« dégagé, et sans l'ouïr parler, sa personne plaît beau-
« coup. Il passe avec justice pour être très bon acteur,
« soit pour le sérieux, soit pour le comique, et il n'y a
« point de rôle qu'il n'exécute très bien. Comme il a
« beaucoup de feu et de cette honnête hardiesse si néces-
« saire à l'orateur, il y a du plaisir à l'écouter quand il
« vient faire le compliment ; et celui dont il sut régaler
« l'assemblée à l'ouverture de la troupe du roi était de
« la dernière justesse. Ce qu'il avait imaginé fut pro-
« noncé avec une merveilleuse grâce, et je ne puis

« enfin dire de lui que ce que j'entends dire à tout le
« monde, qu'il est très poli et dans ses discours et dans
« toutes ses actions; mais il n'a pas seulement succédé
« à Molière dans la fonction d'orateur ; il lui a succédé
« aussi dans le soin et le zèle qu'il avait pour les intérêts
« communs, et pour toutes les affaires de la troupe,
« ayant tout ensemble de l'intelligence et du crédit. »

Le 15 février 1665, Lagrange joue une grosse partie.
Molière lui a confié le rôle écrasant de Don Juan. Il com-
bat lui-même à ses côtés sous les traits de *Sganarelle*.
Demandez aujourd'hui encore au théâtre qui veut s'en
charger de ce rôle de *Don Juan ?* Pourquoi la pièce n'eut-
elle que quinze représentations, et ne fut-elle jamais
reprise du vivant de l'auteur? Sans doute parce qu'elle
parut impie. Mais nous tenons que ce rôle de Don Juan
est un des plus difficiles du répertoire, que les rares acteurs qui le jouent ne l'abordent qu'en tremblant, et de
nos jours nous ne nous rappelons que Bressant, qui nous
ait montré un Don Juan merveilleux de jeunesse, de
grâce et d'impertinence; encore y trouvait-on plutôt le
séducteur que le penseur. Car il ne faut pas s'y tromper,
la physionomie du personnage est double et, le difficile
est là, tout en le jouant avec une aisance et une grâce
parfaites, d'y faire sentir la pointe d'ironie que l'auteur
y a mise.

Après *Horace* de l'*École des femmes*, après *Don Juan*,
Lagrange n'a plus rien à apprendre. Il est de toutes les
pièces et de tous les succès. C'est *Acaste* du *Misan-*
thrope, *Acanthe* de *Mélicerte*, *Corydon* de la *Pastorale*
comique, *Adraste* du *Sicilien*, *Valère* de *Tartuffe*.

Les trois premiers actes de *Tartuffe* avaient été représentés à Versailles, le 12 mai 1664 ; la première représentation de la pièce entière eut lieu en public à Paris, le 5 août 1667, — mais les choses ne devaient pas aller tout droit :

« Le lendemain 6ᵉ, nous dit Lagrange, un huissier de
« la cour du Parlement est venu da la part du premier
« président, M. de la Moignon, défendre la pièce. Le 8ᵉ
« le sieur de la Thorillière et moi, de La Grange, sommes
« partis en poste de Paris pour aller trouver le roi au
« sujet de la dite défense. Sa Majesté était au siège de
« l'Isle en Flandre, où nous fûmes très bien reçus. Mon-
« sieur nous protégea à son ordinaire, et Sa Majesté nous
« fit dire qu'à son retour à Paris, il ferait examiner la
« pièce de *Tartuffe*, et que nous la jouerions. Après
« quoi nous sommes revenus, le voyage a coûté
« 1000 livres à la troupe. »

Ils allaient porter le fameux placet publié en tête des éditions de *Tartuffe* et commençant ainsi :

« Sire, c'est une chose bien téméraire à moi que de
« venir importuner un grand monarque au milieu de ses
« glorieuses conquêtes, etc. »

Le choix que Molière avait fait de Lagrange dans une pareille circonstance n'a rien qui doive nous étonner.

On sait que le roi accueillit favorablement ce placet, et pourtant la défense de jouer *Tartuffe* ne fut levée qu'au commencement de 1669. La troupe n'avait pas joué pendant ce voyage, et le théâtre ne rouvrit ses portes que le 25 septembre avec une reprise du *Misanthrope*.

Lagrange joue encore *Amphitryon* dans la pièce de ce nom, *Cléante* dans l'*Avare*, *Clitandre* dans *George Dandin*.

Dans les fêtes de Versailles, en date du 18 juillet 1668, pour lesquelles Molière avait composé des intermèdes, et Lulli de la musique, nous retrouvons Lagrange comme *contrôleur d'office*, poste fort recherché comme on verra par ce qui suit :

« Le Roi était servi par Monsieur le Duc, et Monsieur
« par le sieur de Valentiné. Les sieurs Grotteau, con-
« trôleur de la bouche, Gaut et Chamois, contrôleurs
« d'office, mettaient les viandes sur la table.

« Le maréchal de Bellefonds servait la Reine, et le
« sieur Courtet contrôleur d'office, servait Madame ;
« le *sieur de Lagrange aussi contrôleur d'office*, met-
« tait sur table. »

Qu'y a-t-il d'étonnant après cela que les comédiens se qualifiassent *officiers du roi* dans les actes qu'ils signaient ?

Mais revenons à la Comédie.

Tous les rôles d'amoureux sont écrits pour Lagrange. Après ceux que nous avons cités déjà, voici *Éraste* de *M. de Pourceaugnac*, *Iphicrate* des *Amans magnifi-ques*, *Cléonte* du *Bourgeois gentilhomme*, *Agénor* de *Psyché*, *Léandre* des *Fourberies de Scapin*. Ce dernier rôle nous prouve assez que Lagrange est toujours jeune. Lagrange est décidément fait de la même pâte que Mlle De Brie sa camarade : ni l'un ni l'autre ne peuvent vieillir.

Le rôle du *Vicomte* dans la *Comtesse d'Escarbagnas*

n'a rien de bien remarquable, mais on peut dire que
le rôle de *Clitandre* des *Femmes savantes* est un des
plus beaux rôles écrits pour ce comédien incomparable
et joué par lui. A qui donc Molière eût-il osé confier
une pareille responsabilité, s'il n'avait pas eu un Lagrange ? Comme le fait remarquer M. Ed. Thierry, déjà
cité, Lagrange « était l'acteur le mieux fait pour ins-
« pirer sur la scène, pour y ressentir cet amour profond,
« calme et complet, auquel le mariage n'ôtera rien, qui
« s'accroît d'avance de la famille future, le seul que
« Molière n'eût pas encore mis dans son œuvre, qui
« devait en être l'achèvement et la moralité dernière,
« l'amour de raison supérieur à l'amour de passion.

« Tout vient à point avec les belles époques de l'art ;
« l'auteur pour le comédien, le comédien pour l'auteur ;
« Molière et Lagrange se sont rencontrés, ayant besoin
« l'un de l'autre, et, par l'effet de cette rencontre, rien
« n'a manqué au plus élégant des acteurs de l'amour,
« rien n'a manqué non plus au poète de la femme, au
« théâtre de toutes les tendresses. »

Cléante du *Malade imaginaire* fut le dernier rôle
créé par Lagrange dans le répertoire du Maître. L'auteur anonyme des *Entretiens galants* nous révèle le
succès remporté par Lagrange et Mlle Molière dans la
scène de la leçon de chant :

« La Molière et Lagrange, qui la chantent, n'ont
« pas cependant la voix du monde la plus belle. Je
« doute même qu'ils entendent finement la musique,
« et, quoiqu'ils chantent par les règles, ce n'est point
« par leur chant qu'ils s'attirent une si générale appro-

« bation. Mais ils savent toucher le cœur, ils peignent
« les passions. La peinture qu'ils en font est si vraisem-
« blable, et leur jeu se cache si bien dans la nature,
« que l'on ne pense pas à distinguer la vérité de la
« seule apparence. »

La mort de Molière fit retomber sur Lagrange toute
la responsabilité de l'entreprise. N'était-ce pas lui qui
était depuis longtemps le régisseur et l'orateur de la
troupe, le bras droit du Maître, son second? On ne
savait plus que faire et la troupe se crut perdue. Depuis
longtemps Lulli que Molière avait produit chez le Surintendant, et qui n'était de toutes les façons que l'obligé
de Molière, Lulli, disons-nous, essayait d'avoir le privi-
lège de la musique et rêvait de créer l'opéra dans la
salle même du Palais-Royal. C'était une façon comme
une autre de récompenser Molière de ses bienfaits.
Molière avait réclamé près du roi, et le roi lui avait
rendu justice en lui laissant la salle. C'est alors que le
comédien avait cherché un musicien qu'il pût opposer
à Lulli. Il fallait prouver à celui-ci qu'il y avait d'autres
compositeurs en France, et que la troupe du Palais-Royal
était fort propre à fournir au public des intermèdes en
musique et des ballets. Le *Malade imaginaire* fut composé uniquement dans ce but. Marc-Antoine Charpen-
tier, maître de la musique de la Sainte-Chapelle, en écrivit
la partition, et la partition réussit. Lulli était vaincu.

Mais la mort de Molière survenant à l'impromptu
après la quatrième représentation du *Malade*, c'était
la lutte réengagée, et Lulli reprenait le dessus. Lagrange le comprit bien : après être resté deux jours

sans jouer en signe de deuil (le dimanche 19 mars et le mardi 21, jours de représentation), on rouvrit par le *Misanthrope* en attendant les ordres du roi. Ce fut Baron qui reprit le rôle d'*Alceste* tandis que la Thorillière apprenait à la hâte le rôle d'*Argan*. On atteignit ainsi la fermeture de Pâques qui eut lieu le 21 mars 1673, et sans qu'il fût rien décidé.

Lulli de son coté ne perdait pas son temps. Il s'était de nouveau faufilé près du roi, et avait obtenu une ordonnance, rendue le 30 avril, par laquelle défense était faite aux Comédiens d'avoir des chanteurs et des danseurs.

C'était là une première victoire sur la troupe du Palais-Royal. Restait maintenant à chasser les comédiens de leur salle. Cela ne fut pas long ; Lulli la demanda. Le roi qui lui avait déjà accordé une fois, puis retirée, du vivant de Molière, n'avait plus aucune raison pour la lui refuser, Molière mort. Il l'obtint, et voilà comment les pauvres comédiens se trouvèrent avoir perdu du même coup et leur directeur et leur salle. Alors les défections commencèrent ; la Thorillière et Baron quittèrent la troupe pendant les fêtes de Pâques ; Mlle Beauval et son mari les suivirent.

La troupe de Molière avait cessé d'exister.

Que devait faire Lagrange en cette circonstance ? Ce qu'il fit. L'Hôtel de Bourgogne lui ouvrait ses portes à deux battants, il ne dépendait que de lui d'y entrer ; il pouvait même reprendre la succession de Floridor et devenir l'orateur des deux troupes réunies. Il refusa. Était-ce à lui, le disciple fidèle et dévoué de Molière, à oublier en un seul jour toutes les vieilles rancunes, les rivalités qui avaient divisé pendant quinze ans la troupe de son maître et celle de l'Hôtel de Bourgogne ? Était-ce à lui à passer armes et bagages dans le camp ennemi, était-ce à lui enfin à laisser périr tout ce qui pouvait survivre du grand nom de Molière ?

Molière laissait une veuve ; Lagrange comprit de suite que c'était avec cette veuve qu'il fallait recomposer une troupe nouvelle. N'avait-on pas pour premier appoint l'immortel répertoire, devenu à présent propriété de la veuve et que nul n'oserait lui revendiquer ? Après avoir été le plus sûr ami de Molière, il devint le plus sage conseil d'Armande. Mais il fallait se presser de trouver d'abord une salle. Il y avait rue Mazarine un théâtre bien agencé, construit par le marquis de Sourdéac en vue de l'opéra.

Sur les avis de Lagrange, les comédiens achetèrent cet immeuble pour le prix de 14.000 livres, argent comptant, et une part pour le sieur marquis de Sourdéac, et une autre part pour le sieur de Champeron, son associé. Le sieur Boudet, tapissier du roi, faisait les fonds, moyennant 700 livres de rente ; Lagrange a soin de nous apprendre que Boudet rentra dans son argent moins de deux ans après. La spéculation n'avait pas été malheureuse.

De l'ancienne troupe de Molière il ne restait que Lagrange, Du Croisy, Hubert et De Brie. Du côté des femmes, Mlles Molière, De Brie, Hervé Aubry, Lagrange. C'est avec ce noyau que Lagrange reforma une troupe complète. Le théâtre du Marais périclitait ; c'est là qu'il

alla chercher ses recrues ; après avoir refusé de se laisser absorber par l'Hôtel de Bourgogne, il ne demandait
pas mieux que d'absorber le théâtre du Marais.

Il y prit donc Rosimond, dont la réputation était
déjà établie, Dauvilliers, Guérin le futur mari d'Armande, de Verneuil, La Roque, ex-orateur du Marais,
très aimé du public, et Dupin ; Mlle Angélique Du
Croisy, fille de son camarade Du Croisy, Mlles Dupin,
Guyot, Dauvilliers et Ozillon.

Les deux opérations, engagement des comédiens et
acquisition de la salle, avaient marché de front.

Le 23 juin 1673, ordonnance de M. de la Reynie, juge
et lieutenant de police du roi, pour l'établissement de la
troupe du roi, rue Mazarine, et qui casse la troupe des
comédiens du Marais.

Le 9 juillet ouverture du nouveau théâtre qui prend
le nom d'Hôtel Guénégaud.

Et quelle est la pièce d'ouverture?

Tartuffe.

Avec qui? Avec Mlles Molière et De Brie, avec Lagrange,
Du Croisy et Hubert. Molière est mort, vive Molière !

C'est bien la troupe de Molière qui ressuscite ce soir
là à l'Hôtel Guénégaud. Lagrange est content de lui,
il a combattu et vaincu pour la gloire et les intérêts de
son maître.

Il est curieux de suivre pas à pas sur le *Registre*
même de Lagrange les pièces jouées à partir de ce jour
sur le théâtre Guénégaud : Ce sont : *Tartuffe*, les *Femmes
savantes*, l'*Avare*, le *Misanthrope*, l'*École des femmes*,
Amphitryon, et le reste.

Le théâtre du Palais-Royal n'a fait que passer les ponts.

Cependant les acteurs qui ont emprunté de l'argent pour l'achat de la salle, tiennent à s'acquitter au plus vite, et tirent tous les jours de l'argent sur leur part, et la troupe soucieuse de ses intérêts obtient le 7 janvier 1674, une lettre de cachet portant défense à tous autres comédiens que ceux de la troupe du Roi, de jouer le *Malade imaginaire* jusqu'à ce que la pièce soit imprimée.

Le roi aussi paie ses dettes et remet à Lagrange, le 6 juillet 1674, la dernière année de la pension de la troupe du Palais-Royal, soit 7.000 livres. Lagrange s'empresse de partager cette somme entre les acteurs qui faisaient partie de l'ancienne troupe de Molière, et remet à chacun 500 livres.

Mais tout n'est pas rose pour Lagrange dans la direction de la troupe et il aurait pu facilement rééditer le mot célèbre de Molière qui nous a appris que les comédiens « étaient d'étranges animaux » à conduire. La troupe du Roi est du reste composée d'éléments disparates. On a eu beau rapprocher les comédiens du Palais-Royal et ceux du Marais, ils formeront toujours deux camps bien distincts. Le feu est mis aux poudres à propos de *Circé*. Dauvilliers et Mlle Dupin veulent s'opposer à la représentation de cet ouvrage sous le prétexte qu'il sera trop coûteux. La querelle s'envenime et l'on est forcé de faire relâche pendant deux jours. Il faut bien prendre un parti. La Compagnie s'assemble et décide de jouer *Circé* au premier jour. Les sieurs de Sourdéac et Champeron voulant profiter de cette circonstance pour rompre le traité qui les attachait aux comédiens, appuient les deux récalcitrants et refusent aussi de signer. Lagrange use de tous les moyens pour arriver à une conciliation, mais en vain. La troupe décide alors l'exclusion des deux comédiens, et la rupture du traité de la Société avec les sieurs Sourdéac et Champeron. Et voilà les procès qui commencent, sentence, renvoi, arrêt définitif.

L'hiver de 1674-75 se passe ainsi. Dauvilliers et Mlle Dupin sont enfin renvoyés de la troupe, moyennant 1500 livres d'indemnité chacun. Mais les préparatifs de *Circé* n'avancent guère. Sourdéac, furieux de voir le procès perdu par Dauvilliers, fait défaire les machines au lieu de les avancer, et Lagrange nous fait l'aveu que tout ce procès n'a été intenté que par les intrigues de Sourdéac et de Champeron qui voulaient se rendre maîtres de la recette et du contrôle.

La rébellion de Dauvilliers avait entraîné le départ de sa femme, et celle de Mlle Dupin le départ de son mari. Le 12 février il y eut amende honorable; Dauvilliers, Dupin et leurs femmes furent réunis à la troupe comme ils y étaient avant leur exclusion. Ils perdirent seulement leur part depuis le jour de leur sortie jusqu'à celui de leur rentrée. Cependant la Compagnie fit grâce de 600 livres à chaque ménage pour parts perdues. « Et « ce, nous dit Lagrange, pour se mettre en état de « jouer *Circé* au premier jour. »

D'autre part pour avoir la paix et entretenir de bonnes relations avec Sourdéac et Champeron, on prit deux contrôleurs et tous les procès furent éteints.

La première de *Circé* eut enfin lieu le 17 mars. On s'y

préparait depuis le 29 avril de l'année précédente, et
l'on avait dépensé 10.842 livres 17 sols pour monter
cette pièce, somme considérable pour l'époque.

Il y eut cette différence entre Lagrange et les autres
comédiens de la troupe que la plupart, après la mort
de Molière, deviennent bien peu dignes d'intérêt, tandis que Lagrange, après avoir été l'un des principaux
interprètes de tous les chefs-d'œuvre du Maître, devient le digne continuateur de la tradition Moliéresque,
le protecteur des intérêts de la veuve, le premier édi-
teur des œuvres complètes du poète, et enfin l'un des
fondateurs sinon le fondateur du Théâtre-Français proprement dit. C'est pourquoi son histoire ne s'arrête
pas à la mort de Molière, et c'est pourquoi, la Comédie-
Française doit lui garder, — toute question de talent
mise à part, — et cette part est grande, — la Comédie-
Française, dis-je, doit lui garder une reconnaissance
éternelle, et saluer en lui un de ses véritables fondateurs, et son premier historien.

La mort de Molière avait amené la fusion de la troupe
du Marais avec celle du Palais-Royal ; cette nouvelle
troupe avait pris le nom de troupe du Roi. Nous allons
voir comment la troupe de l'Hôtel de Bourgogne vint à
son tour se fondre dans celle-ci.

Le samedi 27 juillet 1680, La Thorillière mourait et
l'Hôtel de Bourgogne restait sans chef ; la grande tragé-
dienne Mlle Champmeslé, avait abandonné depuis un an
l'Hôtel de Bourgogne pour Guénégaud. La troupe allait
à la dérive. C'est alors que le roi eut l'idée d'opérer la
jonction des deux troupes, et de n'avoir qu'un seul

théâtre, lieu de réunion de tout ce que la France pourrait compter d'illustre en auteurs et en comédiens,
théâtre unique au monde, même après deux cents
ans.

Nous ne pouvons mieux faire que de reproduire l'ordre même :

COPIE DES ORDRES DU ROY

POUR LA JONCTION DES DEUX TROUPES DES COMÉDIENS DE SA MAJESTÉ.

« SA MAJESTÉ désirant de réunir les deux troupes des
« comédiens qui représentent dans Paris, m'a ordonné
« de leur faire savoir que son intention est de garder à
« son service ceux dont j'ay escript les noms dans ce mé-
« moire ; Sa Majesté voulant qu'il soit exécuté dans tous
« ses points, ceux et celles qui n'y acquiesceront pas ne
« pourront dorénavant jouer la comédie dans Paris.

« A Charleville, le huitième aoust 1680.

« Signé : LE DUC DE CRÉQUI. »

La Comédie française était fondée.

Elle était fondée sur le théâtre de l'Hôtel Guénégaud,
et elle avait Lagrange pour orateur. Les vieilles luttes
qui avaient divisé l'Hôtel de Bourgogne et le théâtre
du Palais-Royal étaient à jamais oubliées, et la Comédie restait bel et bien la *maison de Molière*.

Lagrange continue à s'occuper de tout et à veiller à tout. C'est à lui que le Roi fait envoyer ses ordres, c'est lui qui reçoit l'argent, qui tient les comptes. Qui pourrait nier qu'une partie des statuts qui régissent encore aujourd'hui la célèbre Compagnie ne sont pas pour beaucoup l'œuvre de Lagrange ?

Les représentations sont devenues quotidiennes. « La « troupe est si nombreuse, dit Lagrange, deux ans plus « tard, en 1682, que souvent il y a comédie à la cour « et à Paris en même jour, sans que la cour ni la ville « ne s'aperçoivent de cette division. »

On est déjà loin du temps où Molière pliait bagage et fermait son théâtre à Paris pour aller jouer à Versailles ou à Fontainebleau.

Cependant Lagrange médite depuis longtemps un grand projet. Les œuvres de Molière n'avaient jamais parues complètes, le *Malade imaginaire* n'avait été imprimé que par fraude en 1674, et avec un texte inexact ; *Don Garcie de Navarre*, *Don Juan*, *Mélicerte*, l'*Impromptu de Versailles*, les *Amans magnifiques* et la *Comtesse d'Escarbagnas* n'avaient jamais été publiés.

Lagrange avec Vinot, un ami de Molière, se mit courageusement à l'œuvre ; aidé de Mlle Molière qui lui confia les manuscrits de son mari, il publia l'édition de 1682.

Cette édition est précédée d'une *Vie de Molière*.

Est-il besoin de demander qui l'a écrite ? Qui pouvait en savoir plus long sur Molière que Lagrange lui-même ?

Voulez-vous savoir maintenant qui tient l'affiche à l'Hôtel Guénégaud ? Certes on aurait lieu de supposer que les comédiens du Marais et de l'Hôtel de Bourgogne ont apporté avec eux un bagage volumineux et encombrant. Eh bien, non; à part quelques pièces nouvelles, c'est l'*Avare*, le *Malade*, *Amphitryon*, le *Misanthrope* et le reste qui font toujours les frais de la représentation, et le public ne s'en lasse jamais.

Cette histoire étant celle de Lagrange et non de la Comédie-Française, nous ne nous arrêterons pas longtemps sur le changement de salle qu'il fallut encore opérer de 1687 à 1689. Si nous en parlons, c'est que Lagrange fut mêlé à toutes ces tribulations.

Les docteurs de la Sorbonne qui s'établissaient au collège des Quatre-Nations, s'étaient plaints du voisinage de la Comédie. Il fallut par ordre du Roi et de M. de Louvois, décamper sans plus tarder. Le régime du bon plaisir vous réservait de ces surprises. Le Roi ne voulait pas entendre parler de la rue de l'Arbre-Sec et le curé de Saint-Eustache déclarait qu'il avait déjà trop de comédiens sur sa paroisse, faisant ainsi allusion à la Comédie-Italienne et à l'Opéra.

Lagrange nous apprend dans un journal intitulé : *Dépenses de l'établissement par M. de Lagrange, 20 juin 1687 au 17 novembre 1691*, que lorsque la toile se leva rue Neuve-Saint-Germain-des-Prés, par *Phèdre* et le *Médecin malgré lui*, les comédiens avaient dépensé 198.233 livres 16 sols 6 deniers, près d'un million de notre monnaie! Et ce pour le plaisir du roi qui donnait 12.000 livres de pension par an !

Nous touchons aux dernières années de Lagrange.

« Le nombre des anciens compagnons de Molière

« avait bien diminué, nous dit M. Ed. Thierry. Du
« Croisy s'en allait à son tour ; excepté Baron, Mlle Beau-
« val et son mari, — des transfuges ramenés ! — La-
« grange n'avait plus avec lui que Mlle Molière qui eût
« été de la troupe du Palais-Royal, et Guérin qui sem-
« blait en avoir été tenant à Molière par sa veuve.

« Le groupe des trois amis se resserre encore. Ils
« sont les aînés de la troupe et conservent leur rang à
« la tête. Ils jouent ensemble dans le *Misanthrope* où
« d'*Acaste*, Lagrange est devenu *Alceste*, où Guérin est
« son *Philinte*, où Mme Guérin reste *Célimène* à moins
« qu'une indisposition ne mette Mlle Beauval à sa
« place ; — ensemble dans *Tartuffe*, dans *Amphitryon*,
« où Mlle Guérin partage *Alcmène* avec Mlle de Champ-
« meslé ; dans l'*Étourdi*, dans le *Bourgeois gentil-*
« *homme*, et dans les *Femmes savantes.*

« Lorsqu'ils ne sont pas tous les trois, on en trouve au
« moins deux : Lagrange et Mlle Guérin, cela va sans dire.
« — Guérin et Lagrange dans l'*Amour médecin*, dans
« le *Baron de la Crasse*, dans les *Visionnaires*, dans le
« *Cocher supposé*, dans le *Concert ridicule*, le *Floren-*
« *tin* et le reste. »

La mort de Lagrange est restée comme sa naissance
un mystère. Il avait joué dix-huit fois en février 1692.
Il mourut le 1er mars.

« Du dimanche 2e jour de mars 1692, fut inhumé
« dans l'Église (Saint-André-des-Ares) Charles le Varlet
« (*sic*) sieur de Lagrange, officier du roy, décédé le jour
« précédent en sa maison, à la porte de Bussy (*sic*) ».

Deux mois auparavant, il avait marié sa fille à un

sieur Louis Musnier, avocat au parlement. La tradition veut que ce mariage n'ait pas été heureux, et que le pauvre Lagrange voyant sa fille maltraitée, en soit mort de chagrin. Il n'avait que cinquante-trois ans.

Nous venons de parler de sa fille et à ce propos on remarquera que nous n'avons jusqu'ici encore dit aucun mot sur la vie privée de Lagrange, ni sur son mariage. C'est que nous nous réservions de le faire à cette place en parlant de Mlle Lagrange, une comédienne de la troupe de Molière, elle aussi.

On se rappelle ce cuisinier-pâtissier de la rue Saint-Honoré, Cyprien Ragueneau, qui avait quitté ses casseroles pour suivre la troupe de Molière, et dont nous avons déjà entretenu le lecteur dans le chapitre intitulé : *Les premiers camarades de Molière.*

Or donc, le Ragueneau en question « honorable « homme, paticier (*sic*) de Monsieur le cardinal Riche-« lieu, » mari de dame Marie Brunet, fit baptiser sa fille Marie, à Saint-Germain-l'Auxerrois, le 18 mai 1639.

Lorsque le pâtissier comédien quitta Paris, poussé par le démon dramatique, il emmena sa femme et sa fille.

C'est ainsi que Marie devint la petite Marotte.

Nous avons vu Ragueneau jouant la comédie dans les provinces. Mlle De Brie s'attacha Marie comme soubrette, non pas soubrette de théâtre, mais soubrette de ville.

Ragueneau mourut à Lyon, et Marie suivit les destinées de sa maîtresse. Dans la troupe de Molière et dans ce qui l'approchait, il n'y avait pas de non-valeurs.

Marotte n'était pas belle ; à pareille école, à défaut de

beauté, fille d'un père comédien, elle eût pu acquérir du talent. Marotte n'en avait pas. On lui fit faire de la figuration.

On a prétendu que le rôle de Marotte dans les *Précieuses ridicules* avait été créé pour Madeleine Béjart, mais pourquoi ce rôle de Marotte, servante des précieuses, n'avait-il pas été rempli par Marotte elle-même, comme Lagrange jouait Lagrange, et Du Croisy, Du Croisy?

Est-il donc si extraordinaire que Marotte, femme de chambre de Mlle De Brie, soit devenue sa servante devant le public? Et n'est-il pas naturel que ce rôle de Marotte qui compte en tout une dizaine de lignes, ait été tenu par la petite Marie plutôt que par Mlle Béjart, la première comédienne de la troupe, et alors en pleine possession de son talent?

Dans le *Registre de la Troupe des comédiens du Roy au Palais-Royal*, tenu par la Thorillière. nous trouvons:

« 8 avril 1663, à Mlle Marotte, quy lui estait dub, « 3 liv. — 4 mai 1663, à Mlle Marotte pour la visite. « 3 liv. » Et onze fois dans le mois de juin nous trouvons la même somme payée à Mlle Marotte.

Mlle Marotte d'ailleurs cumule tous les emplois, — buraliste, receveuse, distributrice de douces liqueurs.— A la fermeture du Petit-Bourbon. il lui est redû 17 livres 2 sols. — Lagrange qui nous donne ce détail ne nous dit pas pour quel office. En 1662. dans la liste des frais ordinaires, Mlle de l'Estang, receveuse, figure pour trois livres par représentation.

Ici du moins, elle est dûment qualifiée *receveuse*.

Neuf ans plus tard, dans cette même liste de frais jour-
naliers, elle figure pour 11 livres. Cette somme de 11
livres laisserait supposer qu'elle avait elle-même sous
ses ordres d'autres employés à rétribuer.

« Enfin, nous dit Lagrange, le dimanche de Quasi-
« modo, 24ᵉ avril 1672, je fus fiancé, et le lendemain
« lundi 25ᵉ, je fus marié à Saint-Germain-l'Auxerrois
« avec Mˡˡᵉ Marie Ragueneau de l'Estang, qui est entrée
« actrice dans la troupe. »

Que s'était-il passé? Et comment le beau, le séduisant
jeune premier du Palais-Royal, consentait-il à épouser
Marotte, ex-femme de chambre de Mˡˡᵉ De Brie, fille
sans grâce et sans talent, et qui n'avait même plus la
jeunesse pour attrait, puisqu'elle avait déjà trente-trois
ans? Il y a de ces faits bizarres, et il le faut bien du reste,
sans quoi les laiderons des deux sexes n'arriveraient
jamais à se marier, ou du moins seraient forcés de s'é-
pouser réciproquement, unions qui ne manqueraient
pas de fournir des rejetons d'un singulier modèle pour
la postérité.

Mˡˡᵉ Marotte de l'Estang, devenue Mˡˡᵉ Lagrange, entra dans la troupe à demi-part, avec charge de payer
Châteauneuf gagiste.

On a beaucoup discuté pour savoir si c'est elle qui
créa le rôle de la *Comtesse d'Escarbagnas*, dans la pièce
de ce nom ; ce rôle en effet fut créé par une actrice du
nom de Marotte, et l'on a voulu reconnaître dans cette
Marotte, Mˡˡᵉ Beaupré.

Lemazurier s'en étonne beaucoup. « Nous ne compre-
« nons pas, nous dit-il, comment cet emploi s'accordait

« avec la figure de Mlle Beaupré, que le gazetier Robinet
« nous représente comme extrêmement jolie. »

Eh parbleu ! c'est bien simple. Cette Marotte-là n'est
pas Mlle Beaupré. Il suffit de regarder les dates pour
s'en convaincre. Tant que Lagrange n'a pas fait à sa
femme une cour assidue, Mlle de l'Estang est restée la
dame du contrôle. Mais du jour où le comédien chéri
du public a jeté sur elle son dévolu, il a rêvé pour sa
future des destinées plus hautes. La *Comtesse d'Escarbagnas*, représentée à Saint-Germain en décembre 1671,
le fut au Palais-Royal en juillet 1672. Le mariage de
Lagrange date du mois d'avril, et il était trop juste
que la nouvelle sociétaire fît ses preuves sous l'œil
vigilant de son mari ; il n'y avait pas besoin d'être belle
pour jouer la *Comtesse d'Escarbagnas*. Ce rôle était
précisément du ressort de Mlle Lagrange, et Mlle Beaupré n'a rien à voir dans cette affaire.

Certes l'entrée de Mlle Lagrange dans la troupe ressemblait assez à une complaisance de la part de tous les
comédiens.

Ils faisaient acte de courtoisie envers leur camarade
Lagrange ; malgré cela, il y eut quelque tirage, et
Lagrange nous le dit bien.

« N^a. que j'ai eu contestations depuis Pâques avec
« la troupe sur ce qu'elle voulait que je payasse 3 livres
« chaque jour de représentation, sur la demie part de
« ma femme, à Chateauneuf, gagiste de la troupe ; ce
« que je n'ai voulu consentir jusques à aujourd'hui, que
« pour terminer tous différents et entretenir paix et
« amitié dans la troupe, j'ai acquiescé à la pluralité. »

Pourquoi Mlle Lagrange, quoique fort laide, était-elle en butte aux calomnies? La laideur ne corrige pas la coquetterie, c'est évident, mais ce n'est pas sans surprise qu'on lira le quatrain suivant, dont nous ne tirerons aucune conclusion, mais que nous ne citons ici qu'à titre de curiosité :

> Si, n'ayant qu'un amant, on peut passer pour sage,
>   Elle est assez femme de bien;
>   Mais elle en aurait davantage
>   Si l'on voulait l'aimer pour rien.

M. Hillemacher nous indique Mlle Lagrange comme ayant créé le rôle de *Béline* dans le *Malade imaginaire*.

C'est fort possible, le rôle est de son emploi, mais nous ne savons pas où il a puisé ce renseignement, et nous nous garderons d'être aussi affirmatif.

Passée dans la troupe de Guénégaud après la mort de Molière, Mlle Lagrange joua d'original le rôle de *Mme Patin* dans le *Chevalier à la mode*, ceux de *Dorimène* dans le *Triomphe des Dames*, et de *Céphise* dans la *Coquette* de Baron.

Conservée à la réunion en 1680, avec un quart de part — elle avait eu jusqu'alors demi-part — elle se retira aussitôt la mort de son mari, avec la pension de 1000 livres, hommage rendu à la mémoire du défunt.

Lagrange s'était marié le 25 avril 1672, le même jour que Baraillon, le costumier de la troupe, qui épousait la sœur de Mlle De Brie.

Il avait alors trente-trois ans, et sa femme, bien que du même âge, falsifiait l'acte en n'en déclarant que vingt-neuf.

De cette union naquirent, le 12 décembre de la même année, deux jumelles, baptisées le même jour.

La première, tenue sur les fonts baptismaux par de Verneuil, le frère de Lagrange, et Mlle Molière, s'appelait Claire-Élisabeth. La seconde, tenue par Molière et Mlle De Brie, s'appelait Marie-Catherine. L'acte constate en outre que Lagrange demeurait alors rue Saint-Honoré.

Ces deux enfants venus avant terme moururent aussitôt.

Le 19 février 1675 Mlle Lagrange accoucha de nouveau d'une fille qui reçut le nom de Manon.

C'est cette enfant, fille unique, que Lagrange maria plus tard (16 décembre 1691) à François-Louis Musnier, avocat au parlement. Nous avons vu que ce mariage passait pour n'avoir pas été heureux, et que Lagrange mourut de chagrin, dit-on, peu de temps après.

Sa veuve devait lui survivre encore trente-cinq ans. En effet, elle mourut le 2 ou 3 février 1727.

Elle avait alors quatre-vingt-sept ans.

Saviez-vous que Lagrange avait des armes, et que sa veuve était autorisée à les porter ? C'est M. Jal qui nous l'apprend dans son dictionnaire où il a cité ce passage de l'*Armorial de Paris*.

« 1697, fol. 1162, T^e II : « Marie Ragueneau, veuve de « Charles Varlet, sieur de Lagrange, officier du roy, porte « my-party, au premier d'azur à un rocher d'or posé sur « des ondes d'argent et un chef d'or, chargé d'un rameau « d'olivier et d'une palme de sinople passée en sautoir « et liés de gueules, et au second, d'argent à un che-

« vron de gueules accompagné de trois trèfles de
« sable et en chef une étoile d'azur. »

Marie Ragueneau, ajoute M. Jal, paya quarante livres
le droit de faire graver sur sa vaisselle, et peindre sur sa
chaise à porteurs, ce double écu qu'elle put faire porter
pendant trente ans à ses gens, si elle avait des gens.

Posons une question pour finir cet article.

Que sont devenus les manuscrits de Molière?

Il y a lieu de supposer que la veuve les avait confiés à
Lagrange, qui publia l'édition de 1682. Et après? Lagrange les garda-t-il? Si oui, ils revinrent à sa veuve, et
Mlle Lagrange comprit-elle la valeur du dépôt qu'elle
avait entre les mains? C'est peu probable ; et les manuscrits, ces manuscrits qui n'auraient pas de prix aujourd'hui, furent brûlés ou jetés aux vieux papiers.

De telle sorte que, si Lagrange n'avait pas publié
l'édition de 1682, toutes les pièces non imprimées à
cette époque auraient été perdues pour nous. Or il fallait bien que tous ces manuscrits fussent ensemble
puisque *l'on n'a retrouvé aucun d'eux.* Lagrange les
aurait-il détruits lui-même, après l'édition parue?

C'est peu admissible. Ces manuscrits devaient être chez
Lagrange et il y a gros à parier que c'est à Mlle Lagrange
qu'il faut demander compte de ce qu'ils sont devenus.

LES DU CROISY, BRÉCOURT,

LA THORILLIÈRE, HUBERT

CHAPITRE VII

LES DU CROISY,

BRÉCOURT, LA THORILLIÈRE, HUBERT

ET LES PETITS EMPLOIS

Après les grandes figures, comme Madeleine Béjart, Mlle De Brie ou Lagrange, voici le tour des comédiens du second plan ; étude moins attrayante, il est vrai, mais bien intéressante aussi, et qui nous montre combien Molière était soucieux des moindres détails de sa troupe. Et puis, sont-ce bien des talents si à dédaigner que ceux de Du Croisy, le créateur de *Tartuffe*, de Brécourt, l'*Alain* de l'*Ecole des femmes*, de la Thorillière, le *Philinte* du *Misanthrope*, de Hubert, la *madame Pernelle* légendaire ? Assurément non, ce sont bien là des artistes de valeur, et tels qu'il en fallait pour compléter cet ensemble merveilleux que l'on ne trouvait qu'au Palais-Royal.

Nous avons rangé les comédiens de Molière à peu près par date de leur entrée dans la troupe. Tel est le secret de notre classification. Nous allons donc nous occuper avec soin de ceux-ci, en y joignant les infiniment petits, et nous terminerons cet ouvrage par les derniers grands portraits qui nous restent à faire, d'Armande Béjart, de Baron et des Beauval.

Philbert Gassot (et non Gassaud) ajoutait à son nom celui de Du Croisy qui lui venait, dit-on, d'un petit fief de la Beauce. Lorsque Molière vint à Rouen en 1658, Du Croisy était à la tête d'une troupe de comédiens qui jouait au jeu de paume des Deux-Maures, s'il faut en croire M. Bouquet. La troupe de Molière ne tarda pas à lui enlever son public. Du Croisy alla trouver Molière et lui demanda de fondre sa troupe dans la sienne. C'est ainsi que Molière s'adjoignit Du Croisy, et l'on peut dire que de cette façon Du Croisy fut le dernier acteur que Molière rencontra en province. Lagrange nous apprend dans son *Registre* sous la date de 1659, que, « les « sieurs Du Croisy et sa femme et Lagrange, entrèrent « dans sa troupe comme acteurs nouveaux à Paris. »

Quel homme était-ce que ce Du Croisy, âgé alors environ d'une trentaine d'années ? Lemazurier nous dit que c'était un bel homme, fort gras, et qu'il jouait les confidents dans la tragédie. Ces détails sont un peu bien succincts et il est difficile de se faire par là une idée du talent de Du Croisy.

Il est peu aisé à vrai dire de lui assigner un emploi,

comme on dit aujourd'hui ; mais on peut affirmer qu'il
devait être un comédien consommé et d'un talent très
souple pour être tour à tour *Marphurius* du *Mariage
forcé*, *Aristomène* dans la *Princesse d'Elide*, le *philoso-
phe* dans le *Bourgeois gentilhomme*, *M. Harpin* dans la
Comtesse d'Escarbagnas ; enfin serait-ce au premier
venu que Molière aurait confié le rôle colossal de *Tartuffe*, la plus grosse de toutes les parties à jouer ? Il
faut donc en conclure que Du Croisy excellait dans les
rôles de composition, et ce disant, nous serons dans le
vrai. Les rôles si distincts de *M. Dimanche* dans *Don
Juan*, d'*Oronte* dans le *Misanthrope*, et de *Géronte* dans
les *Fourberies de Scapin*, sont encore là à l'appui de ce
que nous venons d'avancer.

Voici d'ailleurs l'énumération des rôles tenus par Du
Croisy dans le répertoire de Molière :

MÉTAPHRASTE (qu'il reprend), dans le *Dépit amoureux*.
DU CROISY (1re création), dans les *Précieuses*.
LYSIDAS, dans la *Critique*.
DU CROISY, dans l'*Impromptu*.
MARPHURIUS, dans le *Mariage forcé*.
ARISTOMÈNE, dans la *Princesse d'Elide*.
M. DIMANCHE, dans *Don Juan*.
ORONTE, dans le *Misanthrope*.
TYRÈNE, dans le *Mélicerte*.
UN SÉNATEUR, dans le *Sicilien*.
TARTUFFE, dans le *Tartuffe*.
MERCURE, dans *Amphitryon*.
VALÈRE, dans l'*Avare*.
M. DE SOTENVILLE, dans *George Dandin*.
SBRIGANI, dans *M. de Pourceaugnac*.
TIMOCLÈS, dans les *Amants magnifiques*.
LE MAITRE DE PHILOSOPHIE, dans le *Bourgeois gentilhomme*.
JUPITER, dans *Psyché*.

GÉRONTE, dans les *Fourberies de Scapin*.
M. HARPIN, dans la *Comtesse d'Escarbagnas*.
VADIUS, dans les *Femmes savantes*.
BERALDE, dans le *Malade imaginaire*.

Il avait en outre repris le rôle d'*Eraste* des *Fâcheux* pendant la maladie de Lagrange.

Du Croisy, avec des façons de gentilhomme, devait posséder une certaine instruction, et peut-être même un air quelque peu pédant; et ce qui nous fait parler ainsi, c'est que Molière, qui ne faisait rien à la légère, se plaît et se complaît à lui donner des rôles de la sorte : c'est *Lysidas*, poète, c'est *Marphurius*, docteur, c'est *Oronte*, l'homme au sonnet, c'est le *Maître de philosophie*, c'est *Vadius*, l'homme qui sait du grec autant qu'homme de France ; enfin dans l'*Impromptu*, il est encore qualifié de poète, et Molière lui parle en ces termes :

« Vous faites le poète, vous, et vous devez vous rem-
« plir de ce personnage, marquer cet air pédant qui se
« conserve parmi le commerce du beau monde, ce ton
« de voix sentencieux, et cette exactitude de pronon-
« ciation qui appuie sur toutes les syllabes, et ne laisse
« échapper aucune lettre de la plus sévère orthographe. »
N'est-ce pas *Oronte* et *Vadius* expliqués?

La troupe avait son amoureux dans Lagrange, son bretteur dans De Brie, son tonneau dans Du Parc. Il lui fallait son pédant, et c'est Du Croisy qu'on choisit. Et *Tartuffe*, *Tartuffe* lui-même avec son ton de voix radouci et ses façons mielleuses n'est-il pas le cousin germain du pédant en personne?

Poursuivez cette idée, examinez les rôles de Du Croisy les uns après les autres, et vous ne vous étonnerez pas si Molière a choisi Du Croisy pour oser lui confier *Tartuffe*.

Certes ce sont là des considérations tout artistiques, et Dieu nous garde d'aller accuser de pédantisme ce pauvre Du Croisy dans sa vie privée. Ne sachant rien là-dessus, nous ne dirons rien. Contentons-nous de proclamer que c'était un excellent comédien au théâtre, où il personnifiait le poète infatué et le cuistre par excellence, et après cela espérons que ses mânes nous pardonneront volontiers tout ce que nous en avons dit.

Passé au théâtre de Guénégaud après la mort de Molière, il fut conservé à la réunion de 1680 avec demi-part seulement. Lemazurier nous donne comme date de sa retraite le lundi 18 avril 1689. Il s'en allait avec la pension de 1000 livres. Retiré à Conflans-Sainte-Honorine, près Paris, auprès de sa sœur, qui était veuve du célèbre comédien Bellerose, il passa là le reste de ses jours, aimé et estimé de tous. M. de Tralage rapporte même qu'à sa mort, arrivée vers la fin de 1695, par l'effet d'une goutte remontée, son curé, qui était de ses amis, en fut tellement affecté, qu'il n'eut pas le courage de présider la cérémonie et en chargea un confrère.

Tartuffe et son curé! n'est-ce pas là un joli sujet de pièce en un acte? Avis aux amateurs. Du Croisy avait vécu soixante-cinq à soixante-six ans.

Nous avons vu qu'il était entré dans la troupe de Molière avec sa femme. Occupons-nous maintenant de celle-ci.

Marie Claveau (et non pas Clavereau) était originaire du Poitou, et alliée par sa famille à M. Du Landas, lieutenant général de la Rochelle, parent de Joseph Du Landas, sieur Du Pin, comédien de la troupe du Roy. Quand du Croisy passa dans la troupe de Molière, il y fit entrer sa femme, mais tout le monde s'accorde à dire qu'elle fut au-dessous du médiocre. Aussi ne saurait-on citer d'autre rôle créé par elle dans le répertoire de Molière, que celui de Mlle Du Croisy dans l'*Impromptu* où elle est qualifiée de *peste doucereuse*.

« Pour vous, lui dit Molière, vous représentez une de
« ces personnes, qui prêtent doucement des charités à
« tout le monde; de ces femmes qui donnent toujours
« le petit coup de langue en passant, et seraient bien
« fâchées d'avoir souffert qu'on eût dit du bien du pro-
« chain. Je crois que vous ne vous acquitterez pas mal
« de ce rôle. »

Encore cette observation s'adresse-t-elle plutôt au caractère de Mlle Du Croisy qu'à son talent, puisqu'elle n'a rien à dire dans la pièce; du reste elle nous a prévenus :

« Mlle Hervé. — Pour moi, je n'ai pas grand chose à
« dire.

« Mlle Du Croisy. — Ni moi non plus, mais avec cela
« je ne répondrais pas de ne pas manquer. »

N'ayez pas peur, elle ne manquera pas, Molière ne lui fera plus ouvrir la bouche.

Nous la retrouvons encore dans le tableau de la troupe

en 1662, mais deux ans plus tard Lagrange nous apprend que « Mlle Du Croisy dédommagea la moitié de la « troupe de sa part qu'on lui voulait ôter, la troupe se « trouvant mi-partie, de sorte qu'elle tira encore sa part, « en remboursant ceux qui ne consentaient pas à sa dite « part ». D'où je conclus qu'une moitié de la troupe jugeant les services rendus par Mlle Du Croisy insuffisants n'en voulait plus comme sociétaire, et qu'elle ne trouva plus d'autre moyen de faire taire les mécontents qu'en leur abandonnant une partie de ce qui lui revenait.

Singulier arrangement qui ne devait pas durer longtemps. En effet l'année suivante, c'est-à-dire à Pâques 1665 « Mlle Du Croisy ayant remboursé de sa part « qu'elle recevait, la moitié de la troupe qui n'avait « pas voulu consentir à sa dite part, l'autre moitié de « la troupe, qui avait bien voulu consentir pour cette « année, ne fut pas d'avis de continuer à l'avenir. Ainsi « Mlle Du Croisy se trouva déchue de sa part, et la troupe « se trouva déchargée tant de la part du dit sieur du « Parc (qui venait de mourir) que de celle de Mlle Du « Croisy. »

Et c'est ainsi que Mlle Du Croisy quitta le théâtre. Je n'ai pu trouver l'époque de sa mort. De ce mariage naquirent deux filles: Angélique, qui jouait en 1666, à l'âge de cinq ans, dans la troupe du Dauphin, et mourut en février 1670 ; et Marie-Angélique, qui épousa Paul Poisson. Cette dernière, née en 1658, joua en 1671, à l'âge de 13 ans. le rôle d'une des Grâces dans le ballet de *Psyché*. L'histoire de Mlle Poisson, morte à 98 ans, est aussi fort curieuse, mais elle n'a rien à faire ici.

Rappelons seulement que c'est elle qui publia dans le *Mercure de France* des lettres datées de 1722 et 1740, relatives à Molière et à sa troupe, lettres bien succinctes, mais tant de fois consultées et citées.

A Pâques 1662, Brécourt et de la Thorillière, qui étaient auparavant dans la troupe du Marais, entrèrent dans celle de Molière.

Guillaume Marcoureau, sieur de Brécourt, naquit vers 1638 ; son père, un certain Pierre Marcoureau, demeurait rue de Poitou, au Marais, et s'était marié, le 18 mai 1637, avec Marie Boulanger (Jal, dictionnaire). On crut longtemps qu'il était Hollandais, mais ses parents étaient bien Français, puisque son père, dont on a vu plus haut le mariage, fait encore baptiser une fille le 9 février 1639, à la paroisse Saint-Nicolas. Ce qui fit croire qu'il était Hollandais, c'est qu'il joua la comédie en Hollande dans la troupe de Monchaingre dit Filandre, suivant les uns, dans celle du prince d'Orange, suivant les autres.

Lemazurier, qui s'est étendu un peu sur Brécourt, a commis erreur sur erreur. Ces fautes assez grossières de temps et de lieu ayant été recopiées, il nous faut donc les réfuter l'une après l'autre, pour ne pas les laisser s'accréditer plus longtemps.

1° « Lorsque Molière vint à Paris en 1658, Brécourt « le suivit. »

C'est faux ; on a vu la composition de la troupe de Molière, quand il vint à Paris. Lagrange nous le dit bien du reste : A Pâques 1662, Brécourt passe du Marais au Palais-Royal.

2° « Il n'y resta pas longtemps. »

De 1658 à 1662, il n'y était pas du tout.

« Ayant eu le malheur de tuer un cocher sur la route
« de Fontainebleau, il fut obligé de quitter la France,
« et se retira en Hollande, où il s'engagea dans une
« troupe française qui était entretenue par le prince
« d'Orange. On ne sait pas précisément en quelle année
« Brécourt, emporté par son caractère violent, commit
« une action aussi coupable ; mais nous pouvons croire
« que ce fut en 1663, et nous nous appuyons sur la
« date de la première représentation de l'*École des*
« *femmes*, donnée le 26 décembre 1662, dans laquelle
« il est sûr que Brécourt joua le rôle d'*Alain*, et sur
« celle de sa réception à l'Hôtel de Bourgogne, placée or-
« dinairement en l'année 1664. »

Il s'agirait de s'entendre. Brécourt est entré dans la
troupe du Palais-Royal à Pâques 1662. Il joue d'original
Alain dans l'*École des femmes*, le 26 décembre de la
même année, *Dorante* dans la *Critique*, le 1ᵉʳ juin 1663,
Brécourt dans l'*Impromptu*, en octobre 1663, *Pancrace*
dans le *Mariage forcé*, le 29 janvier 1664 ; il quitte Molière à Pâques de cette même année pour entrer à l'Hôtel
de Bourgogne. Alors nous nous demandons quand il
eut le loisir de tuer un cocher et de fuir en Hollande
pendant cet intervalle de temps ?

Le roman continue : « Pendant son séjour en Hollande,
« le hazard fit que la cour de France, pour des raisons
« d'État dont les ministres ne manquent jamais, vou-
« lut faire enlever un particulier qui s'y était réfugié.
« Brécourt, sans cesse occupé des moyens qui pou-

« vaient faciliter son retour dans sa patrie, s'offrit pour
« cette entreprise dangereuse, et promit d'en rendre
« bon compte. Elle manqua cependant ; et Brécourt,
« jugeant bien que sa vie n'était pas en sûreté, après la
« découverte d'un projet semblable, prit la poste sur le
« champ et revint en France. Louis XIV, informé de
« la bonne volonté dont il avait donné des preuves au
« péril de sa tête, lui accorda sa grâce, et lui permit de
« rentrer dans la troupe de Molière, qu'il quitta en 1664
« pour passer dans celle de l'Hôtel de Bourgogne. »

Mais il n'avait pas à y rentrer puisqu'il n'en était pas
sorti. Et puis, où Lemazurier a-t-il pris ces détails qui
ne pèchent que par l'exactitude des dates? Quoi qu'il
en soit, et en admettant même cette aventure comme
réelle. mais alors antérieure à 1662, nous ne savons
qu'une chose, c'est que Brécourt sortait du Marais quand
il entra au Palais-Royal où il resta pendant deux ans:
c'est là que nous allons le juger.

On a dit que Brécourt avait créé le rôle du *vicomte de
Jodelet* dans les *Précieuses*. Une erreur de plus à ajouter aux autres. Nous avons démontré que les *Précieuses*,
jouées en 1659, avaient eu pour créateur du rôle de
Jodelet. Jodelet lui-même, qui paraissait en scène avec
de la farine sur le visage. C'est ce qui a fait dire aux
biographes de Brécourt, que celui-ci était très pâle,
parce que l'on croyait que c'était Brécourt qui avait
joué le rôle de Jodelet d'original.

On connaît le mot de Louis XIV sur Brécourt qui
jouait Alain dans l'*Ecole des femmes* : « Cet homme-là
« ferait rire des pierres ! »

Brécourt excellait dans deux genres : il jouait les paysans et les rois. Si l'on s'en rapporte au rôle d'Alain que lui confia Molière, et qui fut le premier rôle qu'il créa, Brécourt devait avoir dans le jeu une grande naïveté. D'autre part il faut reconnaître qu'il devait avoir grand ton et bel air, à en juger par le rôle de *Dorante* de la *Critique*, et celui de *Brécourt* de l'*Impromptu*, rôle dans lequel il est qualifié d'homme de qualité.

« Pour vous, lui dit Molière, vous faites un honnête
« homme de cour, comme vous avez déjà fait dans la
« critique de l'*Ecole des femmes*, c'est-à-dire que vous
« devez prendre un air posé, un ton de voix naturel, et
« gesticuler le moins qu'il vous sera possible. »

Enfin le rôle de *Pancrace* dans le *Mariage forcé* prouve que Brécourt possédait un talent incontestable, car ce rôle est et demeure un des rôles les plus difficiles du répertoire, et de nos jours encore, il n'y a guère que les chefs d'emplois qui osent s'en charger. Nous nous souvenons d'y avoir vu M. Régnier qui y était inimitable ; c'est un des rôles qu'il joua à sa représentation de retraite, il y a quelque treize ans.

Il est certain que Brécourt eût créé un nombre infini de rôles dans le répertoire du Maître s'il était resté plus longtemps dans la troupe. Mais là s'arrêtent ses créations. Pour quelles raisons Brécourt quitta-t-il la troupe de Molière ? Est-ce à cause de l'accident dont nous avons parlé et dont nous n'avons pu trouver l'authenticité. Apparemment non, puisque Lagrange nous fait savoir que Brécourt « est sorti de la troupe de Monsieur, pour entrer à l'Hôtel de Bourgogne. »

Brécourt semble avoir été d'un caractère assez tapageur. A en croire M. de Tralage, il aimait assez le jeu, le vin et les femmes. Est-ce à cette turbulence qu'il faut attribuer ces changements continuels du Marais au Palais-Royal, et du Palais-Royal à l'Hôtel de Bourgogne?

Brécourt était de plus auteur dramatique à ses heures. Lemazurier nous donne l'énumération de quelques-unes de ses pièces, ajoutant du reste que malgré le succès passager qu'elles eurent, elles sont d'un genre assez trivial.

C'est d'abord la *Feinte mort de Jodelet*, comédie en un acte en vers, qu'il fit pour son ancien camarade du Marais, Jodelet. Puis, le *Grand bénet de fils aussi sot que son père* (1664), théâtre du Palais-Royal; c'est ensuite la *Noce du village*, comédie en un acte en vers (1666); puis le *Jaloux invisible*, comédie en trois actes, en vers (1666), l'*Infante Salicoque* ou les *héros de roman* (1667), non imprimée, l'*Ombre de Molière*, comédie en un acte et en prose (1674). Cette pièce fut imprimée à la suite des première éditions de Molière. Enfin, *Timon*, comédie en un acte et en vers (1684). Nous en citerons d'autres encore un peu plus loin. On a raconté partout le courage de Brécourt: se trouvant à la chasse du roi, à Fontainebleau, en 1678, il engagea une lutte avec un sanglier qui l'atteignit même à la botte, et parvint non sans peine, à force de sang-froid, à lui enfoncer son épée dans le corps. Le roi, qui était présent, félicita Brécourt, et raconta le soir l'événement devant toute la cour.

Brécourt à l'Hôtel de Bourgogne devint un des principaux interprètes de Racine qui y faisait représenter toutes ses pièces.

En effet ce fut lui qui joua *Taxile* dans *Alexandre*, dans la distribution qu'en fit Racine à l'Hôtel de Bourgogne; *Chicaneau* dans les *Plaideurs* (1668); *Britannicus* dans la pièce de ce nom (1669); *Antiochus* dans *Bérénice* 1670); *Bajazet* dans *Bajazet* (1672; *Xipharès* dans *Mithridate* (16˜3).

On peut voir par l'importance de ces rôles la place qu'occupait Brécourt dans la maison. Il est curieux de voir comme les erreurs s'accréditent: quelqu'un a dit, et tout le monde a répété sans prendre la peine de s'en assurer, que Brécourt était passé à l'Hôtel de Guénégaud lors de la réunion des troupes en 1680.

Or, prenez la peine de relire simplement la liste des acteurs après la réunion, et vous verrez que le nom de Brécourt brille par son absence. Est-ce un oubli? Certes non, puisqu'il faut arriver au total de 21 parts et 1/4 et que le nom de sa femme dont nous dirons quelques mots tout à l'heure, figure sur la liste des pensionnaires pour 1.000 livres.

Où est donc passé Brécourt? Dans un autre théâtre? Mais vous savez bien qu'il n'y a plus d'autre théâtre de comédie, et que le roi a fondu les deux troupes qui restaient en une seule.

C'est donc à cette époque qu'on pourrait placer le *Voyage forcé* en Hollande, et l'engagement dans la troupe du prince d'Orange. C'est fort possible, et ce qui nous le ferait croire, c'est cette petite note qui n'a l'air

́de rien dans le *Registre* de Lagrange et qui est toute pleine de sous-entendus.

« Ce 8 janvier 1682. Ce jourd'hui, Monsieur de Bré-
« court a été mis dans la Compagnie par ordre du roi sur
« le pied de demi-part. »

Depuis quand les engagements partent-ils de janvier et non de Pâques? Pourquoi cette disparition d'au moins deux années et cette réintégration subite dans la troupe, par ordre du roi? Cela sent très fort une grâce, et l'aventure de la fuite en Hollande et du retour par faveur pourrait bien être vraie, mais à cette date seulement. C'est ce qu'on n'avait jamais dit, puisque Brécourt avait toujours été considéré comme passé à Guéné-gaud à la jonction de 1680.

Il y a eu sans aucun doute un grand dérèglement dans la vie de Brécourt. A peine revenu et réintégré dans la troupe il fait encore parler de lui, et le voilà sous les verrous pour dettes. Mais il ne faut pas cependant que le service du théâtre en souffre. Aussi le 12 octobre 1682, nous dit Lagrange, « M. de Brécourt, arrêté prisonnier pour dettes, est sorti à la garde d'un huissier. »

On ne lui fit grâce de la garde que par arrêt du 15 décembre suivant.

En attendant, Brécourt caresse toujours la muse; en effet nous lisons à la date du 2 mars 1683: « Ce même
« jour, à minuit, joué une pièce de M. de Brécourt, in-
« titulée les *Appartements*, chez Mme de Tiange, qui a
« donné à la troupe trois cent trente livres, donné au
« dit sieur de Brécourt, auteur, sept louis d'or. »

Le 19 juin suivant, il fait encore jouer sur le théâtre

de Guénégaud, cette fois, la *Cassette* ; cette pièce avait nécessité quelques frais, car malgré la recette de la première représentation, recette qui s'éleva à 441 livres 10 sols, les sociétaires ne touchèrent rien, abandonnant leur part pour couvrir les dépenses.

La *Cassette* ne réussit pas, car elle ne fut jouée que trois fois.

Brécourt n'avait toujours que demi-part. Mais il y eut du changement le 19 juin 1684 par ordre du roi et de madame la Dauphine. Les uns restèrent à part entière comme ils étaient ; les autres furent augmentés. Brécourt fut dans ces privilégiés et toucha depuis cette époque une part entière. Il ne devait pas en profiter longtemps. Il avait fait jouer, le 13 août 1684, une pièce nouvelle à Guénégaud, *Timon*, dont nous avons déjà parlé. Cette pièce eut quelque succès, car on la retrouve assez souvent sur l'affiche. Lemazurier nous dit qu'il se rompit une veine par les efforts qu'il fit en représentant à la cour le principal rôle de sa comédie de *Timon*, et mourut des suites de cet accident vers la fin de février 1685. Là encore, il est permis de douter, car Lagrange qui note bien exactement sur son *Registre* les représentations au théâtre et à la cour, inscrit cette dernière représentation de *Timon* le 17 décembre 1684 à Versailles, devant la cour, et ne nous fait part de la mort de Brécourt que le 28 mars 1685. Si Brécourt s'était rompu une veine le 17 décembre, il est peu à supposer qu'il eût vécu jusqu'au 28 mars suivant, c'est-à-dire plus de trois mois après son accident.

Nous allons emprunter à M. Jal le récit des derniers

moments de Brécourt : Se sentant malade, et déses-
pérant de revenir à la vie, Brécourt fit prier le curé de
Saint-Sulpice de venir le voir. M. Claude Bottu de la
Barmondière se rendit rue de Seine, au logis du comédien qui se confessa et demanda les derniers sacrements.
Le curé consentit à les lui administrer, à la condition
cependant que le moribond signerait un acte de renon-
ciation à son état qui le séparait de l'Église. Guillaume
Marcoureau ne résista pas au désir manifesté par M. de
la Barmondière ; on fit venir trois ecclésiastiques en
présence desquels le curé rédigea l'acte en question.
qui, le 15 mars 1685, fut signé par Brécourt et par les
quatre témoins (Registres de Saint-Sulpice). Brécourt
vécut encore treize jours, et le 28 mars il rendit le dernier soupir.

Le lendemain, un vicaire inscrivit au registre de Saint-
Sulpice la déclaration suivante: « Le 29ᵉ jour du dit
« mois (mars 1685) a esté faict le convoy, service et en-
« terrement de Guillaume Marcoureau, comédien de la
« troupe du roi, qui avait renoncé à la Comédie par acte,
« dont la copye est cy-dessous, agé de quarante-huit
« ans, mort le 28ᵉ de mars, demeurant rue de Seine,
« aux *Trois Poissons*, et ont assisté aud. enterrement
« François Du Perrier, son nepveu, André Hubert et
« autres amis. (Signé) François Du Perrier et Hubert. »

Nous avons cité tout au long ce passage pour faire
voir quels étaient les rapports des comédiens et du
clergé au siècle du grand roi.

Bien que Chappuzeau dans son *Théâtre français* ait
consacré tout un chapitre à l'*assiduité des comédiens*

aux exercices pieux, nous affirmant qu'ils se gardaient
bien d'y manquer les dimanches et les fêtes, ne représentant la comédie qu'après que l'office de ces jours-là était
achevé, on peut conclure cependant de ce qui précède
que les prêtres ne donnaient pas les derniers sacrements
aux comédiens avant de leur avoir fait signer une re-
nonciation à leur état.

Il nous reste à dire quelques mots de la femme de
Brécourt, qui était aussi au théâtre, mais qui ne
fit jamais partie de la troupe de Molière. Brécourt
avait en effet épousé Estiennette Des Urlis, sœur de
Catherine Des Urlis dont nous avons trouvé déjà le
nom dans l'énumération des comédiens qui firent partie
de l'*Illustre Théâtre*. Les deux sœurs étaient actrices
au théâtre du Marais. Lors de la jonction des troupes
en 1680, Mlle Brécourt déjà retirée du théâtre, figure
pour une pension de 1.000 livres dans la liste des comédiens retraités, et l'on ne sait trop rien de son talent.
Mlle Brécourt survécut vingt-huit ans à son mari. Elle
mourut à l'âge de quatre-vingt-trois ans, le 2 avril 1713,
rue Sainte-Marguerite (Registres de Saint-Sulpice).

Nous avons vu que le 10 juin 1662, un autre acteur du
Marais entrait au Palais-Royal avec Brécourt. Cet autre
acteur était La Thorillière.

François Le Noir, écuyer, sieur de La Thorillière, bien
que l'on trouve son nom souvent écrit Torillière, naquit
vers 1626 ; à l'époque de son mariage, en 1658, il était
capitaine d'une compagnie de gens de pied dans le régiment de Lorraine et maréchal de camp. On voit par là
qu'il n'embrassa le parti de la comédie que fort tard, puis-

qu'il avait déjà trente-deux ans lorsqu'il épousa Marie Petit-Jean, âgée de vingt et un ans, « fille de Pierre «Petit-Jean, bourgeois de Paris, et de Marie Bidot, demeu- «rant rue de Poitou. » Or, ce Pierre Petit-Jean, bourgeois de Paris, n'était autre que Laroque qui administrait la troupe du Marais, et qui y jouait lui-même. Le mariage du capitaine avec la fille du comédien fut, à n'en pas douter, une mésalliance, et ce qui le prouve bien, c'est qu'aucun parent de La Thorillière n'assista au mariage.

Deux ou trois ans après cette union, et peut-être même bien plutôt encore, La Thorillière a déposé l'épée et chaussé le cothurne. Grand, bel homme, bien fait, il était prédestiné pour jouer les rois, et c'est dans cet emploi qu'il va débuter aux côtés de son beau-père. Laroque excellait plus dans l'administration que dans la comédie ; mais intelligent, éloquent, brave au besoin, Laroque avait encore l'emploi d'orateur dans la troupe du Marais, emploi dont il s'acquitta à merveille pendant vingt-sept ans.

Avec une protection semblable La Thorillière entra au Marais par la grande porte que lui tenait ouverte à deux battants son beau-père. Nous avons dit que La Tho- rillière se maria en 1658. Or son entrée au théâtre doit se placer vers 1660 ou 1661, puisque le 10 avril 1660, il se qualifie encore, « capitaine au régiment de Lor- « raine, demeurant rue de Bretagne » et le 16 avril 1661 « cy devant capitaine au régiment d'infanterie de Lor- « raine. »

Faisons remarquer en passant que tous ses biogra-

phes, jusqu'à ce jour, l'ont toujours qualifié « capi-
« taine de cavalerie » on ne sait trop pourquoi, — ou
plutôt si, parce que Lemazurier l'avait dit, et que tous
les autres l'ont recopié sans contrôler le fait.

Notre ci-devant capitaine ne resta pas bien longtemps au Marais. Que s'était-il passé entre lui et Laroque? Peut-être rien. Ou les comédiens du Marais regar-
daient-ils d'un mauvais œil ce gentilhomme officier,
gendre de l'administrateur, entré dans la troupe comme
par passe-droit? Toujours est-il que La Thorillière
quitta le Marais pour le Palais-Royal. D'un autre côté
Molière, qui prévoyait la retraite prochaine de l'Espy,
était ravi de cette nouvelle acquisition. La Thorillière
en effet était un homme précieux; les seigneurs et les
rois de tragédie n'abondaient pas dans la troupe,
riche surtout en acteurs comiques. La Thorillière venait
combler cette lacune. De plus il était homme de bonne
compagnie, et cela ne déplaisait pas au Maître, qui y
regardait maintenant à deux fois avant d'introduire une
nouvelle recrue dans cette espèce de cénacle, nous allions
dire de famille.

Cependant La Thorillière a besoin encore d'apprendre
son métier. Ce n'est pas à trente-cinq ans que l'on s'im-
provise comédien. Aussi, bien qu'entré dans la troupe
le 9 juin 1662, ne le voyons-nous créer un rôle pour la
première fois dans le répertoire de Molière qu'en octobre 1663, le rôle de La *Thorillière* dans l'*Impromptu de
Versailles*; encore fait-il bande à part, sous la qualification de *marquis fâcheux*, et il ne fait pas partie des
comédiens bien connus de la cour et de la ville à qui

Molière donne des conseils ou décoche des traits de satire. La Thorillière était trop neuf ; Molière le sent bien, et une allusion à son adresse n'eût pas été comprise.

Le premier rôle un peu sérieux créé par La Thorillière est celui de *Géronimo* dans le *Mariage forcé*. Cet emploi rentre assez dans le genre dit *des raisonneurs*, et c'est bien là l'affaire de l'ex-capitaine. Quand il ne sera pas roi dans la tragédie, il sera raisonneur dans la comédie. D'une manière comme de l'autre, il en imposera toujours par sa prestance.

Le sérieux de son caractère n'a pas tardé à le faire apprécier bientôt de tous ses camarades. Dès 1664, on le charge volontiers de certaines mesures administratives — Lagrange ne peut pas tout faire — et c'est ainsi que nous « le voyons compter avec toute la troupe « des sommes qui « lui avaient été mises entre les mains pour les cas impré- « vus. Il est demeuré reliquataire de la somme de 22 li- « vres qu'il a donnée à M. Baraillon sur ce qui est dû. »

Ce Baraillon est le costumier du théâtre.

Dans la *Princesse d'Elide*, La Thorillière joue d'original *Arbate*, gouverneur du prince d'Ithaque, encore un raisonneur, et dans les plaisirs de l'*Ile enchantée*, nous le retrouvons sous les traits de l'*Automne*, « avantageu- « sement vêtu » nous dit la relation, et qui plus est, « monté sur un chameau. »

On ne saurait dire ce qu'il joua dans *Don Juan* puisque la tradition donne le rôle de *Don Louis* à Louis Béjart, mais il créa le rôle immortel de *Philinte* dans le *Misanthrope*, et ce rôle seul suffirait pour qu'on se souvînt de La Thorillière.

Nous retrouvons encore La Thorillière sous les traits d'*Hali,* le turc esclave dans le *Sicilien,* et nous arrivons à parler du voyage qu'il fit à Lille en compagnie de Lagrange pour demander au roi de lever la défense qui frappait *Tartuffe.* Nous avons déjà parlé de ce voyage à l'article qui concerne Lagrange. Le premier président M. de La Moignon avait défendu la pièce. Le roi se trouvait au siège de Lille. Il fallait choisir deux comédiens de bonne compagnie et sachant bien se présenter auprès du roi, pour faire valoir la réclamation. Molière choisit sans hésiter Lagrange et La Thorillière. On connaît la réponse du roi qui fit dire qu'à son retour il examinerait la pièce.

Ce voyage avait lieu en août 1667.

A l'exemple de son camarade Brécourt, La Thorillière se piquait un peu de littérature ; c'est ainsi qu'il fit jouer sur le théâtre du Palais-Royal, le 2 décembre de la même année, une certaine *Cléopâtre* que l'on joua onze fois en attendant la première d'*Amphitryon.* On la reprit encore dans la suite. Nous ne croyons pas que cette pièce ait été imprimée, ce qui nous prive du plaisir d'apprécier La Thorillière comme auteur dramatique.

Dans *Tartuffe,* point n'est besoin, n'est-ce pas, de demander l'emploi tenu par ce raisonneur par excellence ; il joua *Cléante* beau frère d'*Orgon.*

Quel autre comédien pouvait mieux représenter *Jupiter* que La Thorillière ? Ne vous étonnez donc pas non plus de le retrouver sous les traits du maître des dieux dans *Amphitryon.*

Mais ce qui surprendra davantage, c'est la distribution de *George Dandin*, pièce dans laquelle on affirme que La Thorillière joua *Lubin*. Nous avons déjà dit que Brécourt jouait les rois et les paysans. C'était l'usage assure-t-on. Nous ne comprenons guère cet usage, et tant que la chose ne sera pas prouvée par un document certain, nous aurons de la peine à nous représenter La Thorillière, ce grand et bel homme, à l'air martial, aux yeux superbes, sous les traits du petit paysan et trop naïf *Lubin*.

Parmi les rôles créés encore par La Thorillière dans le répertoire de Molière, nous pouvons citer *Dorante* dans le *Bourgeois gentilhomme*, le *Roi* dans *Psyché*, *Trissotin* dans les *Femmes savantes*, et peut-être *M. Fleurant* dans le *Malade imaginaire*.

Il avait encore joué *Créon* dans la *Thébaïde* de Racine (1664) et *Porus* dans *Alexandre* (1665).

Molière meurt à l'improviste, et voilà la troupe dans le plus grand embarras. C'est La Thorillière qui sauvera la situation; en dix jours il a appris le rôle d'*Argan*, et le 3 mars le *Malade imaginaire* reparaît sur l'affiche avec La Thorillière remplaçant Molière. On ne lui avait pas laissé le temps de pleurer son maître et son ami. L'état de comédien a de ces dures nécessités.

Cependant son goût et sa nature le portant davantage vers le tragique, La Thorillière se tourna de préférence vers l'Hôtel de Bourgogne où il ne tarda pas du reste à succéder à Lafleur qui mourut le 24 octobre 1674.

Molière mort, rien ne retenait plus La Thorillière au Palais-Royal. Il quitta la troupe à Pâques 1673 et passa

armes et bagages à l'ennemi, c'est-à-dire à l'Hôtel de
Bourgogne en même temps que Baron et les Beauval,
dont nous parlerons dans les chapitres suivants.

Nous trouvons dans une distribution des *Plaideurs* le
nom de La Thorillière accolé à celui de *l'Intimé*.

Si l'on se rappelle que les *Plaideurs* datent de 1668 et
qu'ils furent joués à l'Hôtel de Bourgogne pour la première fois, on verra que cette indication est fausse,
puisqu'à ce moment La Thorillière faisait partie de la
troupe du Palais-Royal. Il aura sans doute repris le rôle
dans la suite, et c'est de là que sera venue l'erreur,
mais nous tenons à dire qu'il ne l'a pas créé. La Thorillière devait rester à l'Hôtel de Bourgogne pendant sept
ans.

« Le samedi, 27ᵉ de juillet 1680, écrit Lagrange, M. de
« La Thorillière est mort à l'Hôtel de Bourgogne, ce qui a
« donné lieu à la jonction des deux troupes au mois
« d'août ci-après. »

Qui l'eût cru? C'était la mort du transfuge de la troupe
de Molière qui devait décider à tout jamais de la jonction des troupes, et de la fondation réelle de la Comédie
Française.

En effet, La Thorillière avait pris une grande importance à l'Hôtel de Bourgogne, une importance égale à
celle de Lagrange à l'Hôtel Guénégaud. C'était lui l'administrateur, le caissier, l'orateur. La Thorillière
mort, c'en était fait de la troupe. Molière était mort,
mais il laissait Lagrange; La Thorillière ne laissait
personne capable de lui succéder. Le roi le comprit
bien, et la jonction des troupes sur laquelle nous nous

sommes suffisamment étendus à l'article de Lagrange, fut un fait décidé.

La Thorillière mourut, dit-on, de la même façon que Lagrange. Sa fille Thérèse avait été enlevée par le jeune Dancourt, qui devint comédien plus tard. Le mariage des deux jeunes gens fut décidé ; mais La Thorillière en conçut un si vif chagrin qu'il en mourut. On se rappelle que Lagrange mourut de chagrin en voyant sa fille mal mariée. On ne peut guère accuser ces gens-là d'avoir été mauvais pères, et d'avoir manqué de cœur.

Du mariage de La Thorillière, dont nous avons parlé plus haut, naquirent trois enfants :

1° Pierre, né le 3 septembre 1659, baptisé le 10 avril 1660 ; il se fit comédien et épousa plus tard Catherine Biancolelli, la *Colombine* du Théâtre-Italien.

2° Charlotte, née le 16 avril 1661 qui épousa Michel Baron, le 1ᵉʳ septembre 1675. Elle avait quatorze ans et Baron vingt-deux.

3° Thérèse Marie-Jeanne, née au Palais-Royal le 15 juillet 1663 et tenue sur les fonts baptismaux le 8 août suivant à Saint-Eustache par Molière et Mˡˡᵉ Du Parc ; c'est cette dernière fille qui se fit enlever par Dancourt qu'elle épousa, et qui devint l'actrice connue sous le nom de Mˡˡᵉ Dancourt.

De ces trois enfants nous ne dirons que quelques mots pour ce qui nous concerne : Pierre La Thorillière représenta un petit Amour dans *Psyché*, il avait alors douze ans ; l'une de ses sœurs représenta la Grâce *Œgiale* dans la même pièce, tandis que la petite Du Croisy représentait l'autre Grâce *Phaène*. Ce sont les

deux petites Grâces qui descendent du ciel avec Vénus
dans une grande machine. Quelques biographes affirment que l'une de ces Grâces était Mlle Dancourt, c'est-
à-dire Thérèse, et non pas Charlotte qui était l'aînée.
Nous le voulons bien, mais nous préférons dire que ce
fut *une des deux* filles de La Thorillière, qui avaient
alors huit et dix ans.

La Thorillière décéda rue du Renard, le 27 juillet
1680, et fut enterré le lendemain à la paroisse Saint-
Sauveur. M. Jal nous déclare qu'il n'a jamais pu retrouver l'acte d'inhumation de sa femme. Avant de quitter La Thorillière, qui était gentilhomme, mentionnons
par curiosité ses armes qui étaient : « d'azur à une hure
« de sanglier de sable (noire), accompagnée de trois
« glands de sinople (verts). » (Armorial de Paris, Ms.
B. Nat. t. II. p. 1027.)

Lorsque Brécourt quitta Molière pour entrer à l'Hôtel de Bourgogne en 1664, il fut remplacé par Hubert.
On n'a presque rien dit sur Hubert, dont on ne connaît
même pas l'état civil, puisque ses actes de baptême et
d'inhumation n'ont pas été retrouvés.

On sait qu'il s'appelait André, et c'est tout. Quel âge
avait-il quand il entra dans la troupe en 1664 ? C'est un
mystère. Il devait être jeune assurément. Lemazurier
le fait mourir le 19 novembre 1700.

Hubert était au Marais quand Molière alla l'y découvrir. Brécourt parti, la troupe manquait encore une fois
de second comique. Brécourt avait repris en partie
l'héritage de Jodelet ; Du Parc était sur son déclin et
allait s'éteindre quelques mois après. Il fallait un jeune

homme à la mine éveillée, vif, espiègle, futé, naïf au besoin, un Pierrot, un Lubin, un maître Jacques. Molière jeta son dévolu sur Hubert.

Il est à supposer que Hubert fut un peu l'élève de Molière ; Hubert avait fait ses premiers pas sur le théâtre du Marais, mais que de choses encore il avait à apprendre ! Et puis Hubert réalisait pour Molière un bien autre rêve.

A cette époque l'emploi de duègne n'existait pas encore, ou plutôt était tenu par un homme.

Aucune femme n'aurait voulu se charger de jouer Mme *Pernelle* ou Mme *Jourdain*.

Le temps n'était pas encore si loin où les rôles de servantes dans la comédie et la farce, et ceux des nourrices dans la tragédie étaient tenus par des hommes à l'Hôtel de Bourgogne. La licence des propos que l'on faisait tenir par les servantes dans la farce était un peu la cause de cet usage. La comédie s'était épurée avec Corneille et Molière. Mais la coutume n'en demeurait pas moins en vigueur. Hubert, qui eut pour successeur Beauval, dans cet emploi, fut un des derniers acteurs chargés de ces rôles au théâtre. Il faut dire aussi que sa voix, son physique et sa tournure s'y prêtaient à merveille.

Le premier rôle créé par Hubert au Palais-Royal fut celui d'*Iphitas*, père de la princesse, dans la *Princesse d'Elide*. Ce rôle n'est pas bien compromettant. Puis il trouve sa vraie voie avec *Pierrot* dans *Don Juan*, Mme *Pernelle* dans *Tartuffe* (rôle que l'on dit aussi avoir été tenu par Béjart le cadet), *Maître Jacques* dans *l'Avare*,

Mme *de Sotenville* dans *George Dandin, Lucette* dans
M. de Pourceaugnac, Anaxarque dans les *Amants magnifiques, M*^me^ *Jourdain* dans le *Bourgeois gentilhomme,*
Cléomène dans *Psyché, Argante* dans les *Fourberies
de Scapin, M. Thibaudier* dans la *Comtesse d'Escarbagnas, Philaminte* dans les *Femmes savantes.* Après
lecture de cette liste, il est incontestable que Hubert
avait réussi dans ce genre. Hubert était tout à la fois
le second comique et la duègne de la troupe.

Mais si Brécourt a laissé une réputation de bravoure,
et Béjart de présence d'esprit, Hubert, au dire de Grimarest, en a laissé une de poltronnerie, devenue légendaire. Il est vrai que les bourgeois de Paris qui payaient
leur place au parterre, n'avaient rien à voir là dedans.

Pourvu que Hubert fût bon acteur et qu'il sût bien
son rôle, ils s'en allaient contents d'en avoir eu pour
leur argent.

Or donc, la comédie fut envahie, un beau jour, par les
mousquetaires, les gardes du corps et les chevau-
légers, qui entraient auparavant sans payer et à qui
les comédiens réclamaient maintenant le prix de leurs
places, de par l'ordre du roi. Nous avons déjà parlé de
cette bagarre, à l'article de Louis Béjart, qui calma les
fureurs par quelques mots dits à propos. Mais tandis
que Molière et Louis Béjart cherchaient à calmer les
rebelles, le pauvre Hubert était plus mort que vif. Laissons la parole à Grimarest :

« Le bruit et les cris avaient causé une alarme terri-
« ble dans la troupe ; les femmes croyaient être mortes ;
« chacun cherchait à se sauver, surtout Hubert et sa

« femme, qui avaient fait un trou dans le mur du Palais-
« Royal. Le mari voulut passer le premier, mais parce
« que le trou n'était pas assez ouvert, il ne passa que
« la tête et les épaules : jamais le reste ne put suivre. On
« avait beau le tirer de dedans le Palais-Royal, rien
« n'avançait ; et il criait comme un forcené par le mal
« qu'on lui faisait, et dans la peur qu'il avait que quelque
« gendarme ne lui donnât un coup d'épée dans le der-
« rière. Mais, le tumulte s'étant apaisé, il en fut quitte
« pour la peur, et l'on agrandit le trou pour le retirer
« de la torture où il était.

« Quand tout ce vacarme fut passé, la troupe tint
« conseil, pour prendre une résolution dans une occa-
« sion si périlleuse. « Vous ne m'avez point donné de
« repos, leur dit Molière, que je n'aie importuné le Roi
« pour avoir l'ordre qui nous a mis tous à deux doigts
« de notre perte ; il est question présentement de voir
« ce que nous avons à faire. » Hubert voulait qu'on
« laissât toujours entrer la maison du Roi, tant il appré-
« hendait une seconde rumeur. Plusieurs autres, qui ne
« craignaient pas moins que lui, furent du même avis.
« Mais Molière, qui était ferme dans ses résolutions,
« leur dit que puisque le Roi avait daigné leur accorder
« cet ordre, il fallait en pousser l'exécution jusques au
« bout, si Sa Majesté le jugeait à propos, et « je pars
« dans ce moment, leur dit-il, pour l'en informer. »
« Ce dessein ne plut nullement à Hubert, qui tremblait
« encore. »

On sait que l'ordre fut maintenu et que la maison du
Roi paya pour voir la comédie.

On a vu qu'il est question, dans ce récit, de la femme de Hubert; mais elle ne faisait pas partie de la troupe, à moins que ce ne fût comme figurante, costumière ou habilleuse. Il faut rendre cette justice à Hubert, qu'il fut un des fidèles à la tradition de Molière.

Lorsque la troupe se démembra par suite de la mort de son chef, Hubert suivit Lagrange et devint, pour ainsi dire, son second. Si Lagrange était l'administrateur en chef, Hubert était comme une manière de régisseur.

On a peu parlé de Hubert, malgré toutes ses qualités, et la raison en est bien simple. Hubert n'est pas un bruyant, c'est un modeste. Hubert ne fera pas un éclat, comme Baron, ne quittera pas la troupe, comme La Thorillière, ne se fera pas mettre en prison pour dettes, comme Brécourt; voilà pourquoi, talent à part, on ne parlera même pas de Hubert comme on a parlé de Brécourt et de La Thorillière.

Conservé à la jonction des troupes en 1680, Hubert figure sur la liste à part entière, à charge cependant de payer pension. On connaît l'usage établi : sur les vingt-sept acteurs, les uns étaient à part entière sans charges, les autres à part entière payant pension, c'est-à-dire prélevant sur leurs gains la somme nécessaire pour payer les pensions des comédiens retraités, et enfin les autres étaient à demi-part. Il faut ranger Hubert dans la deuxième catégorie.

En 1683, survint une autre combinaison. Hubert restera toujours à part entière, à charge de payer une somme fixe de 571 livres 12 sols, par an, à la troupe.

Enfin, en 1685, c'est Hubert, à son tour, qui demande à quitter la troupe et qui est mis à la pension. Dancourt et Raisin cadet héritèrent de la part de Hubert.

Mais Dancourt dut payer à son tour 750 livres à Hubert, à valoir sur sa pension annuelle de 1000 livres.

Hubert vécut donc ainsi encore une quinzaine d'années, et s'éteignit soit à Paris, soit en province, puisque l'on n'a pas retrouvé trace de son inhumation sur les registres des paroisses. Nous avons répété, sans pouvoir la contrôler, la date de sa mort, donnée par Lemazurier, 19 novembre 1700.

Tel fut Hubert, comédien paisible, mais fin acteur comique, et de ceux dont une troupe s'honore, car de tels collaborateurs de second plan lui sont souvent plus qu'utiles, nous voulons dire indispensables.

En mettant à l'écart Armande Béjart, Baron et les Beauval, dont nous nous occuperons plus loin, qui nous reste-t-il donc à citer pour compléter la troupe de Molière ?

Eh! mon Dieu! les passants, ceux d'un jour, les gagistes, les bouche-trous peut-être, et ceux-là ne sont pas nombreux, car Molière n'aimait pas les inconstants et les chercheurs d'aventures. Son théâtre n'était point une hôtellerie. C'était une famille, où l'on vivait trente ans, et dont l'on ne sortait — à quelques exceptions près — que par la retraite ou la mort.

Nous avons dit, à l'article de Lagrange, ce que nous pensions de Mlle Marotte. On a voulu en faire une actrice spéciale de la troupe de Molière. Pour nous, Mlle

Marotte, c'est Mlle Lagrange ; nous l'avons déjà prouvé ; nous n'y reviendrons plus.

Dans la *Comtesse d'Escarbagnas*, un certain Godon ou Gaudon récitait un vers latin. C'est le rôle du *Comte*. Etait-ce un figurant, un habilleur, un moucheur de chandelles, un enfant même, ce qui est probable, et encore sous un nom d'emprunt?

La gloire de Molière ne perdra pas grand chose à ce que nous ne le sachions pas.

Mais comment M. Hillemacher a-t-il l'audace de nous donner le portrait de Gaudon? Où diable a-t-il été le prendre? Le portrait de Gaudon! quand on possède à peine les portraits authentiques des premiers sujets de la troupe!

Nous avons encore un enfant du nom de Barillonnet, qui joua un petit Amour dans *Psyché*, puis le gagiste Croisac.

Dans la liste des comédiens en 1658, Croisac figure comme gagiste à 2 livres par jour. Hélas! Croisac vécut dans la troupe ce que vivent les roses, car, à Pâques 1659, la troupe le congédia.

La troupe avait évidemment toujours de ces gagistes. Ainsi, en 1670, M. et Mlle Beauval entrent dans la Compagnie, à la charge de payer 3 livres, chaque jour de représentation, à Chateauneuf. Plus tard, en 1672, c'est Mlle Lagrange qui est reçue à demi-part, à la charge de payer Chateauneuf.

Un sieur de Villiers, entré dans la troupe après Pâques 1672, sur le pied de gagiste, à raison de 800 livres par an, en sort au mois d'août. « Ainsi, écrit Lagrange,

« il n'a été dans la place qu'on lui a accordée que depuis
« le 29 avril jusqu'au 11 août, c'est-à-dire trois mois et
« quelques jours. »

Et plus loin: « M. de Villiers avait emploi dans la
« musique des intermèdes. »

On ne trouve plus de trace de Chateauneuf, qui devait
avoir emploi de portier ouvrant les loges, et dont la
femme devint la confidente de Mlle Molière, si l'on en
croit l'auteur de la *Fameuse Comédienne*. Chateauneuf
joua un *Pâtre* dans la *Pastorale comique*, *Argatiphontidas*
dans *Amphitryon*, et *Lycas* dans *Psyché*.

Quand nous aurons encore cité, dans la *Comtesse
d'Escarbagnas*, une demoiselle Bonneau, rôle d'*An-
drée* (vingt lignes à peine), un certain Boulonnois,
rôle de *Jeannot* (dix lignes) et *Finet*, rôle de *Criquet*
(treize lignes), nous aurons à peu près nommé tout le
monde.

Ajoutons, pour mémoire, que la *Flipote* dont parle
Mme Pernelle, était le nom d'une figurante, rôle muet,
et que *Martine*, des *Femmes savantes*, ne serait autre,
d'après le *Mercure de France*, qu'une servante même de
Molière. Mais, par contre, M. Jal, qui a fait des recherches
fort minutieuses sur les servantes de Molière (voyez
Servantes de Molière, Jal, dictionnaire), ne nous fait
connaître personne de ce nom.

Nous avons donc passé en revue tous les comédiens
de la troupe de Molière depuis les chefs d'emplois jusqu'aux gagistes les plus humbles, et, si ce n'est le personnel de la danse et des intermèdes, laissé par nous
de côté à dessein, puisque ce n'étaient pas des comé-

diens, nous avons jugé tout le monde suivant son mérite.

Après ce chapitre un peu ingrat, nous allons aborder
l'étude des quatre comédiens qui nous restent à connaître, et dont la première n'est pas la moins curieuse,
puisqu'elle traite de la femme même de Molière.

ARMANDE BÉJART

CHAPITRE VIII

ARMANDE BÉJART

FEMME DE MOLIÈRE

La plume nous brûle entre les doigts en écrivant ce
nom et nous n'abordons pas ce sujet sans trembler :
Mlle Molière, c'est-à-dire la femme mystérieuse et étrange
— mystérieuse par son origine et étrange par son caractère — qui eut l'insigne honneur de porter un tel nom, et
qui empoisonna la vie de celui-là même qui le lui
offrait avec tant de bonté.

Mais, si vous le voulez bien, avant de nous livrer à
toutes ces considérations, faisons un peu de biographie
pure et simple, pour commencer, et nous envisagerons
ensuite les choses d'un peu plus haut.

Et d'abord, qui était-ce que cette Armande — Gré-
sinde-Claire-Élisabeth Béjart — qui devait plus tard de-

venir la femme de Molière? La fille de Madeleine Béjart, disent les uns ; sa jeune sœur, disent les autres. Chacun a donné son avis avec des preuves à l'appui, et ce débat n'a en somme rien éclairci. Nous avons déjà parlé de tout ceci, à l'article de Madeleine Béjart, et nous ne voulons pas nous exposer aux redites. Nous avons même donné notre opinion en la considérant comme fille de Madeleine, et nous allons ici, pour ne plus y revenir, donner aussi les raisons qui nous ont fait ranger à ce dernier avis.

L'acte de baptème d'Armande n'a jamais été retrouvé. M. Jal lui-même nous déclare avoir fouillé tous les registres des paroisses de Paris sans résultat.

Il en conclut que la petite Armande dut naître à la campagne, aux environs de Paris sans doute. En quelle année? Son acte mortuaire, dressé en 1700, lui donne cinquante-cinq ans. Elle serait donc née vers 1644 ou 1645. Ou, comme nous avons eu occasion de le voir souvent dans les déclarations mortuaires, l'âge de la défunte était-il un peu avantagé. Elle naquit donc peut-être en 1642, ou plutôt 1643. Où se trouvait Madeleine à cette époque? Peut-être à Paris, mais plus sûrement en Languedoc. N'est-ce pour rien que l'auteur de la *Fameuse Comédienne* insinue méchamment que « dans « le temps de l'heureuse naissance de sa fille » Madeleine « faisait la bonne fortune de quantité de jeunes « gens du Languedoc ? »

Et pourquoi, après tout, Armande ne serait-elle pas née en Languedoc? Nous verrons tout à l'heure ce qui nous ferait pencher pour cette hypothèse.

Que déclarent donc les contemporains au sujet de la naissance d'Armande? Qu'elle est fille de Madeleine. Et combien de temps acceptera-t-on cette affirmation sans la discuter? Pendant plus d'un siècle et demi, jusqu'en 1821, époque à laquelle M. Beffara découvrira l'acte de mariage de Molière, acte dans lequel la mariée est désignée comme sœur de Madeleine. Nous nous réservons de dire, au moment de ce mariage, pourquoi cet acte — parfaitement authentique — avait été sciemment faussé.

Pour le moment, peu nous importe. Voici la petite Armande — Grésinde, du nom que portait aussi Madeleine— voici la petite au monde. Il faut l'élever, qu'elle soit la fille de Marie Hervé, *âgée alors de 5 4 ans*, ou de Madeleine, *âgée de 24 ans*. Et où va-t-on l'élever ? Est-ce à Paris, près de la vieille maman Béjart ? non : c'est au fond du Comtat Venaissin, et, fort vraisemblablement, chez le sieur l'Hermite de Souliers, sieur de Vauselle, et sa femme, Marie Courtin de la Dehors, qui possédaient un petit bien rural, appelé la Souquette, à Saint-Pierre-de-Vassol, propriété qui venait du comte de Modène et que Madeleine acheta plus tard, en 1661.

En peu de mots, Madeleine a quitté Paris un peu forcément, lorsque son amant, le comte de Modène, s'est trouvé compromis dans un complot contre Richelieu. Elle est venue en Languedoc, et elle y a eu cette enfant. On l'a déclarée peut-être comme fille de la vieille Marie Hervé, pour éviter les susceptibilités du comte de Modène, si celui-ci reparaissait à l'horizon, ou on ne l'a pas déclarée du tout en ne la faisant pas baptiser. Puis,

comme il fallait retourner à Paris, on a laissé l'enfant
en nourrice au fond du Languedoc. N'avions-nous pas
raison de croire qu'Armande est née en Languedoc ?

Maintenant rapprochez de ce que nous venons de dire
ce passage de la *Fameuse Comédienne*, et la cause,
pour nous, est entendue :

« Elle a passé sa plus tendre jeunesse en Languedoc,
« chez une dame d'un rang distingué dans la province. »
La dame de Vauselle n'est-elle pas suffisamment désignée ?

Cependant la petite a grandi, elle a près de onze ans.
La fortune a ramené Molière et Madeleine dans le Languedoc. Si Molière ne savait rien encore de la naissance
de cette enfant, on lui a tout avoué ; n'y aura-t-il pas
une petite place libre dans la maison hospitalière des
Béjart ? Citons encore un passage du pamphlet, qui
paraît être assez bien renseigné sur ces détails :

« Molière, chef de la troupe où était la Béjart, ayant
« résolu d'aller à Lyon, on retira la fille de la Béjart de
« chez cette dame qui, ayant conçu pour elle une amitié
« fort tendre, fut fâchée de l'abandonner entre les mains
« de sa mère, pour aller suivre une troupe de comédiens
« errants. »

Nous nous sommes étonné (voir chapitre III. les Premiers Camarades de Molière), de la présence du sieur de
Vauselle et de sa femme dans la troupe de Molière. Ces
braves gens ne voulant pas quitter la petite l'ont peut-
être suivie, et leur présence se trouverait ainsi expliquée.

Armande devint bientôt l'enfant gâtée de toute la
Compagnie : on ne l'appelle que Mlle *Menou*, sobriquet

enfantin ; et, comme il faut bien que chacun paie de sa personne dans la troupe, Mlle *Menou* jouera les petits rôles d'enfant. On a retrouvé un curieux exemplaire d'*Andromède*, tragédie de Corneille, imprimé à Rouen en 1651, et où le nom des acteurs a été mis à la plume en regard du nom des personnages — M. Paul Lacroix affirme même que cette écriture est celle de Molière. — Eh bien ! outre Molière, les quatre Béjart, Du Parc, De Brie, sa femme, Du Fresne, Chateauneuf, de Vauselle et Mlle de Vauselle, Ragueneau de l'Estang, nous trouvons les demoiselles Magdelon et *Menou*.

La petite *Menou*, qui récitait les quatre vers du rôle d'*Ephyre*, n'était autre qu'Armande faisant ses premiers pas sur le théâtre. Cette représentation étant antérieure à la mort de Ragueneau, survenue le 18 août 1654, Mlle *Menou* avait onze ans.

Lorsque la troupe s'installa définitivement à Paris, les Béjart et Molière demeuraient dans la même maison.

Armande grandissait de jour en jour et s'épanouissait dans toute la fraîcheur de sa jeunesse.

Chapelle, qui écrivait, vers ce temps, à son ami Molière, ne déteste pas les allusions ni les allégories :

> La branche amoureuse et fleurie,
> Pleurant pour ses naissants appâts,
> Toute en sève et larmes, l'en prie,
> Et, jalouse de la prairie,
> Dans cinq ou six jours se promet
> De l'attirer à son sommet.

Et il ajoute :

« Vous montrerez ces beaux vers à Mlle *Menou seulement*, aussi bien sont-ils la figure d'elle et de vous. »

Molière a quarante ans, Armande vingt ; ce qui le charme surtout chez Armande, qu'il a vu grandir chaque jour, qu'il traite comme son enfant, c'est la gentillesse, la minauderie, la câlinerie, de telle sorte qu'un beau jour, en lui donnant un de ces bons baisers paternels, comme il lui en donnait chaque jour, sans arrière-pensée, tout son être a frémi, et il s'est pris à songer longuement. De plus, faut-il le dire, la petite n'est pas insensible non plus. La liaison de Molière avec Madeleine, alors âgée de quarante-quatre ans, est finie depuis longtemps ! Sa liaison avec la De Brie, qui a doublé le cap de la trentaine, voilà près de dix ans qu'elle dure ! Lassitude, ennui que tout cela ! Mais avoir, posséder une jeune fille élevée pour lui et par lui : c'est le rêve !

Il vous le dit assez par la bouche de tous ses personnages auxquels il donne sa vie, son cœur et son cerveau. Molière nous a prévenus une bonne fois pour toutes, dans l'*Impromptu*, qu'il n'entendait jamais se mettre en scène :

« Et voilà de quoi, j'ouïs, l'autre jour, se plaindre
« Molière, parlant à des personnes qui le chargeaient
« de même chose que vous ; il disait que rien ne lui
« donnait du déplaisir, comme d'être accusé de regarder
« quelqu'un dans les portraits qu'il fait ; que son des-
« sein est de peindre les mœurs, sans vouloir toucher
« aux personnes, et que tous les personnages qu'il
« représente, sont des personnages en l'air, et des fan-
« tômes proprement, qu'il habille à sa fantaisie, pour
« réjouir les spectateurs. »

Ainsi ce n'est pas Molière qu'il faut voir en *Sganarelle*, *Ariste* ou *Arnolphe*. Nous nous sommes déjà expliqué

à ce sujet à propos d'*Alceste* du *Misanthrope* et nous
n'avons pas à y revenir, mais comme il parlera tour à
tour avec chacun d'eux :

> . . . . Chacun a sa méthode.
> En femme, comme en tout, je veux suivre ma mode.
> Je me vois riche assez pour pouvoir, que je croi,
> Choisir une moitié qui tienne tout de moi,
> Et de qui la soumise et pleine dépendance
> N'ait à me reprocher aucun bien ni naissance.
> . . . .
> . . . .
> Je ne puis faire mieux que d'en faire ma femme.
> Ainsi que je voudrai, je tournerai cette âme ;
> Comme un morceau de cire entre mes mains elle est,
> Et je lui puis donner la forme qui me plaît.
> . . . .

Voulez-vous savoir maintenant comment *Ariste*
entend élever les filles?

> .... Soit ; mais je tiens sans cesse
> Qu'il nous faut en riant, instruire la jeunesse,
> Reprendre ses défauts avec grande douceur,
> Et du nom de vertu ne lui point faire peur.
> Mes soins pour Léonor ont suivi ces maximes ;
> Des moindres libertés je n'ai point fait des crimes,
> A ses jeunes désirs, j'ai toujours consenti,
> Et je ne m'en suis point, grâce au ciel, repenti.
> J'ai souffert qu'elle ait vu les belles compagnies,
> Les divertissements, les bals, les comédies ;
> Ce sont choses, pour moi, que je tiens de tout temps
> Fort propres à former l'esprit des jeunes gens ;
> Et l'école du monde, en l'air dont il faut vivre,
> Instruit mieux à mon gré que ne fait aucun livre,
> Elle aime à dépenser, en habits, linge et nœuds ;
> Que voulez-vous? je tâche à contenter ses vœux,
> Et ce sont des plaisirs qu'on peut dans nos familles,
> Lorsque l'on a du bien, permettre aux jeunes filles.

Armande a-t-elle été élevée d'après d'autres principes que ceux-là? Mais il y a la différence d'âge. *Ariste* le sait parbleu bien! Aussi va-t-il au devant de ce qu'on pourra dire :

> Je sais bien que nos ans ne se rapportent guère,
> Et je laisse à son choix liberté tout entière.

Et ajoute le pauvre homme :

> ... Quatre mille écus de rente bien venants,
> Une grande tendresse et des soins complaisants,
> Peuvent. à son avis, pour un tel mariage.
> Réparer entre nous l'inégalité d'âge.

Ariste se trompait, Molière l'a su plus tard.

Transportons-nous un instant par la pensée dans cette vaste maison de la rue Saint-Thomas-du-Louvre, dite maison du singe. et faisant l'encoignure de la place du Palais-Royal.

N'oublions pas que dans cette maison demeure Madeleine Béjart. Geneviève Béjart, Louis Béjart, leur mère Marie Hervé, la jeune Armande, Mlle De Brie et sans doute De Brie. Molière vit au milieu de tout ce monde. Il est plus que probable que l'on prend les repas en commun. La conversation roule sur le théâtre. On cause de la recette de la veille, de la répétition du jour, de la pièce en préparation. d'un prochain voyage à faire à Versailles ou à Saint-Germain. La préoccupation apparente, c'est le théâtre, mais que se passe-t-il au fond de toutes ces âmes? Observons de plus près. Voici Molière sombre, préoccupé, regardant Armande à la dérobée, et

refoulant au plus profond de lui un amour qu'il n'ose
s'avouer à lui-même, et encore moins aux autres. Voici
Armande folle et rieuse, parée et ajustée avec étude, se
rendant fort bien compte de l'effet qu'elle produit sur
Molière, et faisant tout ce qu'elle peut par ses mines et
ses agaceries pour activer encore la passion qu'elle a fait
naître. Mlle De Brie toujours tendre et bonne souffre en
silence de l'abandon où la laisse son poète depuis quelque temps. Elle lève de temps à autre sur lui ses deux
grands yeux si doux, et où on aurait cependant peine à
lire un reproche, puis se tourne vers Armande dont
elle observe le manège, flairant d'instinct une rivale à
combattre, et ne s'en trouvant pas la force. Aucun
détail de cette comédie des comédiens n'échappe à
Madeleine Béjart, grave au fond et cependant s'efforçant
de sourire. C'est qu'elle connaît Molière ; elle le devine
et le prévient ; ils ont vécu trop longtemps de la vie commune pour se dissimuler quelque chose, elle a appris à
lire sur son visage comme on lit dans un livre.

Alors un double courant de sentiments la traverse.
D'un côté c'est l'ancienne maîtresse qui se réveille, et
qui ne laissera jamais sa fille épouser son ancien
amant. Mais d'un autre côté c'est la rivale de la Brie qui
reprend le dessus ; c'est un esprit de vengeance qui
l'anime. La De Brie l'a détrônée dans le cœur de
Molière par sa jeunesse ; elle va donc pouvoir la détrô-
ner à son tour par la jeunesse aussi, par sa propre fille
à elle, par Armande ! Au bout de la table De Brie raconte
un exploit fameux de bretteur à Béjart et à sa sœur
Geneviève qui l'écoutent d'une oreille distraite. La

vieille mère Hervé dort dans un coin et complète le tableau.

Cependant Molière n'y tient plus et fait part de ses projets à Madeleine. Comment, lui si fort à mener une intrigue au théâtre, s'y prit-il pour hasarder une pareille demande? C'est ce que l'on ne saura sans doute jamais. S'il fallait en croire Grimarest, Madeleine était tout à fait opposée à ce mariage, à ce point qu'il avait pris le parti de se marier sans rien dire « Mais comme « elle l'observait de fort près, il ne put consommer son « mariage pendant plus de neuf mois. » Ce qu'il y a de certain, c'est que ce mariage rencontra de grandes difficultés et fut de longs mois avant de s'accomplir. En effet, Lagrange nous dit à la date de 1661 :

« Avant que de recommencer après Pâques au Pa- « lais-Royal, M. de Molière demanda deux parts au lieu « d'une qu'il avait, sa troupe lui accorda, pour lui ou « pour sa femme s'il se mariait. » Molière avait donc bien le projet de se marier quand il fit cette demande. Et cependant son mariage n'eut lieu que près d'un an après. Que se passa-t-il dans l'intervalle?

Molière profita de ces tergiversations pour présenter au public celle qui allait devenir sa femme, et qui jusqu'alors, comme artiste, n'avait encore été que Mlle Menou.

Ce début eut lieu le 24 juin 1661 par le petit rôle de *Léonor* dans *l'École des maris*. Molière a bien soin de lui apprendre que l'amour d'un homme mûr n'est pas à dédaigner, et qu'il faut fermer l'oreille aux galanteries des jeunes freluquets. Aussi fait-il dire à *Léonor* :

Que tous ces jeunes fous me paraissent fâcheux !
Je me suis dérobée au bal pour l'amour d'eux.

. . . .

Ils croient avoir tout dit,

Lorsqu'ils viennent d'un ton de mauvais goguenard,
Vous railler sottement sur l'amour d'un vieillard ;
Et moi d'un tel vieillard je prise plus le zèle,
Que tous les beaux transports d'une jeune cervelle.

Ariste il est vrai a soixante ans dans la pièce. Mais c'est une façon adroite en forçant la note de rappeler à *Léonor* que Molière n'en a que quarante. Cependant *Ariste* ne veut violenter personne :

Léonor, sans courroux, j'ai sujet de me plaindre.
Vous savez si jamais j'ai voulu vous contraindre.
Et si plus de cent fois je n'ai pas protesté
De laisser à vos vœux leur pleine liberté !

. . . .

Léonor n'a pas changé de sentiment :

Je ne sais pas sur quoi vous tenez ce discours ;
Mais, croyez que je suis de même que toujours,
Que rien ne peut pour vous altérer mon estime,
Que tout autre amitié me paraîtrait un crime.
Et que, si vous voulez satisfaire mes vœux,
Un saint nœud dès demain nous unira tous deux.

Oh ! comme il soigne les rôles qui doivent être appris par Armande, et comme il y regarde à deux fois avant d'écrire ce qu'elle doit dire ! En attendant, Armande, stylée par ses leçons, s'acclimate peu à peu : au mois d'août il ne craint pas de la produire devant la Cour, dans le rôle d'*Orphise* des *Fâcheux*. Sa beauté épanouie y produisit un grand effet.

Enfin le mariage est décidé, Armande ne se tient plus

de joie et s'imagine qu'elle va devenir une princesse. Le contrat de mariage précédant d'un mois environ la bénédiction nuptiale fut signé le 23 janvier 1662 dans cette maison de la rue Saint-Thomas dont nous avons parlé plus haut. Étaient présents du côté de Molière, son père Jean Poquelin, tapissier et valet de chambre du roi et son beau-frère André Boudet, marchand bourgeois de Paris. Du côté d'Armande, Madeleine Béjart qui se qualifie « sœur de ladite damoiselle », Louis Béjart, « son frère » et « damoiselle Marie Hervé, veuve de feu « Joseph Béjart », stipulant pour Armande « sa fille « âgée de vingt ans ou environ. » La dot apportée par la future est de dix mille livres et son douaire est fixé à quatre mille.

A la suite du contrat est mentionnée la quittance de la dot remise le 24 juin suivant à Molière par Marie Hervé. Inutile d'insister sur la provenance de cette dot : comme la mère Béjart n'avait pas un sou à la mort de son mari et vivait depuis à la charge de ses enfants, il n'est pas difficile de deviner que la dot avait été donnée par Madeleine, femme économe, la vraie mère celle-là, et que la déclaration en question était une fausse déclaration à ajouter aux autres. Mais les apparences étaient sauvegardées pour le monde et peut-être aussi pour la famille Poquelin. On remarqua seulement que Geneviève ne parut ni au contrat ni au mariage religieux ; on en a tiré des conclusions vraiment par trop hypothétiques pour que nous les enregistrions ici.

Voici la copie exacte de l'acte de mariage (Registres de Saint-Germain-l'Auxerrois) :

« Du lundy vingtièsme (février 1662), Jean Baptiste
« Poquelin, fils de Jean Poquelin et de feue Marie Cresé
« (sic) d'une part et Armande, Grésinde Béiart, fille de
« feu Joseph Béiart et de Marie Hervé d'autre part,
« tous deux de cette paroisse, vis-à-vis le Palais-Royal,
« fiancés et mariés tout ensemble par permission de
« M. Comtes (sic), doyen de Nostre-Dame et grand vicaire
« de Monseigneur le cardinal de Retz, archevesque de
« Paris, en présence de Jean Poquelin, père du marié et
« de André Boudet, beau-frère du dit marié et de la
« dite dame Hervé, mère de la mariée et Louis Béiard » et
« Magdeleine Béiard, frère et sœur de la dite mariée
« et d'autres; avec dispenses de deux bans. » Suivent
les signatures.

Les autres étaient les parents et les amis.

Lagrange commet donc une faute en mettant sur son
Registre : « M. de Molière épousa Armande-Claire-Elisa-
beth-Grésinde Béjart, le mardi gras 1662 » et une seconde
en disant : « mardi 14e février mariage de M. de Molière, etc. » Or le mardi gras était le 22 février; Lagrange
écrivait après coup ses souvenirs. Le mariage religieux
— on l'a vu par l'acte — eut lieu le lundi 21. Quand
Lagrange nous parle du *Mardi gras*, il a peut-être voulu
dire que l'on a fait le repas de noce ce jour-là.

Les deux époux quittent la maison de la rue Saint-
Thomas et s'en vont roucouler rue Richelieu. Le sacrifice
est consommé : nous allons à présent en voir les suites.

Madeleine qui connaissait le caractère de Molière et
celui de sa fille avait ses raisons pour s'opposer à ce mariage. Ce qu'elle avait prévu et ce à quoi Molière dans

le feu de sa passion n'avait pas songé, arriva. Molière
était d'un naturel sensible et porté à la rêverie. Armande
était frivole, coquette, prodigue et incapable d'aimer
quelqu'un pour lui-même. C'était une victoire pour elle
simple petite fille, de devenir la femme d'un homme célèbre, riche et aussi bien en cour ; mais c'était surtout
une victoire pour elle que de pouvoir porter de beaux
bijoux et de somptueuses toilettes. Molière parlait tendresse, Armande parlait chiffons. La passion qu'avaient
fait naître en lui les attraits naissants d'Armande l'avait
rendu aveugle, lui, l'homme perspicace ; et là où il
avait espéré rencontrer une femme, il n'avait trouvé
qu'une poupée. Avait-il le droit de se plaindre, après
l'avoir élevée sur ses genoux ?

La lune de miel ne fut pas de longue durée. Entourée,
complimentée par tous les grands seigneurs, Armande
redoubla de coquetterie. Molière, qu'un rien rendait jaloux quand il s'agissait d'Armande, lui présenta quelques
observations. Armande, forte de sa conduite, se prit à
sourire et n'écouta pas son mentor. Nous avons prévenu
le lecteur en commençant ce chapitre que nous n'abor-
dions pas le sujet sans trembler. Certes oui, et nous voici
au pied du mur, car je vous défie d'en sortir ou sans déni-
grer outre mesure Armande, ou sans ridiculiser son mari.

La note juste, à notre avis, a été donnée par M. Ed.
Thierry, dans son étude sur Lagrange :

« Qu'ils aient souffert l'un par l'autre, voilà la vérité
« incontestable. Le mariage leur fit un enfer domestique ;
« mais un mauvais ménage ne suppose pas nécessaire-
« ment les fautes de la femme. L'incompatibilité d'hu-

« meur suffit entre époux, et un premier malentendu
« devient celui de l'existence entière. On devrait se
« rappeler avant tout que Molière n'avait jamais cessé
« d'aimer et d'excuser Armande, et qu'il la demandait
« encore comme la consolation de ses derniers moments.
« Qui sait le mal que purent faire dans une telle union
« la calomnie de Montfleury le père, Madeleine, belle
« sœur équivoque, Mlle De Brie, confidente suspecte?
« Femme et fière, Armande ne supporta jamais la dé-
« fiance et ses emportements injustes ; elle se vengea
« du soupçon en l'irritant par la coquetterie apparente
« ou réelle, mais toujours dangereuse. »

Et M. Ed. Thierry fait remarquer que Molière ne cessa
jamais d'être inquiet et tourmenté, et que cinq ans
avant le *Misanthrope*, l'homme aux rubans verts s'appelait *Don Garcie*. Rapprochons de cette citation les
confidences de Molière à ses amis Mignard et Rohault,
confidences plus ou moins authentiques, mais qui mar-
quent bien l'état d'esprit du grand homme : « Je suis le
« plus malheureux des hommes et je n'ai que ce que je
« mérite. Je n'ai pas pensé que j'étais trop austère
« pour une société domestique : j'ai cru que ma femme
« devait assujettir ses manières à sa vertu et à mes inten-
« tions ; et je sens bien que dans la situation où elle est,
« elle eût été encore plus malheureuse que je ne le
« suis, si elle l'avait fait. Elle a de l'enjouement, de l'es-
« prit, et elle est sensible au plaisir de le faire valoir ;
« tout cela m'ombrage malgré moi. J'y trouve à redire,
« je m'en plains Cette femme cent fois plus raisonnable
« que je ne le suis, veut jouir agréablement de la vie ;

« elle va son chemin, et assurée par son innocence, elle
« dédaigne de s'assujettir aux précautions que je lui de-
« mande. Je prends cette négligence pour du mépris; je
« voudrais des marques d'amitié pour croire qu'on en a
« pour moi, et que l'on eût plus de justesse dans sa con-
« duite pour que j'eusse l'esprit tranquille. Mais ma
« femme, toujours égale et libre dans la sienne qui serait
« exempte de tout soupçon pour tout autre homme
« moins inquiet que je ne le suis, me laisse impitoya-
« blement dans mes peines; et, occupée seulement du
« désir de plaire en général, comme toutes les femmes,
« sans avoir de dessein particulier, elle rit de ma fai-
« blesse. »

Si cette lettre n'est pas de Molière, avouons qu'elle
est une admirable confession publique et qu'il n'eût
certes pas désavoué le morceau.

Les premiers mois du mariage absorbèrent tellement
son existence que ce génie, si fécond d'ordinaire, ne
produisit plus rien pendant plus d'une année. Les
Fâcheux sont du mois d'août 1661, l'*Ecole des
femmes* du 26 décembre 1662 — détail que l'on n'a
pas fait assez ressortir. Eh bien! dans cette *Ecole des
femmes*, on y sent déjà le mari déçu et desillusionné :

> Ciel! puisque pour un choix j'ai tant philosophé,
> Faut-il de ses appâts m'être si fort coiffé !
> Elle n'a ni parents, ni support, ni richesse;
> Elle trahit mes soins, ma bonté, ma tendresse,
> Et cependant je l'aime après ce lâche tour,
> Jusqu'à ne me pouvoir passer de cet amour.

Et plus loin :

Quoi ! j'aurai dirigé son éducation
Avec tant de tendresse et de précaution ;
Je l'aurai fait passer chez moi dès son enfance,
Et j'en aurai chéri la plus tendre espérance ;
Mon cœur aura bâti sur ses attraits naissants,
Et cru la mitonner pour moi durant treize ans,
Afin qu'un jeune fou dont elle s'amourache
Me la vienne enlever jusque sur la moustache !

Mlle Molière n'a pas joué dans l'*Ecole des femmes*. Elle fait sa rentrée par le rôle d'*Elise* dans la *Critique* le 1er juin 1663. — Quand nous disons *rentrée*, elle avait sans aucun doute joué dans l'intervalle dans des pièces déjà représentées. Elle était alors enceinte de six semaines environ, mais elle l'était de près de six mois lorsqu'elle parut dans l'*Impromptu de Versailles* (octobre 1663).

MADEMOISELLE MOLIÈRE

Voulez-vous que je vous dise? Vous deviez faire une comédie où vous auriez joué tout seul.

MOLIÈRE

Taisez-vous, ma femme, vous êtes une bête.

MADEMOISELLE MOLIÈRE

Grand merci, monsieur mon mari, voilà ce que c'est, le mariage change bien les gens, et vous ne m'auriez pas dit cela il y a dix-huit mois.

MOLIÈRE

Taisez-vous, je vous prie.

MADEMOISELLE MOLIÈRE

C'est une chose étrange qu'une petite cérémonie soit capable de nous ôter toutes nos belles qualités, et qu'un mari et un galant regardent la même personne avec des yeux si différents.

Armande accoucha d'un fils le 19 janvier 1664; on lui donna le nom de Louis du nom de son auguste parrain.

Le baptême eut lieu le 18 février ; Charles de Créqui, premier gentilhomme de la chambre et ambassadeur à Rome, représentant le roi, et la maréchale du Plessis, représentant Madame Henriette d'Angleterre, duchesse d'Orléans. Molière pouvait alors défier toutes les calomnies, et confondre Montfleury le père qui n'avait pas craint d'insinuer au roi que Molière avait épousé sa propre fille. Cette acceptation du monarque de tenir sur les fonts baptismaux l'enfant de Molière et d'Armande, était la plus belle réponse que l'on puisse faire à une semblable infamie. L'enfant mourut le 10 novembre de cette même année.

Armande reparut plus belle que jamais dans la *Princesse d'Elide* et sous les traits de la nymphe *Dircé* dans la troisième journée des fêtes de Versailles.

Il a été publié un libelle infâme sur Armande, libelle auquel nous avons souvent fait allusion : « la *Fameuse* « *Comédienne* ou histoire de la Guérin, auparavant « femme et veuve de Molière », Francfort 1688, et dont on n'a jamais connu l'auteur. Certains détails qu'on y relève ont quelquefois un tel caractère de vérité, que nous n'avons pu nous empêcher d'en citer quelques-uns ; mais à partir de ce moment de la vie de la comédienne nous sommes forcés d'en rabattre.

A s'en rapporter au pamphlet, depuis la *Princesse d'Elide*, Mⁱˡᵉ Molière eut à subir les obsessions de toute la cour, et ne se montra pas cruelle. Mais pour que nous acceptions, sans le discuter, ce récit, faudrait-il au moins ne pas y trouver des erreurs que nous sommes à même de relever, comme Chambord pour Versailles, ou des noms de jeunes seigneurs qui se trouvaient alors en Pologne ou en d'autres lieux, et qui par conséquent ne pouvaient être à cette époque même ses amants.

Contentons-nous de dire que la coquetterie d'Armande se développait de jour en jour en dépit des observations de son mari, et ne faisait qu'accroître sa jalousie et ses tourments.

La *Princesse d'Élide* fut une leçon pour Molière. Il se garda bien de produire encore sa femme dans un rôle semblable et devant la cour; il se contenta de lui confier le petit rôle de Charlotte dans *Don Juan* (15 février 1665.)

Cependant Armande était devenue une seconde fois enceinte. Elle mit au monde une fille « Esprit, Madeleine, » le 4 août 1665, et, chose assez singulière, les parrain et marraine de cette enfant furent Madeleine Béjart et le comte Esprit Rémond de Modène. Qui sait, pendant qu'on va chercher bien loin — si ce dernier n'était pas le véritable père d'Armande? Il est peu vraisemblable qu'Armande, à peine remise de ses couches, ait fait partie de la distribution de l'*Amour Médecin*, mais il se passa alors dans le ménage du poète un événement grave. La vie est devenue impossible pour les deux époux. Molière a quitté déjà depuis longtemps son logement de la rue Richelieu et est revenu habiter cette grande maison de la rue Saint-Thomas où l'on vit en commun, et où se trouve aussi Mlle De Brie. Les querelles intestines se multiplient.

La rupture avec sa femme devient définitive.

C'est dans ces circonstances que Molière enfanta le

Misanthrope. Mlle De Brie avait fait écrire à Molière le rôle d'*Agnès*. Mlle Molière lui fit écrire le rôle de *Célimène*.

Ne croirait-on pas assister à l'une de leurs querelles intimes en lisant les premières scènes de l'acte II, et les deux époux devaient-ils s'exprimer autrement que ne le font *Alceste* et *Célimène ?*

ALCESTE

Madame, voulez-vous que je vous parle net ?
De vos façons d'agir je suis mal satisfait ;
Contre elles dans mon cœur trop de bile s'assemble,
Et je sens qu'il faudra que nous rompions ensemble.

. . . .

CÉLIMÈNE

C'est pour me quereller donc à ce que je vois,
Que vous avez voulu me ramener chez moi.

ALCESTE

Je ne querelle point, mais votre humeur, madame,
Ouvre au premier venu trop d'accès dans votre âme ;
Vous avez trop d'amants qu'on vous voit obséder,
Et mon cœur, de cela ne peut s'accommoder.

CÉLIMÈNE

Des amants que je fais, me rendez-vous coupable ?
Puis-je empêcher les gens de me trouver aimable ?

Ne sont-ce pas là des réponses qui devaient tomber de la bouche d'Armande lorsque son mari la querellait ? Et ce cri du cœur d'*Alceste* n'est-il pas celui d'un époux, qui, s'il est trompé, veut l'ignorer encore pour l'amour de sa femme ?

Efforcez-vous ici de paraître fidèle
Et je m'efforcerai, moi, de vous croire telle.

Célimène est née sans cœur, ce n'est pas *Alceste* qui lui en donnera un. Il ne fera que redoubler sa coquetterie par son humeur grondeuse, et s'attirer ses dédains et ses moqueries par ses soupçons jaloux. Et la nature humaine est si bizarre, que Célimène finira peut-être par le tromper réellement alors qu'elle n'y pensait même pas. Molière n'a pas écrit ce sixième acte. Aussi la pièce ne finit pas.

Combien Lagrange avait raison d'écrire en parlant de son maître : « On peut dire qu'il y a joué tout le « monde (dans ses pièces) puisqu'il s'y est joué le pre- « mier en plusieurs endroits, sur les affaires de sa fa- « mille et qui regardaient ce qui se passait dans son « domestique. »

Et les choses suivaient leur cours; comme dans le *Misanthrope*, Molière querellait, s'emportait, Armande pleurait et s'évanouissait au besoin. Alors il s'empressait de la faire revenir à elle et lui demandait pardon de son emportement.

La rupture cependant devint définitive et il fut convenu d'un commun accord, et « sans arrêt du parlement », qu'ils vivraient séparément.

C'est alors qu'il prit en affection sa petite maison d'Auteuil où il s'abandonnait à l'étude avec passion, et où il ne recevait que quelques amis, comme Chapelle et Boileau. C'est dans un de ces entretiens avec Chapelle que l'auteur de la *Fameuse Comédienne* prête à Molière le langage suivant que nous reproduisons ici parce qu'il est bien en situation :

« J'ai pris ma femme pour ainsi dire dès le berceau,

« je l'ai élevée avec des soins qui ont fait naître les
« bruits dont vous avez sans doute entendu parler, je
« me suis mis en tête que je pourrais lui inspirer par
« habitude des sentiments, que le temps ne pourrait
« détruire, et je n'ai rien oublié pour y parvenir. Com-
« me elle était encore fort jeune quand je l'épousai, je
« ne m'aperçus pas de ses méchantes inclinations, et je
« me crus un peu moins malheureux que la plupart
« de ceux qui prennent de pareils engagements : aussi
« le mariage ne ralentit pas mes empressements, mais
« je lui trouvai, dans la suite, tant d'indifférence que
« je commençai à m'apercevoir que toutes mes précau-
« tions avaient été inutiles, et que ce qu'elle sentait
« pour moi était bien éloigné de ce que j'aurais souhaité
« pour être heureux....... Mes bontés ne l'ont point
« changée, je me suis donc déterminé à vivre avec elle,
« comme si elle n'était pas ma femme.

« Mais si vous saviez ce que je souffre, vous auriez
« pitié de moi : ma passion est venue à un tel point
« qu'elle va jusqu'à entrer avec compassion dans ses in-
« térêts :et, quand je considère combien il m'est impos-
« sible de vaincre ce que je sens pour elle, je me dis en
« même temps qu'elle a peut-être la même difficulté à
« détruire le penchant qu'elle a d'être coquette, et je me
« trouve plus de dispositions à la plaindre qu'à la blâmer. »

Cependant cette rupture n'était pas publique, et
Mlle Molière continuait son service au théâtre comme
par le passé. Le devoir professionnel attache le pauvre
mari aux pas de l'infidèle, dont la vue ravive sans cesse
en lui de cuisantes douleurs.

Ils se côtoient chaque jour, ils se parlent, ils se rencontrent aux répétitions, aux représentations, ils jouent dans les mêmes pièces.

D'abord dans le *Médecin malgré lui*, où elle jouait probablement *Lucinde* avec « une jupe de satin couleur « de feu, avec trois guipures et trois volants, et le corps « de toile d'argent et soie verte. »

Ensuite dans *Mélicerte*, le rôle d'*Eroxène*, bergère, puis *Zaïde* dans le *Sicilien*, enfin *Elmire* dans *Tartuffe*.

On connaît les reproches adressés à *Elmire* par Mme *Pernelle* :

> . . . . . . Ma bru, qu'il ne vous en déplaise,
> Votre conduite en tout est tout à fait mauvaise ;
> Vous devriez leur mettre un bon exemple aux yeux,
> Et leur défunte mère en usait beaucoup mieux.
> Vous êtes dépensière et cet état me blesse,
> Que vous alliez vêtue ainsi qu'une princesse.
> Quiconque à son mari veut plaire seulement,
> Ma bru, n'a pas besoin de tant d'ajustement.

Mais il paraît que les ajustements d'*Elmire* ne suffisaient même pas à Armande, puisque son mari, l'apercevant avant d'entrer en scène dans un costume d'un luxe inouï, fut forcé de lui dire : « Oubliez-vous donc que « vous faites le personnage d'une honnête femme », et il la força à aller changer de toilette.

Mlle Molière créa ensuite les rôles suivants :

> ALCMÈNE, dans *Amphitryon* (janvier 1668) ;
> ELISE, dans *l'Avare* (septembre 1668) ;
> ANGÉLIQUE, dans *George Dandin* (1668).

George Dandin ! quelle leçon à ajouter aux autres !

GEORGE DANDIN

Quoi qu'on en puisse dire, les galants n'obsèdent jamais que
quand on le veut bien. Il y a un certain air doucereux qui les attire
ainsi que le miel fait les mouches ; et les honnêtes femmes ont
des manières qui les savent chasser d'abord.

ANGÉLIQUE

Moi ! les chasser ! et par quelles raisons ? Je ne me scandalise
point qu'on me trouve bien faite : et cela me fait du plaisir.

GEORGE DANDIN

Oui ! mais quel personnage voulez-vous que joue un mari pendant cette galanterie ?

ANGÉLIQUE

Le personnage d'un honnête homme qui est bien aise de voir sa
femme considérée.

GEORGE DANDIN

Je suis votre valet, ce n'est pas là mon compte.

Ce n'était pas celui de Molière non plus.

Nous en sommes au moment où les pièces se succè-
dent avec une rapidité prodigieuse. Molière se console
par le travail de tous ses déboires conjugaux ; il est
dans toute la fièvre de la production. Et pourtant il
n'oubliera pas l'infidèle à qui il réservera toujours la
plus belle part.

C'est qu'il est fier de voir applaudir à ses côtés celle
qui porte son nom, et qu'il n'a pas perdu tout espoir
d'une réconciliation. Armande sera de toutes les fêtes ;
elle sera *Julie* de *M. de Pourceaugnac*, *Eriphile* des
Amans magnifiques, *Lucile* du *Bourgeois gentilhomme*. C'est dans cette dernière pièce que nous trouverons
son portrait :

CLÉONTE

Fais-moi de sa personne une peinture qui me la rende mépri-
sable ; et marque-moi bien pour m'en dégoûter, tous les défauts
que tu peux voir en elle.

COVIELLE

Elle, monsieur? Voilà une belle mijaurée, une pimpesouée bien
bâtie, pour vous donner tant d'amour! Je ne lui vois rien que de
très médiocre, et vous trouverez cent personnes qui seront plus
dignes de vous. Premièrement elle a les yeux petits.

CLÉONTE

Cela est vrai, elle a les yeux petits; mais elle les a pleins de feu,
les plus brillants, les plus perçants du monde, les plus touchants
qu'on puisse voir.

COVIELLE

Elle a la bouche grande.

CLÉONTE

Oui: mais on y voit des grâces qu'on ne voit point aux autres
bouches; et cette bouche, en la voyant, inspire des désirs, est la
plus attrayante, la plus amoureuse du monde.

COVIELLE

Pour sa taille, elle n'est pas grande.

CLÉONTE

Non, mais elle est aisée et bien prise.

COVIELLE

Elle affecte une nonchalance dans son parler et dans ses
actions.

CLÉONTE

Il est vrai: mais elle a grâce à tout cela, et ses manières sont
engageantes, ont je ne sais quel charme à s'insinuer dans les
cœurs.

COVIELLE

Pour de l'esprit...

CLÉONTE

Ah! elle en a, Covielle, du plus fin, du plus délicat.

COVIELLE

Sa conversation..

CLÉONTE

Sa conversation est charmante.

. . . .

COVIELLE

Mais enfin, elle est capricieuse autant que personne du
monde.

CLÉONTE

Oui! elle est capricieuse, j'en demeure d'accord ; mais tout sied
bien aux belles : on souffre tout des belles.

COVIELLE

Puisque cela va comme cela, je vois bien que vous avez envie de
l'aimer toujours.

CLÉONTE

Moi? j'aimerais mieux mourir; et je vais la haïr autant que je
l'ai aimée.

COVIELLE

Le moyen, si vous la trouvez si parfaite?

Molière cherchait évidemment alors un rapprochement avec sa femme. On était au mois d'octobre 1670,
et voilà bientôt quatre ans que la rupture durait.

Un incident qui survint à propos de *Psyché* retarda
encore la réconciliation. Molière avait recueilli chez lui
le jeune Baron qu'il aimait comme un fils. Nous nous
étendrons plus longuement à ce sujet au chapitre
Baron. Il lui confia le rôle de l'*Amour* dans *Psyché*, tandis qu'il donnait à sa femme celui de *Psyché*. C'était
une maladresse de la part du mari.

« La Molière représentait *Psyché* à charmer, et Baron,
« dont le personnage était l'*Amour*, y enlevait les cœurs
« de tous les spectateurs. Les louanges communes que
« l'on leur donnait les obligèrent de s'examiner de
« leur côté avec plus d'attention et même avec quelque
« sorte de plaisir. »

Baron ne respecta même pas son bienfaiteur. Cependant ce commerce ne devait pas être de longue durée.

Un tiers travailla-t-il à rapprocher les deux époux ?
Nul ne le sait. Ou, Madeleine que ce mauvais ménage

désolait, exigea-t-elle à son lit de mort la réconciliation tant souhaitée?

Madeleine mourut en février 1672, et les deux époux s'étaient remis ensemble quelques mois à peine auparavant.

C'est alors qu'Armande devint enceinte pour la troisième fois, ce qui ne l'empêcha pas de jouer encore le rôle d'*Henriette*, dans les *Femmes savantes*. Elle avait joué depuis *Psyché* le rôle d'*Hyacinte* dans les *Fourberies de Scapin*.

Le ménage s'était retiré de nouveau à l'écart, et était allé habiter rue Richelieu.

Tous ces changements de domicile ne nous laissent-ils pas deviner quelle vie infernale on devait mener dans cette maison de la rue Saint-Thomas, en compagnie de tous les Béjart et des De Brie?

Qui pourrait même affirmer que la tranquillité des deux époux n'a pas été troublée, dès le début, par ces rivalités continuelles : du jour où ils étaient venus sans y songer habiter de nouveau dans cette galère, il n'y avait plus eu d'accord possible entre eux.

Le rôle d'*Henriette* fut fait sciemment pour Armande.

Ce fut sa réhabilitation. Après l'avoir démasquée au public dans *Célimène*, Molière était heureux enfin de la présenter sous les traits de la femme honnête, aimante et dévouée, d'*Henriette* enfin. Le grand homme avait pardonné.

Le dernier fils d'Armande, né le jeudi 15 septembre 1672 et baptisé le 1er octobre, fut tenu sur les fonts du baptême par Pierre Boileau (celui que l'on connaît sous le nom de Puimorin) et par Catherine Mignard, fille du peintre. Il reçut les noms de Pierre-Jean-Baptiste-Armand, et mourut le 11 du même mois.

Armande fit sa rentrée dans le *Malade imaginaire* (rôle d'*Angélique*), et cette pièce fut, comme on sait, la dernière du poète. On s'est demandé ce que faisait Armande au moment de la mort de son mari : le point a été parfaitement éclairci.

Armande jouait dans le *Malade*, nous l'avons dit plus haut. Lorsque Molière indisposé pria Baron de le reconduire chez lui, rue Richelieu, dans sa chaise, il est probable qu'Armande était encore dans sa loge, occupée à se dépouiller de ses habits de théâtre. Elle rentra chez elle ou mieux chez son mari, peu après.

Leurs appartements étaient à côté l'un de l'autre. Elle ne crut sans doute qu'à une indisposition passagère, comme il en avait fréquemment depuis peu, et se retira chez elle.

Ce n'est que lorsqu'il cracha le sang, qu'il dit à Baron : « Allez dire à ma femme qu'elle monte. » Et c'est pendant que Baron allait chercher Armande qu'il rendit le dernier soupir entre les bras de deux religieuses qui l'assistaient.

La présence d'Armande, qu'elle ait été dans la chambre au-dessous ou dans celle d'à côté, est donc incontestable. Mais, en présence de ce cadavre les difficultés surgissaient, car c'est à elle qu'il appartenait de le faire enterrer, et *Tartuffe* était encore trop présent dans les mémoires pour que les détracteurs et ennemis de Molière ne cherchassent pas à exercer une petite vengeance, alors même qu'ils n'avaient plus à craindre leur ennemi. Nous nous trompons, *Tartuffe* existait bien toujours.

Les détails de l'enterrement de Molière sont trop connus pour que nous les rappelions ici : nous n'avons qu'à examiner la façon dont se comporta Armande dans cette circonstance. Etait-elle bien affligée ? Elle ne le savait peut être pas elle-même : elle était surprise à coup sûr d'un dénouement si brusque, et de se voir du jour au len lemain riche et maîtresse de ses biens ; néanmoins, apparente ou réelle, on dit qu'elle marqua une grande douleur.

Le rituel de Paris rejetait les comédiens de la communion et les privait de la sépulture ecclésiastique s'ils n'avaient pas renoncé, en mourant, à leur profession, en cas de retour à la santé ! Le curé de Saint-Eustache ne faisait donc que se conformer au rituel en refusant à Molière l'entrée de son église. Armande en appela à l'archevêque de Paris. Cette requête a été reproduite par M. Taschereau dans son *Histoire de Molière*.

Elle fut présentée à l'archevêque au nom de la veuve par son beau-frère Aubry et le notaire de la famille. On se rappelle encore qu'Armande, épouvantée par le flot de populaire qui se pressait dans la rue au moment de la levée du corps, jeta de l'argent par les fenêtres, suppliant le peuple de prier pour son mari défunt.

L'inventaire dressé après la mort de Molière nous a fait pénétrer dans cet intérieur. Ce document, bien trop long pour être reproduit ici, se trouve en entier dans le livre de M. Eud. Soulié : *Recherches sur Molière et sur sa famille*. Il jette un jour curieux et nouveau sur la façon de vivre des deux époux, et sur le confortable dont ils aimaient à s'entourer.

Nous avons raconté, à l'article de Lagrange, la dislocation survenue dans la troupe après la mort de son chef : l'Opéra, avec Lulli, chassait les pauvres comédiens de leur théâtre. Nous avons dit comment Lagrange sauva la situation, et il faut le dire à la louange de Mlle Molière, celle-ci sut apprécier Lagrange à sa juste valeur. De son côté à lui, respect absolu pour la veuve de son maître; de son côté à elle, confiance entière dans le meilleur ami de son mari.

C'est à Lagrange qu'elle remit les manuscrits de l'illustre mort, et nous lui devons de ce fait l'édition complète des œuvres de Molière publiées quelques années après par les soins de Lagrange.

Voici donc la troupe installée au théâtre Guénégaud, c'est-à-dire au n° 42 de la rue Mazarine.

Comme femme de l'ancien directeur, Armande a conservé une certaine suprématie dans la troupe. La conduite de la jeune veuve — elle avait à peine trente ans — paraît exempte de tout reproche.

Elle loue, le 16 août 1673, par bail de six ans, avec Geneviève et Aubry, mari de celle-ci, l'Hôtel d'Arras, rue de Seine, n° 41, « se réservant le droit d'ouvrir une « porte sur la montrée du corps de logis de derrière, « pour avoir communication au théâtre. » Et ce fait même prouve bien son intention arrêtée de vivre de la vie paisible de famille, à côté de son théâtre même, c'est-à-dire de ses occupations journalières. Il ne faudrait pas s'imaginer cependant que, parce que Molière est mort, il n'y a plus de rôles au théâtre pour sa veuve.

Outre tous les rôles des pièces de son mari restées au répertoire, rôles où elle excellait, elle joue encore avec avantage dans toutes les pièces nouvelles. C'est ainsi qu'elle parut avec un éclat prodigieux dans *Circé*, véritable féerie, pour laquelle il n'avait pas fallu moins de vingt jours de fermeture. La pièce se joua six mois. Ceci se passait en 1675. C'est à cette année que se rapporte une aventure extraordinaire qui lui arriva, aventure qui eut un grand retentissement dans Paris, et qu'on ne peut s'empêcher de rapprocher de l'*affaire du collier* survenue quelque cent ans après.

Un président de Grenoble, appelé Lescot, était venu à Paris ; il y vit Mlle Molière sur le théâtre et s'en éprit follement. Une aventurière du nom de Ledoux promit au président de lui ménager une entrevue avec Mlle Molière. On découvrit alors une certaine fille galante nommée la Tourelle, qui ressemblait à s'y méprendre à Mlle Molière. Le naïf président fut au comble de ses vœux. Un jour cependant, ne respectant pas la défense qui lui avait été faite de ne jamais parler à la comédienne en public — et pour cause — le président se rend directement à la loge de Mlle Molière. Celle-ci lui demande ce qu'il y vient faire. Le président s'étonne d'être ainsi reçu et balbutie des mots d'amour ; Mlle Molière n'entend pas la plaisanterie et se fâche ; les comédiens accourent, on fait monter la garde et le président est expulsé.

Mais Mlle Molière ne s'en tient pas là : il lui faut une réparation publique ; on recherche la Ledoux, on recherche la Tourelle, et les deux femmes mises en présence, on est forcé de reconnaître que la Tourelle est le portrait vivant de Mᵈˡˡᵉ Molière. Un arrêt est rendu.

Le président Lescot paiera 200 livres à Mˡˡᵉ Molière à titre de dommages, et fera des excuses ; la Ledoux et la Tourelle seront fustigées devant la maison de Mˡˡᵉ Molière, et bannies de Paris pour trois ans.

Il y avait au théâtre Guénégaud un comédien qui s'appelait Isaac François Guérin, sieur d'Estriché, et qui avait une quarantaine d'années. Il avait débuté à Paris au théâtre du Marais et jouait les premiers confidents dans la tragédie, et les rôles dits à *manteau* dans la comédie Il avait passé bientôt du théâtre du Marais au théâtre Guénégaud et les connaisseurs affirment qu'il n'était pas sans talent.

Il avait de plus la réputation d'un homme honnête et doux. Bien fait et de bonne mine, il plut à Mˡˡᵉ Molière. Il est juste de dire que, de son côté, Guérin lui faisait une cour assidue.

La veuve de Molière resista-t-elle longtemps aux assiduités de Guérin ?

Hésita-t-elle longtemps avant de se décider à lui donner sa main ? Nous ne savons.

Son veuvage remontait déjà à quatre ans. Une nouvelle union ne pouvait donc en rien choquer les convenances ; en outre depuis quatre ans n'habitait-elle pas en famille ? Sa réputation avait pu souffrir une seule fois d'un scandale La réparation avait été publique.

Que n'a-t-on pas dit sur ce mariage ? De quelles injures Armande n'a-t-elle pas été accablée ? Eh ! oui, sans doute il eut été bien plus beau que celle qui s'appelait

Mme Molière gardât intact le nom de son mari. Mais en
comprenait-elle bien l'importance? Et puis, comme le
fait remarquer M. Jal, le nom de Molière n'avait pas alors
l'éclat qu'il a aujourd'hui. Enfin il ne nous appartient
pas d'approuver ou de désapprouver la conduite d'Armande en cette circonstance : mais, ô messieurs les
censeurs bien sévères, avez-vous oublié qu'Armande
est une femme, encore belle, coquette toujours, vivant
au théâtre, et n'aimez-vous pas mieux pour le respect
même du nom qu'elle portait qu'elle se soit remariée,
elle, veuve d'un comédien, avec un comédien qui était
en somme un honnête homme, plutôt que d'avoir fait
entrer toute la cour dans son alcôve ?

Les prétendants de cette sorte ne manquaient pas ;
elle n'était pas une sainte ; elle préféra à une vie acci-
dentée un intérieur modeste.

Après ces considérations, la blâme encore qui
voudra.

Armande se remaria à la fin du mois de mai 1677 et
Lagrange écrivit : « Le dernier may 1677, M. Guérin
« d'Estriché a espousé la veuve de M. de Molière, à la
« Sainte-Chapelle basse à Paris. »

Voici, d'après M. Jal, ce qu'on lit au registre de cette
église : « Le lundi 31e du jour de may 1677, après les
« fiançailles et la publication de trois bans, je soussigné
« curé de la paroisse de la Sainte-Chapelle de Paris, ay
« en l'église de la basse Sainte-Chapelle, interrogé
« M. Isaac-François Guérin, officier du Roy, fils de feu
« Charles Guérin et de Françoise de Bradane ses père
« et mère, d'une part, et Grésinde Béjart, fille de feu

« Joseph Béjart et de Marie Hervé, ses père et mère dé-
« funts, et veuve de Jean Poquelin, officier du Roy, tous
« deux de cette paroisse et leur consentement mutuel par
« moi pris, les ay solennellement, par paroles de pré-
« sents, conjoints en mariage, puis dit la messe des es-
« ponzailles, en laquelle je leur ay donné la bénédiction
« nuptiale. »

Les épigrammes ne manquèrent point, témoin le suivant :

> Les grâces et les ris règnent sur son visage :
> Elle a l'air tout charmant, et l'esprit tout de feu :
> Elle avait un mary d'esprit, qu'elle aimait peu :
> Elle en prend un de chair qu'elle aime davantage.

Dans le courant de l'année suivante, Armande mettait au monde un fils qui s'appela Nicolas-Armand-Martial, et mourut le 8 mars 1708, qualifié bourgeois de Paris. Il ne monta jamais sur le théâtre.

Cependant le ménage Guérin continuait à faire les beaux jours du théâtre Guénégaud. Guérin avait un naturel parfait, une diction juste et sage, et plaisait beaucoup au public ; Armande continuait à jouer dans les pièces de son premier mari, où elle était parfaite, et tenait en outre fort bien les seconds rôles tragiques et les rôles comme *Léonor* de l'*Homme à bonnes fortunes*. Lemazurier nous dit qu'elle avait une voix charmante et chantait avec beaucoup de goût le français et l'italien. Elle parlait même cette langue avec facilité, ajoute-t-il, puisque Champmeslé lui confia un rôle tout italien dans sa comédie intitulée *le Parisien*, qui fut jouée en 1682 et que ce rôle fut le succès de la pièce.

Armande prit sa retraite le 11 octobre 1694, avec la pension de 1000 livres. Elle avait alors environ cinquante ans. Elle mourut le 30 novembre 1700 « dans sa « maison rue de Touraine » et, son acte de décès fut rédigé à Saint-Sulpice le 2 décembre, jour de son enterrement. Guérin lui survécut. Bien qu'âgé de 64 ans à la mort de sa femme, il était encore vert et bien conservé. Il continua à jouer jusqu'en 1717 et ne renonça au théâtre qu'à la suite d'une attaque d'apoplexie. Il avait alors 82 ans. Guérin n'en mourut pas; pensionné par le roi qui lui donna 300 livres par an, il vécut encore jusqu'au 28 janvier 1728. Il mourut donc à 92 ans.

Nous avons vu que le fils d'Armande et de Guérin était mort en 1708. Il nous reste à parler succinctement de la fille de Molière et de dire ce qu'elle était devenue. Des trois enfants de Molière, il n'avait survécu qu'une fille, Esprit-Madeleine qui avait sept ans et demi au moment de la mort de son père; Armande avait été nommée sa tutrice et André Boudet, oncle paternel de l'enfant, son subrogé tuteur. Mise au couvent par sa mère, elle voulut se faire rendre des comptes de tutelle à sa majorité, comme c'était son droit. Elle était alors comme pensionnaire au couvent des dames religieuses de la Conception, rue Saint-Honoré. Mais cela ne faisait pas l'affaire de Guérin ni de sa femme. De là une procédure interminable qui finit enfin par une transaction le 25 septembre 1693 Ces détails se trouvent tout au long dans le livre de M. Eud. Soulié, *Recherches sur Molière*, pages 102 et suivantes.

Grimarest qui semble l'avoir connue, vante « l'arran-
« gement de sa conduite, la solidité et l'agrément de
« sa conversation. »

Mariée seulement en 1705, âgée de quarante ans,
avec Claude de Rachel, écuyer, sieur de Montalant, elle
mourut à Argenteuil, chez son mari, le dimanche 23
mai 1723; et comme elle n'avait pas eu d'enfants, avec
elle s'éteignit la postérité de Molière.

Nous avons raconté en toute justice, avec ce qui s'y
rattache, la vie d'Armande Béjart, femme de Molière.

Aucune femme ne fut plus décriée.

Elle n'était pas parfaite assurément. Mais nous nous
sommes efforcé de démontrer que, dans cette malheureuse union désassortie, toutes les fautes ne venaient
pas d'elle.

Qui sait si, mieux élevée et mariée plus conformément
à son âge et à son caractère, elle n'eût pas été, dès le
début, ce qu'elle fut plus tard, une mère de famille
tranquille et honorée?

BARON

CHAPITRE IX

BARON

Baron, de son vrai nom Michel Boyron, fut incontestablement le premier acteur du XVIIe siècle.

Son père, André-Michel Boyron, naquit à Issoudun dans la boutique d'un mercier, et fut lui-même comédien d'une certaine valeur. Chargé un jour par ses parents d'aller vendre quelques marchandises à la foire de Bourges, il fut tellement enthousiasmé des pièces de théâtre qu'il y vit représenter, qu'il s'enrôla sur-le-champ comédien. Après avoir couru la province pendant quelques années, il débuta sur le théâtre de l'Hôtel de Bourgogne où il obtint un grand succès. Chacun connaît la mort du père du grand Baron, événement passé à l'état de légende. Un jour qu'il jouait le rôle de Don Diègue, il laissa tomber son épée comme la circonstance l'exige dans la scène avec le comte de Gormas, et en la repoussant du pied avec indignation, il en rencontra la pointe qui lui blessa le pied. Il négligea cette blessure et, deux jours après, la gangrène s'y mit. Il ne voulut pas qu'on lui coupât la jambe et se laissa mourir (octobre 1655).

Quant à son nom de Baron, nom que devait illustrer à un si haut point son fils sur la scène française, on prétend qu'il lui vient d'une conversation qu'il aurait eue avec Louis XIII, et dans laquelle ce prince ne cessa de l'appeler Baron au lieu de Boyron.

Quoi qu'il en soit, Baron ou Boyron, le père, joua les rois et les paysans avec certain succès, au dire de tous les contemporains. Il avait épousé une femme d'une grande beauté, artiste comme lui, et d'un talent très goûté.

Mme Baron, née Jeanne Ausou, obtint elle-même de nombreux succès sur le théâtre de l'Hôtel de Bourgogne dans la tragédie et dans la comédie. L'abbé d'Allainval raconte que lorsqu'elle se présentait à la toilette de la reine-mère, Sa Majesté disait aux dames de la cour : « Mesdames, voici la Baron », ce qui ne tardait pas à les mettre toutes en fuite, tellement elles craignaient sa beauté.

Restée au théâtre après la mort de son mari, Mme Baron mourut elle-même d'une courte maladie en septembre 1662.

Elle avait eu l'honneur de mettre au monde le grand Baron qui devait devenir la gloire du théâtre français pendant trois quarts de siècle.

Avec de tels parents, le jeune Michel Baron avait de

qui tenir. S'il est vrai que la naissance d'un comédien
ou d'une jolie femme doive rester un mystère, cet
axiome est applicable à notre héros plus qu'à tout
autre, car on ne sut jamais son âge d'une façon certaine. Un extrait de baptême, produit après sa mort par
sa famille, dit qu'il naquit à Paris en octobre 1653 sur
la paroisse Saint-Sauveur, mais cet acte fut très con-
testé lors du décès de Baron, qui avait toujours caché
son âge, et on lui donnait six ans de plus. Cette opinion
s'appuyait surtout sur le mauvais état des registres
des paroisses pendant les guerres de la Fronde, et
sur le témoignage d'un de ses camarades d'enfance
nommé Descoteaux, joueur de flûte en renom. Nous citerons néanmoins cet acte de baptême à titre de curiosité :

« Du 8 octobre 1653, baptême de Michel, fils de
« André Boyron, bourgeois de Paris, et Jeanne Ausou,
« sa femme; le parrain Michel Bachelier, bourgeois de
« Paris, de la paroisse Saint-Eustache, la marraine
« Catherine Jon, femme de Jacques Guilhamar, avocat
« au parlement, de la paroisse Saint-Eustache. »

Baron, disciple de Molière, son élève dans l'art de la
diction, devait fournir plus tard à Grimarest toutes les
notes avec lesquelles celui-ci composa la vie de notre
premier poète comique, en l'an 1705.

Il est donc tout naturel qu'il soit question, dans cette
histoire, de Baron et de ses débuts ; mais tous ces détails
sont si louangeurs à l'égard de Baron, qu'il faut bien
un peu en rabattre, et ne pas oublier qu'ils ont été
fournis à Grimarest par l'illustre comédien lui-même,
alors au comble de la réputation.

Le petit Baron, après la mort de ses parents, avait été mis en pension à Villejuif. Un oncle et une tante, ses tuteurs, avaient déjà mangé la plus grande partie du bien que sa mère lui avait laissé, et commençaient à être embarrassés de sa personne. En ce moment il existait à la foire Saint-Germain une troupe de petits comédiens qui jouaient sous le nom de comédiens de M. le Dauphin.

Un organiste de Troyes, nommé Raisin, avait inventé une épinette merveilleuse, puis était venu à Paris, avec sa femme, ses quatre enfants et son épinette. Il obtint la permission de faire voir à la foire Saint-Germain le petit spectacle qu'il avait préparé ; l'épinette fit merveille et Raisin fit fortune. Bientôt le spectacle se composa d'une comédie que jouaient les enfants de Raisin aidés de quelques autres bambins du même âge. *Tricassin rival* et l'*Andouille de Troie* faisaient d'heureuses recettes.

C'est dans cette troupe que l'oncle et la tante de Baron engagèrent pour cinq ans leur jeune pupille. Sur ces entrefaites, Raisin étant mort, sa veuve continua son exploitation ; cette femme, ravie de trouver un enfant si capable de tenir tout ce qu'on souhaitait de lui, et de posséder en lui le fils de deux célèbres comédiens, fit valoir son pensionnaire.

La Raisin s'étant établie après la foire près du vieil hôtel Guénégaud, ne quitta pas Paris qu'elle n'eût gagné vingt mille écus de biens, mais la province lui fut moins favorable ; elle mangea ce qu'elle possédait avec un gentilhomme du prince de Monaco, nommé

Olivier, et revint de Rouen à Paris avec sa troupe qui se trouvait dans un état pitoyable.

Connaissant l'humeur bienfaisante de Molière, elle alla le prier de lui prêter son théâtre pour trois jours seulement, espérant remettre sa troupe en état. Molière lui accorda cette faveur, et de cet assentiment naquit la fortune de Baron : en effet le petit Baron joua et eut un tel succès, que Molière, malade les deux premiers jours, se fit porter au Palais-Royal à la troisième représentation.

Il lui reconnut de suite de si rares dispositions qu'il l'invita à souper avec lui, l'interrogea, l'observa, le fit coucher chez lui, et enfin l'habilla tout de neuf.

Mais laissons la parole à Grimarest, c'est-à-dire à Baron :

« Molière lui demanda ce que sincèrement il souhai-
« terait le plus alors ? — D'être avec vous le reste de mes
« jours, lui répondit Baron, pour vous marquer ma
« vive reconnaissance de toutes les bontés que vous
« avez eues pour moi. — Eh bien ! lui dit Molière, c'est
« une chose faite, le roi vient de m'accorder un ordre
« pour vous ôter de la troupe où vous êtes. »

Molière avait été à Saint-Germain supplier le roi de lui accorder cette grâce.

La Raisin furieuse s'en fut trouver Molière. Mais voyant qu'il n'y avait plus d'espérance, elle pria Molière de laisser au moins le petit Baron jouer trois jours encore dans sa troupe : ce qui lui fut accordé.

A partir de ce jour, Molière prit soin de Baron comme de son propre fils, et tout en lui donnant une bonne

éducation, il cultiva avec soin les dispositions extraordinaires qu'il avait pour le théâtre. On sait si les leçons
d'un tel maître devaient profiter à l'élève !

Voulant même qu'il créât dans une de ses pièces un
rôle spécialement écrit pour lui, Molière composa alors
à son intention la pastorale héroïque de *Mélicerte*, où
Baron faisait le rôle de *Myrtil*. Ce fut cette pastorale qui
fut jouée à Saint-Germain le 2 décembre 1666, encadrée
dans le ballet des Muses. Et ce fait est si vrai que
Baron ayant quitté la troupe après le ballet du roi où les
deux premiers actes furent représentés, Molière abandonna son projet et ne fit point les actes suivants.

Cependant, s'il faut en croire Grimarest, les bontés que
Molière témoignait à Baron déplaisaient à sa femme.
Aussi s'oublia t-elle un jour dans le feu d'une discus-
sion jusqu'à lui donner un soufflet. Baron, poussé dans
cette affaire, soit par son amour-propre, soit par une
inconstance habituelle aux jeunes gens, abandonna la
maison de Molière, et se retira chez la Raisin.

Il ne devait pas y rester bien longtemps ; après avoir
couru la province avec sa troupe, il la quitta à son tour
pour entrer dans une compagnie, où se trouvait
Mlle Beauval, devenue plus tard sa camarade dans la
troupe du Palais-Royal ; c'est ainsi qu'il alla en Languedoc, en Dauphiné, à Lyon et à Dijon.

A travers toutes ces vicissitudes, le souvenir de Molière
était toujours présent à son esprit : il revoyait le toit
hospitalier du poète, les réceptions à la cour, les cham-
brées du Palais-Royal ; il pensait à son avenir brisé par
sa faute, par son orgueil, et il ne cachait pas le re-

gret qu'il avait d'avoir ainsi quitté son bienfaiteur.

Mais si l'élève n'oubliait point le maître, celui-ci se souvenait aussi de son élève, tant il est vrai qu'en dépit de l'ingratitude, on s'attache quand même à ceux que l'on oblige. Molière apprend par aventure le repentir du jeune Baron; il lui écrit à Dijon une lettre très touchante en y joignant un ordre du roi, pour regagner promptement Paris.

Les chagrins domestiques de Molière augmentaient chaque jour; l'éducation de Baron était une distraction pour lui, et il regardait son retour comme un amusement. Ici se place tout un petit récit de l'arrivée de Baron à Paris où perce la bonté ineffable du poète.

Au reçu de la lettre de son bienfaiteur, Baron prend la poste: Molière impatient va l'attendre à la porte Saint-Victor. Il guette avec inquiétude chaque voiture nouvelle, chaque chaise de poste. il dévisage chaque passant. Mais Baron a grandi; l'enfant est devenu un homme; ses traits se sont accentués, et Molière ne le reconnaît pas dans cette foule bigarrée qui entre à tout instant par la porte Saint-Victor. Il s'en revient au logis triste et pensif; là il y retrouve Baron qui l'attend et qui se précipite dans ses bras en pleurant.

Lagrange, qui consigne tout avec soin dans son *Registre*, nous apprend ce retour en ces termes: « Quelques « jours après qu'on eut recommencé après Pâques 1670, « M. de Molière demanda de la campagne le sieur Baron « qui se rendit à Paris après avoir reçu une lettre de « cachet, et eut une part. »

De ce jour. Baron fut classé dans la troupe de Molière.

Le premier rôle important qu'il joua sur le théâtre du Palais-Royal fut celui de *Domitien* dans la pièce de Corneille, *Tite et Bérénice*, pièce qui n'eut aucun succès (1670). Au mois de janvier 1671, il créa le rôle de l'*Amour* dans *Psyché*, tragédie-ballet de Molière et de Corneille sur le théâtre des machines du Palais des Tuileries, devant toute la cour. Sa jeunesse, sa beauté et sa taille le firent applaudir de toute l'assemblée ; la pièce transportée au théâtre du Palais-Royal, le 24 juillet suivant, eut trente-huit représentations consécutives, chiffre considérable pour l'époque.

C'est à cette date que se place une intrigue amoureuse qu'aurait eue Baron avec la femme de Molière, s'il faut s'en rapporter à un passage du pamphlet de la *Fameuse Comédienne*. Tant que Mme Molière, comme on disait alors, avait demeuré avec son mari, elle avait haï Baron comme un petit étourdi qui les mettait fort souvent mal ensemble par ses rapports ; et la haine l'avait empêchée de le trouver joli.

Mais quand elle se fut brouillée avec son mari, elle commença à le regarder sans trop de prévention. La pièce de *Psyché* que l'on jouait alors seconda heureusement ses desseins, et donna naissance à leur amour. La coquetterie de Mme Molière et l'humeur volage de Baron devaient leur faire apercevoir bientôt qu'ils n'étaient pas faits l'un pour l'autre, et ce commerce heureusement ne fut que de courte durée.

Espérons, avec M. Taschereau, que ce furent les remords de Baron qui l'en détournèrent. Toujours est-il que, vers la fin de cette même année 1671, le rapprochement de Molière et de sa femme était un fait accompli.

Le 24 mai 1671, Baron joue le rôle d'Octave dans les *Fourberies de Scapin*. Puis nous le retrouvons encore dans un rôle de Berger dans la pastorale de la *Comtesse d'Escarbagnas* (1671-1672). De cette pastorale ajoutée à la pièce et jouée devant la cour, il ne nous est rien parvenu.

Le voici dans Ariste des *Femmes savantes* (11 mars 1672) et chaque rôle est un nouveau succès pour le jeune homme sur la distinction et la beauté duquel on ne tarit pas d'éloges.

Pendant ce temps Baron vit chez Molière comme s'il eût été son fils. Grimarest, dans sa *Vie de Molière*, fait encore intervenir Baron dans différentes conversations avec Molière, Bernier et Chapelle, et il le fait parler en étourdi, en enfant gâté, ce qui est fort naturel pour un jeune homme de cet âge.

Les derniers moments de notre grand poëte ont été mille fois retracés : après une représentation du *Malade imaginaire,* Molière se trouve plus mal que de coutume.

Il vient dans la loge de Baron et se plaint « d'un froid « qui le tue ». Baron envoie chercher des porteurs et ne quitte point la chaise de son maître, de peur de quelque accident. Bientôt après, de retour au logis, Molière crache le sang à pleine bouche ; Baron épouvanté envoie chercher sa femme en toute hâte. Mais celle-ci n'a pas le temps de monter un étage que Molière expire entre les bras de deux sœurs quêteuses qu'il avait recueillies chez lui. Aussitôt Baron se rend à Saint-Germain en informer le roi, lequel, au dire de Grimarest, s'en montra fort touché. Molière mort, sa troupe fut désorganisée ; Baron passa à l'Hôtel de Bourgogne où il fut désigné pour remplacer Floridor. C'est alors qu'après avoir été l'interprète de Molière, il devint l'interprète de Racine, car c'est à lui qu'échut l'honneur de créer l'Achille d'*Iphigénie* (1674) et l'Hippolyte de *Phèdre* (1677).

Devenu désormais célèbre, il aborde tous les grands rôles avec succès, et lors de la réunion des trois troupes, survenue en 1680, il est considéré comme le premier acteur de l'époque. Bornons-nous à citer quelques-unes de ses principales créations.

1681 ALAMIR, dans *Zaïde* de Chapelle.
1681 PILADE, dans *Oreste* de Boyer et Leclerc.
1685 ALCIBIADE, de Campistron.
1686 MONCADE, dans l'*Homme à bonnes fortunes*.
1686 ERASTE, dans la *Coquette*.

Ces deux dernières pièces sont signées de lui.

16 8 RÉGULUS, de Pradon.
1691 TIRIDATE, de Campistron.

On vit alors une chose sans précédents dans les annales du théâtre : un comédien couvert de lauriers, bien accueilli de toute la cour, jouissant même de l'amitié du roi, solliciter tout à coup sa retraite !

C'est ce que fit Baron, et il l'obtint de Louis XIV à Fontainebleau, où il joua une dernière fois *Ladislas* dans *Venceslas*, le 21 octobre 1691.

On se perdit en conjectures, comme bien l'on pense, sur cette retraite prématurée. Il est probable que ses

contemporains en connurent les motifs. Pour l'histoire
du théâtre elle est toujours demeurée un mystère.

Les uns ont prétendu qu'il quittait le théâtre pour
prendre une charge de valet de chambre du roi, qui lui
fut ensuite refusée ; mais cette hypothèse est bien peu
vraisemblable, si l'on considère le haut rang qu'occupait
Baron grâce à ses nombreux succès, sa vanité excessive,
et la charge qu'il souhaitait.

D'autres chroniqueurs affirment qu'il avait sollicité
du roi la régie du théâtre, alors en société libre, et que
Louis XIV lui aurait refusé, ce qui aurait provoqué sa
retraite.

D'autres enfin disent qu'il renonça au théâtre pour
pouvoir jouir de ses droits religieux alors refusés aux
comédiens, et cette dernière supposition est peut-être
encore la plus plausible.

La Comédie lui accorda une pension de 1.000 livres, à
laquelle le roi en ajouta une de 3.000.

L'acteur Beaubourg reprit la succession de Baron,
mais ne le remplaça jamais.

Trente ans après cet événement, c'est-à-dire le
16 mars 1720, jour de la clôture annuelle de Pâques,
La Thorillière fils, dans son compliment d'usage au
public, annonça la rentrée de M. Baron dans *Cinna*.

Personne ne voulait en croire ses oreilles. Eh quoi !
Baron, le grand Baron, retiré du théâtre depuis trente
ans, allait reparaître en public ! Cette nouvelle fit
l'effet d'un coup de foudre et excita un enthousiasme
général.

A combien de gens de la génération de 1720 avait-il

été donné de l'entendre trente ans auparavant? Quelle figure allait-il faire sur les planches, ce vieillard dont le nom était passé déjà à l'état de légende? Beaubourg lui-même, son successeur, bien plus jeune que lui, était retiré du théâtre depuis deux ans.

Aussi le 10 avril 1720, jour de la rentrée du grand tragédien, une foule considérable se pressait-elle aux portes de la Comédie. Le régent lui-même avait tenu à assister à ce spectacle. Eh bien! chose étonnante, et tellement invraisemblable qu'il faut qu'elle nous soit affirmée par tous les chroniqueurs de l'époque pour que nous puissions y croire, après trente années de repos, Baron n'avait perdu aucun de ses moyens! Cette rentrée fut un triomphe.

Il passa alors en revue tous les grands premiers rôles tragiques et comiques du répertoire, et même ceux qui semblaient ne devoir plus être de son âge. De tous ses anciens camarades aucun ne restait debout : tous étaient morts ou retraités.

On n'en finirait pas s'il fallait citer tous les rôles tenus par Baron. Nous nous bornons à citer les principaux :

SÉVÈRE, dans *Polyeucte*.
NÉRON, dans *Britannicus*.
RODRIGUE, dans le *Cid*.
HORACE, dans *Horace*.
ACHILLE, dans *Iphigénie en Aulide*.
CÉSAR, dans *la Mort de Pompée*.
PYRRHUS, dans *Andromaque*.
JOAD, dans *Athalie*.
ŒDIPE, dans *Œdipe* de Corneille.
Le comte d'ESSEX, dans la pièce de ce nom.
SCÉVOLA, dans la tragédie de Duryer.
XIPHARÈS, dans *Mithridate*.

Les rôles de comédie ne sont pas moins nombreux,
ce sont :

> ALCESTE, dans le *Misanthrope*.
> JUPITER, dans *Amphitryon*.
> DORANTE, dans le *Menteur*.
> HORACE, dans l'*École des femmes*.
> MONCADE, dans l'*Homme à bonnes fortunes*.
> ERASTE, dans la *Coquette*.
> PAMPHILE, dans l'*Andrienne*.

Et si l'on songe que Baron devait avoir alors de
soixante-dix à quatre-vingts ans, on a peine à comprendre comment il put exciter à cet âge de tels transports
d'enthousiasme, et créer, malgré sa vieillesse, douze
rôles nouveaux.

Racine avait donné la première représentation de sa
tragédie d'*Esther* à Saint-Cyr, mais elle ne fut représentée pour la première fois sur le théâtre qu'en 1721.
Ce fut Baron qui joua *Assuérus*. Malheureusement la
pièce ne plut pas au public, et le prestige même de
Baron ne l'empêcha pas de tomber.

Beaubourg avait créé Joad dans *Athalie* en 1716. Baron
reprit le rôle et l'on peut dire que ce rôle fut un des
plus beaux de sa carrière qui en compte pourtant un si
grand nombre.

Il y atteignit le sublime.

Enfin, voulant prouver sans doute que le vrai talent
peut entreprendre tous les genres, il aborda le rôle
d'*Arnolphe* de l'*École des femmes* pour les débuts de
Mlle Angélique, son élève (1726).

On peut dire, sans exagération aucune, que Baron
révolutionna la Comédie française. Les grands comé-

diens, disciples du grand maître, étaient descendus un
à un dans la tombe. La bonne tradition s'était insensi-
blement perdue. Le ton emphatique était devenu le ton
de la comédie, et le public habitué à entendre ainsi
parler à la scène ne se doutait pas que l'on pût jouer
autrement.

Soudain le vieux Baron sort de sa retraite après
trente années de repos. Il a connu le maître, il a été
élevé sous son toit, il a joué ses premiers rôles sous sa
direction. Il a le secret de bien dire, il est simple, il
est vrai, il touche à l'idéal de l'art. Il parle, et à sa voix
tout le public est pris par les entrailles. Ce n'est plus
Baron, ce n'est plus un comédien que l'on écoute, c'est
Joad, c'est Pyrrhus, c'est Alceste en personne. Sous sa
direction savante et raisonnée, tout change autour de
lui : Mlle Lecouvreur profite de ses conseils et Mlle Duclos
corrige ses défauts. Le bon goût et la bonne diction re-
viennent de mode à la Comédie, et la déclamation ridicule et outrée est encore une fois mise de côté.

Cependant Baron ne pouvait pas être éternel, et cette
carrière si bien remplie se termina au théâtre le 3 septembre 1729, au théâtre où, par une coïncidence bizarre
il joua pour la dernière fois le rôle de Ladislas, rôle
qu'il avait joué déjà le jour de sa première retraite. On
raconte qu'arrivé à ce passage :

Si proche du cercueil où je me vois descendre,

il s'évanouit et que le rôle fut achevé par Dumirail.

L'événement nous paraît un peu arrangé pour la circonstance. Quoi qu'il en soit, le 22 décembre suivant,
le théâtre français perdait l'acteur le plus illustre qui

eût paru sur la scène française depuis sa fondation, le
protégé et l'élève de Molière.

Baron fut inhumé dans le cimetière de Saint-Benoît,
ainsi que le constate son acte de décès inscrit sur les
registres de cette paroisse. Il avait renoncé, une seconde
fois avant de mourir, à sa profession de comédien.

Baron avait épousé la fille du premier des La Thorillière, Charlotte, sœur de Mme Dancourt et du second
La Thorillière. Un fils naquit de ce mariage, Étienne
Baron, comédien comme son père : il mourut dix-
huit ans avant lui.

Les portraits de Baron ne manquent pas Voici ce
qu'en disait Mlle Clairon :

« Baron eut l'avantage d'être élevé par Molière : il
« avait de l'esprit, une figure imposante, et passait sa
« vie avec ce que la France avait de plus illustre.
« Comme les autres, il cadençait et déclamait les vers
« dans ses jeunes années; mais à force de s'exalter lui-
« même, de s'égaler autant qu'il le pouvait aux grands
« personnages de l'État, qui l'admettaient près d'eux, la
« simple et véritable grandeur lui devint familière : il la
« porta dans ses rôles, et c'est à lui qu'on doit les pre-
« mières leçons de cette vérité qu'il est toujours si diffi-
« cile d'atteindre. »

C'est que personne, en effet, ne sut joindre mieux
que Baron à la noblesse, le naturel, la simplicité, la fa-
miliarité même au besoin : « La passion en sait plus
« que les règles, » disait-il pour justifier les infractions
aux principes, quand les circonstances le demandaient.

Collé assure qu'il ne déclamait jamais, même dans le

plus grand tragique, et qu'il rompait la mesure des vers de telle sorte que l'on ne sentait point la monotonie de l'alexandrin.

Comme les comédiens de son temps, Baron ne semble pas avoir remarqué jamais l'absurdité des costumes tragiques que l'on portait alors. Collé, dans son journal, nous apprend qu'il se montrait dans *Venceslas* en habit français avec un cordon bleu ressemblant à l'ordre du Saint-Esprit. *Auguste* portait une couronne de lauriers par-dessus sa vaste perruque, et cet acteur si digne de s'élever au-dessus du mauvais goût, et de réformer cet usage comme il avait réformé la déclamation ampoulée et chantante, ne semble avoir combattu en rien la stupidité de ces accoutrements. Dans *Misaël* des *Machabées*, on le vit jouer avec un toquet d'enfant et des manches pendantes.

Avant de paraître en scène, Baron avait toujours soin de s'échauffer dans la coulisse, en interpellant ceux qui passaient, et leur disant même des injures au besoin. C'est ainsi qu'on le vit un jour, sous les habits du grand prêtre Joad, crier en fureur dans la coulisse après les comparses en retard : « Un lévite ! un lévite ! « Comment par la mordieu ! pas un b..... de lé- « vite ! »

Un jour, il jouait le comte d'Essex. Sa jarretière se détache et tombe sur le théâtre. Comme il se trouvait alors en scène avec le traître Cécil, qu'il pouvait traiter avec hauteur, il en profita pour la remettre en lui parlant dans une attitude dédaigneuse, et ce jeu de scène imprévu produisit un tel effet sur le public, que beau-

coup d'acteurs essayèrent de renouveler le même jeu
au même endroit.

Une autre fois, il entre en scène avec son confident
croyant que l'on jouait *Phèdre*. Mais. à peine a-t-il
prononcé le premier vers qu'il est averti par le souffleur
qu'il se trompe : c'est *Mithridate* qu'on joue. Alors,
sans se déconcerter, changeant immédiatement. en un
clin d'œil, de physionomie, d'attitude et de ton, il
prend son confident par la main, l'amène sur le devant
du théâtre, et commence d'une voix ferme :

On nous faisait, Arbate, un fidèle rapport.

Comme il parut très âgé sur le théâtre, on raconte sur
lui une foule d'anecdotes dont nous nous contenterons
de citer quelques-unes, en les donnant telles qu'on les
trouve :

Jouant très vieux le rôle de Rodrigue dans le *Cid*, il
excita un éclat de rire général en disant :

Je suis jeune il est vrai.....

Il recommença en appuyant sur les mots, et les rires
ayant redoublé, il s'avança sur le bord du théâtre :
« Messieurs, fit-il, je vais recommencer encore ; mais je
« vous préviens que si l'on rit de nouveau. je quitte
« le théâtre pour n'y plus reparaître. »

Et on se le tint pour dit.

Un soir, entrant en scène dans *Iphigénie*, il débute
d'un ton fort bas :

Oui, c'est Agamemnon, c'est ton roi qui t'éveille.

« Plus haut ! » lui crie-t-on de toutes parts. — « Si je
le disais plus haut, je le dirais mal, » répondit-il.

Une autre fois qu'il jouait *Britannicus*, il est accueilli par des rires provoqués par sa vieillesse. Il se contente de regarder fixement l'auditoire et d'une voix pleine d'amertume : « Ingrat parterre que j'ai élevé ! » dit-il.

Hâtons-nous d'ajouter que son passé et la faveur du public justifiaient ces hardiesses que l'on n'aurait pas endurées de tout autre.

« Quand je l'ai vu, dit Collé dans ses *Mémoires*, il « avait déjà soixante-douze ou soixante-quinze ans, et « à cet âge, on pouvait bien lui pardonner de ne pas « entrer aussi vivement dans la passion que l'eût pu « faire un acteur de trente ans. Il suppléait du reste à « ce défaut par une intelligence, une noblesse et une « dignité que je n'ai vues qu'en lui ; il excellait surtout « dans les détails d'un rôle. »

Les triomphes de Baron avaient poussé son orgueil outre mesure. C'est lui qui disait en parlant de lui-même : « Tous les cent ans, on peut voir un César, mais « il en faut deux mille pour produire un Baron, et « depuis Roscius, je ne connais que moi. »

Racine ne se laissa pas dominer par l'influence considérable que Baron possédait au théâtre, et il ne se gêna guère pour lui dire, pendant la lecture d'une de ses pièces que Baron critiquait d'une façon peu séante : « Baron, je vous ai fait appeler pour prendre un rôle « dans ma pièce, et non pour me donner des conseils. »

L'excessive vanité de Baron lui valut, comme on peut se le figurer, de nombreuses critiques, et Lesage ne craignit pas de le persifler hautement dans son *Diable boiteux* :

« J'aperçois un histrion qui goûte, dans un profond
« sommeil, la douceur d'un songe qui le flatte agréable-
« ment; cet acteur est si vieux qu'il n'y a tête d'homme
« à Madrid qui puisse dire l'avoir vu débuter. Il y a si
« longtemps qu'il paraît sur le théâtre, qu'il est pour
« ainsi dire théâtrifié. Il a du talent, et il en est si fier et
« si vain qu'il s'imagine qu'un personnage tel que lui est
« au-dessus d'un homme. Savez-vous le songe que fait
« ce superbe héros de coulisse ? Il rêve qu'il se meurt, et
« qu'il voit toutes les divinités de l'Olympe assemblées
« pour décider de ce qu'elles doivent faire d'un mortel
« de cette importance. »

Citons encore ce passage de *Gil Blas* où le nom de
Baron manque seul au bas du portrait que Lesage des-
sine : « Premièrement c'est un homme qui a été comé-
« dien ; il a quitté le théâtre par fantaisie, et s'en est
« depuis repenti par raison. As-tu remarqué ses che-
« veux noirs? Ils sont teints aussi bien que ses sourcils
« et sa moustache ; il est plus vieux que Saturne ; ce-
« pendant comme au temps de sa naissance ses pa-
« rents ont négligé de faire inscrire son nom sur les
« registres de sa paroisse, il profite de leur négligence
« et se dit plus jeune qu'il ne l'est de vingt bonnes
« années pour le moins; d'ailleurs c'est le personnage
« d'Espagne le plus rempli de lui-même ; il a passé les
« douze premiers lustres de sa vie dans une ignorance
« crasse : mais pour devenir plus savant, il a pris un
« précepteur qui lui a appris à épeler en grec et en latin.

« Au reste on dit que c'est un grand acteur, je veux
« le croire pieusement. Je t'avouerai toutefois qu'il ne

« me plaît point ; je l'entends quelquefois déclamer
« ici, et je lui trouve, entre autres défauts, une pronon-
« ciation trop affectée, avec une voix tremblante qui
« donne un air antique et ridicule à sa déclamation. »

On voit par ce qui précède que Lesage n'était point
de ses partisans. Rectifions au plus vite ce jugement par
la figure un peu plus flatteuse qu'en a laissée Jean-
Baptiste Rousseau :

> Du vrai, du pathétique il a fixé le ton.
> De son art enchanteur l'illusion divine
> Prêtait un nouveau lustre aux beautés de Racine,
> Un voile aux défauts de Pradon.

Parmi les critiques les plus vives qui lui furent adressées au sujet de sa rentrée au théâtre sur un âge avancé,
il convient de mentionner encore l'*Epître à Baron* fort
bien versifiée, qui se trouve dans les œuvres de Lebrun,
imprimées chez Prault en 1736.

Enfin, comme étude sur Baron, citons la lettre écrite à
milord ***, signée George Wink, pseudonyme qui dis-
simulait la personnalité de l'abbé d'Allainval. Nous y
trouvons le passage suivant :

« La nature l'avait favorisé de ces qualités corporel-
« les qui gagnent les cœurs, et qui sont si avantageuses
« à ceux qui parlent en public, particulièrement sur le
« théâtre ; et l'air d'une cour polie et spirituelle, qu'il
« fréquentait avec assez d'agrément, lui avait rendu
« comme naturelles des manières aisées et charmantes
« qui y naissent avec la plupart des courtisans, et dont
« on n'acquiert et copie ordinairement que le ridicule.
« Enfin, il a été le plus grand comédien qui ait jamais

« brillé sur le théâtre français, et il ne lui manquait,
« dit le judicieux La Bruyère, que de parler avec la
« bouche : on s'y était même accoutumé à ce défaut ;
« mais on a toujours crié contre la mauvaise habitude
« qu'il avait de tourner le dos à l'acteur à qui il parlait,
« pour regarder les bancs du théâtre. On ne peut lui
« reprocher de plus, que quelques marques de bien-
« séance, comme de toucher sa perruque, de se mou-
« cher sur le théâtre, de tenir son mouchoir à la main,
« même dans les tragédies, quand il jouait habillé à la
« française, et quelques autres indécences, où même
« il savait qu'il mettait tant de grâce qu'il ne daigna
« jamais s'en corriger. »

On explique d'une autre façon la manie qu'il avait
de tourner quelquefois en scène le dos au public pour
regarder les banquettes du théâtre. Il ne le faisait
que lorsqu'il y était forcé en quelque sorte par les spectateurs assis sur le théâtre qu'il entendait rire ou cau-
ser tout haut derrière lui. C'était alors qu'il se retour-
nait vers eux, et leur imposait silence en leur adressant
les vers qu'il avait à dire. On sait que les banquettes
sur le théâtre ne devaient être supprimées qu'à la clôture de 1759, et sur les instances de Lekain.

Nous arrivons à traiter la question de Baron, auteur
dramatique. Quoiqu'il ne soit pas précisément de notre
sujet de juger la littérature des œuvres de Baron, nous
ne pouvons quitter cette grande figure sans jeter un
coup d'œil rapide sur ce qu'on est convenu d'appeler le
théâtre de Baron.

Baron ne manquait pas d'esprit, et il avait beaucoup

de goût; depuis le milieu de sa vie il se piqua de belles-lettres, et il ne parut pas moins de dix pièces qui furent signées de son nom. Nous disons signées, car la propriété de ces ouvrages lui fut vivement contestée.

Le Rendez-vous des Tuileries (1685 et *les Enlèvements* (même année), qui eurent dix-huit représentations, nous reproduisent sans façon, l'une une scène de l'*Impromptu*, l'autre deux scènes de *Mélicerte* de Molière.

D'Allainval ne craint pas d'affirmer hautement que l'*Homme à bonnes fortunes* et la *Coquette* sont d'un gentilhomme que Baron paya pour faire mettre ces deux pièces sous son nom. Il est difficile de contrôler le fait; en attendant, l'*Homme à bonnes fortunes* (1686) passe pour la meilleure de toutes ses pièces, et l'on prétend que Baron, gâté par les duchesses de son temps, avait étudié la fatuité sur lui-même, et s'y était représenté sous les traits de *Moncade*.

L'*Andrienne* et les *Adelphes* de Térence pièces représentées en 1703 et 1705, passèrent pour être du **Père de La Rue**, jésuite.

Nommons comme mémoire :

Le Jaloux, 1687 ;

Les Fontanges maltraitées, 1689 :

La Répétition, 1689 ;

Le Débauché, 1689 ;

pièces qui n'eurent qu'un très petit nombre de représentations et qui complètent le bagage littéraire de Baron.

La meilleure édition de ses œuvres est celle de Paris. 1759. 3 vol. in-12. On voit par cette étude que nous avons rapporté avec la plus grande impartialité tous les jugements portés sur Baron. C'est au lecteur qu'il appartient de discerner les louanges trop flatteuses des critiques outrées.

En résumé, Baron possédait toutes les qualités nécessaires au théâtre que beaucoup de ses successeurs les plus illustres ne purent réunir.

Lekain péchait par la forme, Dufresne par la chaleur, Grandval par l'organe. Baron, supérieur à tous ces comédiens si justement célèbres, fut admirable, et à un aussi haut degré, dans la tragédie et dans la comédie.

Avec lui s'éteignit la troupe de Molière, si nous en exceptons toutefois la veuve de Beaubourg, fille de Beauval, qui avait créé le rôle de Louison dans le *Malade imaginaire*.

LES BEAUVAL

CHAPITRE X

LES BEAUVAL

Si l'on dit volontiers qu'il n'existe pas de sot métier, on peut dire également qu'au théâtre, il n'est pas de sot emploi. L'exemple de Beauval en est la preuve la plus frappante. Voici un garçon parti de l'emploi le plus humble qui se puisse rencontrer dans une troupe de comédiens au XVIIᵉ siècle, celui de moucheur de chandelles. Il arrive, par son zèle, son application à bien faire, à rendre de petits services dans la comédie. Peu à peu le voici passé comédien à son tour; ce qu'il fait, il le fait consciencieusement: aussi le remarque-t-on de suite, et Molière qui s'y connaissait en hommes et en choses, n'hésite pas à lui confier dans ses comédies des rôles en rapport avec ses moyens. Beauval y trouve tout simplement la manière d'y être parfait. Mais n'anticipons pas.

Beauval (Jean Pitel, sieur de Beauval) naquit vers 1635 au dire des quelques biographes qui ont bien voulu s'occuper d'une aussi mince personnalité. Il avait pour frère un certain Pitel de Longchamp, qui courut la province comme acteur, et dont on ne retrouve guère la trace. Lui, Beauval, entra donc en qualité de moucheur de chandelles dans la troupe de Paphetin, à Lyon. Combien de temps courut-il la province lui aussi? on ne sait. Toujours est-il qu'il se fit remarquer un beau jour d'une jeune comédienne qui n'était point dépourvue de talent, qu'un mariage fut décidé entre eux, mais que ce projet souleva aussitôt de vives oppositions.

Cependant Mlle Bourguignon, c'est ainsi que s'appelait notre amoureuse, avait bien mis dans sa tête d'épouser son Beauval. En vain put-on obtenir de l'archevêque de Lyon un ordre par lequel défense était faite à tous les curés de la ville de célébrer ce mariage. Rien n'y fit. Mlle Bourguignon se rendit à la paroisse avec Beauval, un jour de prône. Beauval, à ce que l'on raconte, se cacha sous la chaire du curé, et lorsque le prône fut fini, se montra en déclarant à haute voix qu'il voulait prendre Mlle Bourguignon comme épouse; elle dit, de son côté, qu'elle prenait Beauval pour époux. Ce scandale ayant paru suffisant, on les maria sans plus marchander.

Ce mariage pour Beauval était un véritable coup de fortune. Lui qui n'était jamais monté sur le théâtre que pour moucher les chandelles, le voici maintenant qui allait y monter pour de bon. Ce n'est pas peu que de

passer du jour au lendemain de l'état de gagiste à celui
de comédien, et que d'avoir pour femme une des meilleures artistes de la troupe, celle qui faisait la recette.
Aussi Paphetin, le directeur, n'y regarda pas de si près,
et nomma, sans plus tarder, Beauval comédien. Et comme
sa nature simple et un peu craintive lui donnait une certaine tournure comique, on lui, donna en partage les
rôles de niais, de naïfs et de vieilles ridicules.

Cependant la réputation de Mlle Beauval, sa femme,
était venue jusqu'à Molière. Celui-ci avait besoin d'une
bonne soubrette dans sa troupe : Madeleine Béjart attei-
gnait la cinquantaine. Il lui fallait une gaillarde bien
taillée, à l'œil vif, aux dents blanches, au rire sonore.
Molière alla trouver le roi, et, le 1er août 1670, un cour-
rier apportait à Beauval et à sa femme, qui se trouvaient
alors à Mâcon, l'ordre royal que l'on va lire :

« De par le Roy, Sa Majesté voulant toujours entre-
« tenir les troupes de ses comédiens complètes, et pour
« cet effet prendre les meilleurs des provinces pour son
« divertissement, et estant informée que la nommée de
« Beauval, l'une des actrices de la troupe des comédiens
« qui est présentement à Mascon, a toutes les qualités
« requises pour mériter une place dans la troupe de ses
« comédiens qui représentent dans la salle de son Palais-
« Royal, Sa Majesté mande et ordonne à la dicte Beau-
« val et à son mary de se rendre incessamment à la
« suite de sa cour pour y recevoir ses ordres ; veut et
« entend que les comédiens de la dicte troupe qui est
« présentement à Mascon, ayant à ies laisser seurement
« et librement partir, sans leur donner aucun trouble

« ny empeschement, nonobstant toutes conventions,
« contratz et traitéz avec clause de desdit qu'ils pour-
« raient avoir fait ensemble, dont, attendu qu'il s'agit
« de la satisfaction et du service de Sa Majesté, elle les
« a relevés et dispensés ; enjoint à tous ses officiers et
« sujets qu'il appartiendra, de tenir la main à l'exécu-
« tion du présent ordre.

« Fait à Saint-Germain en Laye le 31 juillet 1670.

« Signé : Louis, et plus bas : Colbert. »

Beauval, en recevant cet ordre, ne se fit pas prier pour
se rendre à Paris. Certes, il n'ignorait pas que cet ordre
était motivé par le talent de sa femme et non par le sien.
Mais que lui importait? N'était-il pas comédien lui
aussi ? Et ne pouvait-il pas, à ce titre, partager un peu
les lauriers de Mlle Beauval, sa femme? Le couple Beauval laissa donc là Mâcon sans le moindre regret.

Voici, d'autre part, en quels termes Lagrange nous annonce dans son *Registre* l'arrivée des deux nouveaux
venus :

« Quelques jours après qu'on eut recommencé, après
« Pâques 1670, M. de Molière manda de la campagne le
« sieur Baron, qui se rendit à Paris après avoir reçu
« une lettre de cachet, et eut une part. Et deux mois
« après M. de Molière manda de la même troupe
« de campagne M. et Mlle de Beauval, pour une
« part et demie, à la charge de payer cinq cents
« livres de pension au sieur Béjart et trois livres cha-
« que jour de représentation, à Chateauneuf, gagiste de
« la troupe. »

Il n'est pas impossible que l'engagement des Beauval ait eu lieu sur la recommandation de Baron, qui sortait de la même troupe, comme on le voit ; cela même, en y réfléchissant, a dû se passer ainsi. Molière n'eut pas à se plaindre de la recommandation.

Mlle Beauval eut donc une part entière et Beauval une demi-part. Voyons un peu ce que devint le pauvre comédien de province dans une aussi illustre compagnie. Molière ne tarda pas à étudier les moyens de Beauval et sut en tirer parti : puisque Beauval avait été reçu par-dessus le marché, il fallait bien l'utiliser à quelque chose.

Le premier rôle que Beauval créa d'original dans le répertoire du Maître, fut celui de *Bobinet* dans la *Comtesse d'Escarbagnas* (1672) ; mais celui qui commença véritablement sa réputation, fut celui de *Thomas Diafoirus* dans le *Malade imaginaire* (10 février 1673).

N'est-ce pas Beauval lui-même que Molière a visé quand il fait dire à Diafoirus le père :

« Monsieur, ce n'est pas parce que je suis son père :
« mais je puis dire que j'ai sujet d'être content de lui,
« et que tous ceux qui le voient en parlent comme d'un
« garçon qui n'a point de méchanceté. Il n'a jamais eu
« l'imagination bien vive, ni ce feu d'esprit qu'on re-
« marque dans quelques-uns ; mais c'est par là que j'ai
« toujours bien auguré de sa judiciaire, qualité requise
« pour l'exercice de notre art. Lorsqu'il était petit,
« il n'a jamais été ce qu'on appelle mièvre et éveillé ; on
« le voyait toujours doux, paisible et taciturne, ne
« disant mot, et ne jouant jamais à tous ces petits jeux
« que l'on nomme enfantins. On eut toutes les peines du

« monde à lui apprendre à lire, et il avait neuf ans
« qu'il ne connaissait pas encore ses lettres. »

On sait que le rôle de *Toinette* dans le *Malade* fut
créé par sa femme, Mlle Beauval. Or on raconte qu'à
une des répétitions, Molière, mécontent de ses interprètes et surtout de sa soubrette, ne ménagea pas
ses observations. Mlle Beauval, peu endurante de sa
nature, lui répondit assez brusquement et ajouta :
« Vous nous tourmentez tous et vous ne dites rien à
« mon mari. — J'en serais bien fâché, reprit Molière, la
« nature lui a donné de meilleures leçons que les mien-
« nes pour ce rôle. »

Après la mort de Molière, Beauval et sa femme passèrent à l'Hôtel de Bourgogne. Ils furent conservés à
la réunion des troupes en 1680. A la retraite d'Hubert,
en 1685, Beauval reprit les rôles de vieilles ridicules que
remplissait cet acteur et, malgré ses faibles moyens,
réussit à se faire agréer du public. Le nom de Beauval
resta toujours comme celui d'un comédien ayant excellé
dans les rôles de niais.

Il prit sa retraite le 8 mars 1704, avec 1.000 livres de
pension et mourut le 29 décembre 1709, laissant le souvenir d'un homme simple, mais fort honnête et bon camarade. Il avait donné à sa femme le chiffre fort res-
pectable de vingt-quatre enfants.

Mlle BEAUVAL

Mlle Beauval (Jeanne-Olivier Bourguignon), femme
du précédent et actrice d'un grand talent, eut une enfance qui tient plus du roman que de la réalité. Exposée
tout enfant à la porte d'une église de Hollande, elle est
recueillie par une blanchisseuse. Celle-ci la céde à Filandre, directeur d'une troupe de comédiens ambulants.
Cette troupe était celle qui s'intitula plus tard troupe
de M. le prince de Condé, et que M. Chardon, du Mans,
croit être celle décrite par Scarron dans le *Roman comique* en 1651. Voilà donc la petite Bourguignon dans
la troupe de Filandre qui, lui reconnaissant des dispositions pour le théâtre, en prend un soin particulier ; il la
traite comme son enfant. Après avoir parcouru avec elle
la Hollande et la Flandre, Filandre vient à Lyon. Là se
trouvait un autre directeur de troupe, Monsinge ou
Monchinge, plus connu sous le nom de Paphetin. Celui-
ci fait des propositions engageantes à la jeune fille qui,
oubliant sur le champ son ancien bienfaiteur et les services rendus, passe dans la troupe de Paphetin où se
trouvait Beauval comme gagiste.

Nous avons raconté plus haut l'étrange histoire de
son mariage, et comment sur un ordre du roi, ils

étaient passés tous les deux dans la troupe de Molière en 1670.

Molière, qui recherchait partout une soubrette, ne tarda pas à utiliser les services de la Beauval qu'il faisait venir tout exprès de Mâcon, et le premier rôle qu'il lui confia fut celui de *Nicole* dans le *Bourgeois gentil-homme*, joué pour la première fois à Chambord devant le roi, le 14 octobre 1670.

« Vendredi troisième octobre, la troupe est partie pour « Chambord par ordre du roi. On y a joué, entre plusieurs « comédies, le *Bourgeois gentilhomme*, pièce nouvelle de « M. de Molière. Le retour a été le vingt-huitième du « dit mois. Reçu de part pour nourritures et gratifica- « tions 600 livres 10 sols. »

Mlle Beauval était grande et bien faite, mais nulle- ment jolie, et avait une voix aigre et un rire continuel.

Aussi la première fois qu'elle parut devant le roi, quelques jours avant la première représentation du *Bourgeois gentilhomme*, lui déplut-elle à première vue.

Il demanda même à Molière, à ce que l'on raconte, qu'on lui ôtât le rôle qu'elle devait jouer dans la pièce nouvelle. Ce n'était pas l'affaire de Molière qui comp- tait beaucoup sur son actrice. L'auteur-directeur aux abois usa alors de subterfuge : il représenta au monarque qu'il n'y avait plus que peu de jours avant la première représentation de son ouvrage, que le temps nécessaire pour faire apprendre un rôle aussi long que celui de *Nicole* n'existait pas ; bref il supplia le roi qu'on lui laissât pour cette fois son actrice, et profitant du court intervalle de temps qui lui restait, il appropria le rôle aux moyens de Mlle Beauval, et même à son défaut capital qui était de rire en parlant. On connaît le rôle de *Nicole* du *Bourgeois gentilhomme*. Mais laissons parler Robinet qui a vu Molière à Chambord :

> Avec sa ravissante troupe
> Qui si fort a le vent en poupe
> Et même où, par l'ordre royal
> On voit depuis peu la Beauval,
> Actrice d'un rare mérite,
> Qui de bonne grâce récite,
> Ainsi qu'avecque jugement,
> Et qui bref est un ornement,
> Le plus attrayant sur la scène,
> C'est une vérité certaine.

Mlle Beauval joua *Nicole* et elle y réussit si complètament que le roi dit à Molière au sortir de la représentation : « Je reçois votre actrice. » Le directeur ne s'était pas trompé. A partir de ce jour Mlle Beauval devint une des premières actrices de la troupe de Molière. C'est la servante de Molière à la gaieté communicative, habituée à parler haut et ferme dans la maison. Mais aussi comme Molière a su ménager la première entrée en scène de sa protégée. Elle a un tic qui consiste à rire continuellement en parlant, et ce tic peut déplaire au roi. Voici comment l'auteur s'en tirera :

M. JOURDAIN

Nicole !

NICOLE

Plaît-il ?

M. JOURDAIN

Ecoutez.

NICOLE

Hi ! hi ! hi ! hi ! hi !

M. JOURDAIN

Qu'as-tu à rire ?

NICOLE

Hi! hi! hi! hi! hi!

M. JOURDAIN

Que veut dire cette coquine-là?

NICOLE

Hi! hi! hi! comme vous voilà bâti, hi! hi! hi!

M. JOURDAIN

Comment donc?

NICOLE

Ah! ah! mon Dieu! hi! hi! hi!

M. JOURDAIN

Quelle friponne est-ce là? te moques-tu de moi?

NICOLE

Nenni, monsieur : j'en serais bien fâchée, hi! hi! hi!

M. JOURDAIN

Je te baillerai sur le nez, si tu ris davantage!

NICOLE

Monsieur, je ne puis pas m'en empêcher, hi! hi! hi! hi! hi!

M. JOURDAIN

Tu ne t'arrêteras pas?

Et la scène continue ainsi. Or qu'y a-t-il de plus difficile au théâtre que de rire? Présenté ainsi, le tic de la Beauval passera aux yeux de ceux qui n'en savent rien pour une difficulté vaincue, et le défaut deviendra une qualité. Une partie du succès n'en revient-elle pas à Molière?

Cependant Mlle Beauval ne peut pas jouer uniquement *Nicole* du *Bourgeois gentilhomme*. Certes non : mais qu'à cela ne tienne, Molière lui taillera des rôles et la Beauval rira toujours.

Ecoutez *Zerbinette* dans les *Fourberies de Scapin* ; on ne l'a pas encore vue de la pièce. Voici comme elle entrera à la scène III du 3e acte :

ZERBINETTE, riant.

Ah ! ah ! je veux prendre un peu l'air.

GÉRONTE, *à part sans voir Zerbinette*.

Tu me le paieras, je te jure.

ZERBINETTE, *sans voir Géronte*.

Ah ! ah ! ah ! ah ! la plaisante histoire, et la bonne dupe que ce vieillard !

Et plus loin dans la même scène :

ZERBINETTE

Ah ! ah ! ah ! ah ! je ne saurais m'en souvenir que je ne rie de tout mon cœur, ah ! ah ! ah ! ah ! Il est allé trouver ce chien d'avare, ah ! ah ! ah ! et lui a dit qu'en se promenant sur le port avec son fils, hi ! hi ! ils avaient vu une galère turque.

Tout le récit continue sur ce ton : demandez à nos comédiennes d'aujourd'hui si elles ne tremblent pas avant d'aborder ce récit où le rire va crescendo depuis le commencement jusqu'à la fin, un des plus difficiles à dire dans tout le répertoire de Molière.

N'est-ce pas non plus pour elle que Molière a écrit cette entrée de *Toinette* dans le *Malade imaginaire*?

TOINETTE, *entrant*.

On y va.

ARGAN

Ah ! chienne, ah ! carogne !

TOINETTE, *faisant semblant de s'être cogné la tête*.

Diantre soit de votre impatience ! vous pressez si fort les personnes, que je me suis donné un grand coup à la tête contre la carne d'un volet.

ARGAN, en colère.

Ah ! traitresse !

TOINETTE, interrompant Argan.

Ah !

ARGAN

Il y a.....

TOINETTE

Ah !

ARGAN

Il y a une heure.....

TOINETTE

Ah !

ARGAN

Tu m'as laissé...

TOINETTE

Ah !

ARGAN

Tais-toi donc, coquine, que je te querelle.

Nous ne voulons pas abuser de ces citations. Mais n'est-il pas bien évident que l'auteur avait en vue la Beauval, en écrivant ces lignes, et ne les écrivait que pour elle ?

Si l'on ajoute à ces rôles ceux de *Cidippe* dans *Psyché* (1671) et de *Julie* dans la *Comtesse d'Escarbagnas* (1672), nous aurons énuméré toutes les créations de Mlle Beauval dans la troupe de Molière.

Après la mort de l'illustre poète, Mlle Beauval passa avec son mari à l'Hôtel de Bourgogne. C'est là que nous la retrouvons en 1677, jouant d'original le rôle d'*Œnone* dans la *Phèdre* de Racine.

Lorsque les troupes furent réunies en 1680, Mlle Beauval créa encore nombre de rôles importants. Nous nous contenterons d'énumérer les principaux :

1686 Marton de l'*Homme à bonnes fortunes* et Marton de la
  Coquette.
1691 Catau du *Grondeur* et Marine du *Muet*.
1695 Justine du *Flatteur*, Nérine du *Joueur* et Lisette du *Distrait*.
1700 Cléanthis de *Démocrite*.
1702 Frosine du *Double Veuvage* et Mysis de l'*Andrienne*.
1704 Lisette des *Folies amoureuses*.

Outre l'emploi de soubrette dans la comédie, Mlle Beauval tenait encore celui de reine dans la tragédie, car l'usage voulait alors que chaque artiste parût dans les deux genres. C'est ainsi qu'elle joua *Fatime*, princesse de Grenade, dans *Zaïde* de La Chapelle, et *Orithie*, reine de Tauride, dans l'*Oreste* de Boyer et Leclerc, mais ce n'est pas au titre d'actrice tragique que Mlle Beauval devra passer à la postérité.

Son humeur, fort difficile à supporter, lui attira comme on pense une foule de désagréments avec ses camarades de théâtre. M. Arsène Houssaye, pénétrant dans sa vie privée, nous fait connaître des pièces de procédure retrouvées aux archives dans lesquelles nous la voyons se colletant avec ses femmes de chambre. Nous nous contenterons de retracer avec Regnard le fond du caractère de cette servante maîtresse par excellence.

Nous avons dit plus haut qu'elle créa le rôle de *Lisette* dans les *Folies amoureuses*. Mais ce que l'on ignore assez généralement, c'est que cette pièce comportait à l'origine un prologue, supprimé dans presque toutes les éditions de Regnard, et que ce prologue mettait en scène Mlle Beauval sous son propre nom.

Laissons la parole à Regnard :

MADEMOISELLE BEAUVAL

Qui! moi, chercher querelle? Hé bien! la médisance!
Parce que naturellement,
Avec simplicité, je dis ce que je pense;
Que j'avertis le public bonnement,
Qu'une pièce n'a rien du titre qu'on lui donne.

DANCOURT

Oui, vous êtes tout à fait bonne!

MADEMOISELLE BEAUVAL

Hé bien! monsieur, pourquoi me chagriner?
Vraiment, je vous trouve admirable!
On me fait passer pour un diable,
Moi, qui, comme un mouton, suis facile à mener.

DANCOURT

S'il est ainsi, laissez-vous donc conduire,
Rentrez dans les foyers, songez à commencer.

MADEMOISELLE BEAUVAL

Commencer, moi! non, vous avez beau dire.

DANCOURT

De grâce...

MADEMOISELLE BEAUVAL

Là dessus, rien ne peut me forcer.

DANCOURT

Mademoiselle...

MADEMOISELLE BEAUVAL

Ah! oui! vous saurez m'y réduire!

DANCOURT

Quoi...

MADEMOISELLE BEAUVAL

Je ne jouerai point, monsieur.

DANCOURT

Mais on dira...

MADEMOISELLE BEAUVAL

Mais on dira monsieur, tout ce que l'on voudra.

DANCOURT

La bonne cervelle!

MADEMOISELLE BEAUVAL

Il est drôle!
J'aurai chaussé ma tête, et l'on me contraindra !
Ah ! vous verrez comme on réussira !

DANCOURT

Si...

MADEMOISELLE BEAUVAL

L'on me contredit, mais ce qui m'en console
Jouera le rôle qui pourra.

DANCOURT

Mais si vous ne jouez, la pièce tombera ;
Et pour ne point jouer un rôle,
Il faut avoir des raisons, s'il vous plaît,

MADEMOISELLE BEAUVAL

J'en ai, Monsieur, une très bonne.

DANCOURT

Et c'est ?

MADEMOISELLE BEAUVAL, *très vite*.

J'en ai, vous dis-je, et je ne suis point folle.
Je n'en démordrai point, en un mot comme en cent,
Votre discours devient lassant,
Vous me prenez pour une idole :
Vous croyez me pétrir comme une cire molle.
Mais vous êtes un innocent.
Et votre éloquence est frivole,
Vous avez beau parler, prier, être pressant.
Je ne saurai jouer : j'ai perdu la parole.

DANCOURT

Il y paraît.

Une autre actrice, Mlle Desbrosses vient les avertir que l'auteur a changé d'idée, et qu'il ne veut plus laisser représenter sa pièce. C'est assez pour que Mlle Beauval veuille la jouer immédiatement :

MADEMOISELLE BEAUVAL

On ne la jouerait pas ? hé ! pourquoi, je vous prie ?
L'auteur l'entend fort bien, il serait beau, ma foi,
Que messieurs les auteurs nous donnassent la loi !
    Oh ! contre sa mutinerie,
Puisqu'il le prend ainsi, je me révolte, moi.
Pour le faire enrager, je prétends qu'on la joue.

MADEMOISELLE DESBROSSES

Venez donc lui parler, tout le monde s'enroue
    Pour lui faire entendre raison.

DANCOURT

Mais peut-être, en a-t-il quelques-unes.

MADEMOISELLE BEAUVAL

        Lui ? bon !
Ses raisons ne sont pas meilleures que les nôtres ?
La pièce est sue, il faut la jouer, vous dit-on.
Appuierez-vous, monsieur, ses raisons ?

DANCOURT

        Pourquoi non ?
Vous m'avez déjà fait presqu'approuver les vôtres.

MADEMOISELLE BEAUVAL

    Mordienne ! monsieur, finissez.
    Je n'aime pas qu'on me plaisante,
Avec votre sang-froid...

DANCOURT

    Que vous êtes charmante,
Lorsque vous vous radoucissez !

MADEMOISELLE BEAUVAL.

Je suis la douceur même, et je ne me tourmente
      Que quand les choses ne vont pas
Selon mes intérêts ou selon mon attente.
      Mais quand on me fâche, en ce cas,
   Je deviens vive et je suis pétulante.

Regnard ne devait-il pas connaître à fond le caractère de l'actrice qui eut l'insigne honneur de créer dans son répertoire la *Nérine* du *Joueur*, et la *Lisette* des *Folies amoureuses*? D'ailleurs c'était assez l'usage au XVIIe siècle de mettre en scène les acteurs sous leurs propres noms, et de leur faire dire en face du public leurs petites vérités.

Molière, lui-même, n'avait-il pas écrit l'*Impromptu de Versailles* pour être joué devant le roi? Mme Beauval, avec son caractère difficile et ses nombreux travers ne devait pas échapper à cette sorte de confession publique, et en ce qui la concerne Regnard ne faisait que suivre l'exemple de Baron, le camarade de théâtre de Mlle Beauval, qui déjà l'avait peinte au naturel dans son prologue du *Rendez-vous des Thuilleries*.

Le rôle de *Lisette* des *Folies amoureuses* devait être le dernier rôle joué par elle sur le théâtre de ses succès.

Après trente-quatre ans de service à Paris, Mlle Beauval apprit un jour que Mlle Desmares, qui avait joué à Versailles avec quelque succès, venait de recevoir un ordre du Dauphin pour apprendre ses rôles et doubler son emploi. « Je vois bien que cet ordre est pour me « faire entendre que je ne suis plus capable de remplir « mon emploi, dit-elle à ses camarades, aussi je me « retire. »

Ni prières, ni supplications ne purent lui faire changer d'avis. Elle demanda son congé, et l'obtint, ainsi que celui de son mari ; et tous deux se retirèrent à la fermeture de Pâques 1704.

Elle avait eu vingt-quatre enfants, et jamais, si ce n'est le temps de ses couches, elle n'avait cessé de faire exactement son service au théâtre.

Si ses camarades avaient pu se plaindre de son caractère, ils n'avaient pas pu au moins se plaindre de son service.

On dit qu'elle savait à peine lire, et que son mari était forcé de lui copier ses rôles d'une certaine façon afin qu'elle pût les apprendre. Et cette anecdote, si exagérée qu'elle paraisse, pourrait bien avoir quelque semblant de vérité, si nous en rapprochons ce passage du prologue de Regnard déjà cité :

> Ma foi, monsieur, je vous admire !
> Il semble aux gens, parce qu'ils savent lire,
> Qu'on ne saurait parler aussi bien qu'eux.

Si le fait est vrai, il est assez plaisant de voir le moucheur de chandelles de la troupe de Paphetin apprenant à épeler à la soubrette !

Mlle Beauval vécut encore seize ans après sa retraite, et ne s'éteignit que le lundi 20 mars 1720, âgée d'environ soixante-treize ans.

On l'avait vue reparaître à de rares intervalles sur une scène d'amateurs dans les fêtes données par la duchesse du Maine, dans son château de Sceaux. Beauval était mort, lui, depuis 1709.

Eh bien ! parmi ces vingt-quatre enfants, dont quelques-uns moururent dès le berceau, mais dont beaucoup aussi survécurent, un seul ou du moins une seule, une fille, embrassa la carrière du théâtre. Elle aussi, quoique bien jeune, devait faire partie de la troupe de Molière, et en être la dernière survivante, ce qui d'ailleurs était dans l'ordre régulier des choses d'ici-bas.

Car elle était bien jeune, la petite Louise Pitel de Beauval, lorsqu'elle créa le rôle de *Louison* dans le *Malade imaginaire*. On place sa naissance à Lyon en 1665, et, comme le *Malade* fut représenté en 1673, elle avait donc huit ans.

Ses véritables débuts au théâtre ne devaient avoir lieu qu'en 1684. Mais, bien que fille d'une comédienne de talent, elle ne sortit jamais de la médiocrité. Sa laideur venait encore, paraît-il, augmenter ses défauts. Elle ne resta pas moins à la comédie, où elle tenait l'emploi de confidente. Elle se retira du théâtre au bout de trente-quatre ans de service, comme sa mère, mais y laissa moins de regrets. Elle eut également la pension de mille livres.

Louise Pitel, la petite *Louison* de Molière, se maria trois fois : la première avec Jacques Bertrand, maître perruquier ; la seconde avec François Deshayes, ayant charge à la cour, la troisième avec l'acteur Beaubourg, son camarade. C'est pourquoi, en 1685, elle figure sur la liste de la Comédie, sous le nom de Bertrand.

Elle mourut au mois de juin 1740 à l'âge de soixante-quinze ans. Depuis bien longtemps déjà, c'était la seule actrice qui pût se vanter d'avoir connu Molière — et qui plus est — d'avoir joué avec lui.

Avec elle disparaissait aussi sans doute la dernière des Beauval, des Beauval qui avaient donné au théâtre une comédienne illustre, la servante de Molière, *la forte en gueule* de Regnard, *Nicole*, *Toinette*, *Lisette*, ces trois maîtresses-femmes ; — un comédien modeste, mais utile à son rang, — le *Thomas Diafoirus* immortel ; — et une enfant dont le nom ne serait sans doute jamais passé à la postérité, si elle n'avait été pour Molière, sa « *petite Louison* ».

APPENDICE

DISTRIBUTION DES RÔLES DANS LES PIÈCES DE MOLIÈRE

Peu d'éditions des œuvres de Molière donnent les noms des acteurs qui ont créé les rôles.

Celles qui les donnent ont commis des fautes nombreuses.

Nous avons cru bien faire en faisant suivre cette *Histoire des Comédiens de la troupe de Molière* d'une distribution aussi complète que possible.

, On retrouvera avec plaisir le nom des comédiens qui ont tenu ces rôles à l'origine.

Ce petit travail était, selon nous, le complément indispensable de cette histoire. Il est bien entendu que nous ne nous occupons ici que des comédiens, et que nous passons sous silence volontairement le nom des danseurs qui ont figuré dans les ballets et les intermèdes.

L'ÉTOURDI OU LES CONTRE-TEMPS

COMÉDIE EN CINQ ACTES

Représentée pour la première fois à Lyon en janvier 1653

DISTRIBUTION

LÉLIE fils de Pandolphe,	MM . . . .
MASCARILLE, valet de Lélie.	Molière
ANSELME, père d'Hippolyte.	Louis Béjart
TRUFALDIN, vieillard,	. . . .
PANDOLPHE, père de Lélie.	Joseph Béjart
LÉANDRE, fils de famille,	. . . .
ANDRÈS, cru Egyptien,	. . . .
ERGASTE, ami de Mascarille.	. . . .
UN COURRIER,	. . . .
CÉLIE, esclave de Trufaldin,	Mlles De Brie
HIPPOLYTE, fille d'Anselme.	Du Parc

Observations — Quelques éditions indiquent Lagrange comme créateur du rôle de *Lélie*. C'est absolument inexact puisque la pièce fut jouée à Lyon en 1653, et que Lagrange ne fit partie de la troupe qu'en 1659. Il serait plus juste de dire qu'il reprit le rôle à Paris — Selon la composition de la troupe lorsqu'elle vint à Paris, il y a lieu de croire que Du Fresne jouait *Lélie*, et Du Parc *Ergaste* — C'est en jouant le rôle de *Pandolfe* le 11 mai 1659, que Béjart l'aîné tomba malade pour ne plus se relever. — Quant à la date de la première représentation, janvier 1653, elle est incontestable.

(Voir M. J. Loiseleur, *Points obscurs de la vie de Molière*, page 161.

LE DÉPIT AMOUREUX

COMÉDIE EN CINQ ACTES

*Représentée pour la première fois à Béziers, en novembre
ou décembre 1656.*

DISTRIBUTION

ERASTE, amant de Lucile,	MM. JOSEPH BÉJART
ALBERT, père de Lucile et d'Ascagne,	MOLIÈRE
GROS RENÉ, valet d'Eraste,	DU PARC
VALÈRE, fils de Polidore,	LOUIS BÉJART
POLIDORE, père de Valère	. . . .
MASCARILLE, valet de Valère,	. . . .
MÉTAPHRASTE, pédant,	. . . .
LA RAPIÈRE, bretteur,	DE BRIE
LUCILE, fille d'Albert,	Mlles DE BRIE
MARINETTE, suivante de Lucile,	MADELEINE BÉJART
FROSINE, confidente d'Ascagne,	. . . .
ASCAGNE, fille d'Albert, déguisée en homme,	. . . .

Observations — Le rôle de *Métaphraste* a été plus tard tenu à
Paris par Du Croisy. Mais comme cet acteur n'entra dans la troupe
qu'en 1659, c'est par erreur qu'il est désigné comme créateur du rôle.
— On prétend que De Brie reprit le rôle de *Gros René* après la mort
de Du Parc. — Nous donnons aussi comme exacte la date de novembre ou décembre 1656.

LES PRÉCIEUSES RIDICULES

COMÉDIE EN UN ACTE

*Représentée pour la première fois à Paris sur le théâtre
du Petit-Bourbon, le 18 novembre 1659.*

DISTRIBUTION

LE MARQUIS DE MASCARILLE, valet de
    Lagrange,   MM. MOLIÈRE
LE VICOMTE DE JODELET, valet de Du
    Croisy,   JODELET
GORGIBUS, bon bourgeois,   L'ESPY
LAGRANGE, }
DU CROISY, } amants rebutés }   LAGRANGE
                                DU CROISY
ALMANZOR, laquais des Précieuses,   DE BRIE
Deux porteurs de chaise, ...
MADELON, fille de Gorgibus }
CATHOS, nièce de Gorgibus } Précieuses } Mlles DE BRIE
                               . . . . . .
MAROTTE, servante des Précieuses.   MAROTTE

Observations. — Tout le monde désigne Mlle Du Parc pour le rôle de *Cathos*. Nous avons prouvé à son article qu'elle était au théâtre du Marais lors de la première représentation des *Précieuses*. De Brie est aussi désigné partout pour *Almanzor*. Voir à l'article De Brie les observations que nous avons faites à ce sujet. — Brécourt reprit plus tard le rôle de *Jodelet*. Mais on ne dit pas qui joua ce rôle depuis la mort de *Jodelet* (1660) jusqu'à l'entrée de Brécourt dans la troupe (1662). Enfin, cette Marotte n'est-elle pas celle qui devint plus tard Mlle Lagrange, à cette époque femme de chambre de Mlle De Brie, et que l'on avait surnommée à la ville *Marotte* ?

SGANARELLE

OU LE COCU IMAGINAIRE

COMÉDIE EN UN ACTE

*Représentée pour la première fois à Paris le 28 mai 1660,
sur le théâtre du Petit-Bourbon.*

DISTRIBUTION

SGANARELLE, bourgeois de Paris, MM.	Molière
GORGIBUS, —	L'Espy
LÉLIE, amant de Célie,	Lagrange
GROS RENÉ, valet de Lélie,	Du Parc
VILLEBREQUIN, père de Valère,	De Brie
UN PARENT de la femme de Sganarelle,	. . . .
LA FEMME de Sganarelle, Mlles	De Brie
CÉLIE, fille de Gorgibus,	Du Parc
LA SUIVANTE de Célie,	Madeleine Béjart

DON GARCIE DE NAVARRE

OU LE PRINCE JALOUX

COMÉDIE HEROÏQUE EN CINQ ACTES

*Représentée pour la première fois sur le théâtre
du Palais-Royal, le 4 février 1661*

DISTRIBUTION

DON GARCIE, prince de Navarre, MM.	MOLIÈRE
DON ALPHONSE, prince de Léon,	LAGRANGE
DON ALVAR, confident de Don Garcie,	. . . .
DON LOPE, —	. . . .
DON PÈDRE, écuyer d'Ignès	. . . .
UN PAGE de Done Elvire,	. . . .
DONE ELVIRE, princesse de Léon, Mlles	DU PARC
DONE IGNÈS, comtesse,	. . . .
ÉLISE, confidente de Done Elvire,	MADELEINE BÉJART

L'ÉCOLE DES MARIS

COMÉDIE EN TROIS ACTES

*Représentée pour la première fois à Paris. sur le théâtre
du Palais-Royal le 24 juin 1661.*

DISTRIBUTION

SGANARELLE. } frères ARISTE,	MM. MOLIÈRE L'ESPY
VALÈRE, amant d'Isabelle,	LAGRANGE
ERGASTE, valet de Valère,	DU PARC
UN COMMISSAIRE,	DE BRIE
UN NOTAIRE.	. . . .
ISABELLE, } sœurs LÉONOR,	Mlles DE BRIE ARMANDE BÉJART
LISETTE, suivante de Léonor,	MADELEINE BÉJART

Observations. — On remarquera l'apparition d'Armande Béjart qui
débute dans le petit rôle de *Léonor*, et qui ne deviendra la femme de
Molière que l'année suivante.

LES FACHEUX

COMÉDIE-BALLET EN TROIS ACTES

Représentée pour la première fois à Vaux-le-Vicomte, dans le jardin du surintendant Fouquet, et en présence du Roi, le 17 août 1661, — à Fontainebleau le 25 du même mois, — et sur le théâtre du Palais-Royal, à Paris, le 4 novembre suivant.

DISTRIBUTION

Prologue.

UNE NAIADE   Mlles MADELEINE BÉJART.

Comédie

ERASTE, amoureux d'Orphise,	MM. MOLIÈRE.
DAMIS, tuteur d'Orphise,	L'ESPY.
LA MONTAGNE, valet d'Eraste,	DU PARC.
ALCIDOR,	. . . .
LISANDRE,	LAGRANGE.
ALCANDRE,	. . . .
ALCIPPE,	. . . .
DORANTE, fâcheux	. . . .
CARITIDÈS,	. . . .
ORMIN,	. . . .
FILINTE,	. . . .
L'ÉPINE, valet de Damis,	. . . .
LA RIVIÈRE,	. . . .
ORPHISE,	Mlles ARMANDE BÉJART.
ORANTE,	DU PARC.
CLIMÈNE,	DE BRIE.

Observations. — On désigne généralement Molière comme créateur du rôle d'*Eraste* et Lagrange comme créateur du rôle de *Lisandre*. Nous nous sommes conformé à cette version parce qu'il nous semble que devant la Cour, Molière n'aurait pas consenti à laisser jouer par un autre que par lui un rôle aussi important que celui d'*Eraste* : ajoutez à cela que la pièce avait été écrite en fort peu de temps et que lui seul, en sa qualité d'auteur, était plus à même que quiconque de savoir par cœur un rôle aussi long en quelques jours. Mais comment se fait-il alors que Lagrange écrive dans son *Registre* à la date du 13 novembre 1661 : « Ici, je tombay malade d'une fièvre continue double tierce, et j'eus « deux rechutes, je fus deux mois sans jouer. M. Du Croisy prit mon « rôle d'*Eraste.* » Et cela en plein succès des *Fâcheux*. Lagrange devait cependant connaître le rôle qu'il jouait dans la pièce. N'y a-t-il pas lieu de supposer que Molière avait joué le rôle d'*Eraste* devant la Cour, mais que pour les représentations en public, il avait laissé le rôle à Lagrange, tout occupé qu'il était de son mariage avec Armande ?

L'ÉCOLE DES FEMMES

COMÉDIE EN CINQ ACTES

*Représentée pour la première fois à Paris sur le théâtre
du Palais-Royal le 26 décembre 1662.*

DISTRIBUTION

ARNOLPHE,	MM. MOLIÈRE.
HORACE, amant d'Agnès.	LAGRANGE.
ALAIN, paysan,	BRÉCOURT.
CHRYSALDE, ami d'Arnolphe,	L'ESPY.
ENRIQUE, beau-frère de Chrysalde.	. . . .
ORONTE, père d'Horace.	. . . .
UN NOTAIRE,	DE BRIE.
AGNÈS, jeune fille élevée par Arnolphe	Mlles DE BRIE.
GEORGETTE, paysanne, servante d'Arnolphe.	MADELEINE BÉJART.

Observations. — Certains éditeurs attribuent la création du rôle de Georgette à Mlle Marotte entrée dans la troupe en 1669, d'autres à Mlle Beauval entrée à Pâques en 1670. N'oublions pas que l'*École des femmes* fut jouée en 1662. N'est-ce pas plutôt Madeleine Béjart qui le créa?

LA CRITIQUE DE L'ÉCOLE DES FEMMES

COMÉDIE EN UN ACTE

*Représentée pour la première fois à Paris sur le théâtre
du Palais-Royal le 1er juin 1663.*

―――――

DISTRIBUTION

LE MARQUIS,	MM. LAGRANGE.
DORANTE ou le chevalier,	BRÉCOURT.
LYSIDAS, poète,	Du CROISY.
GALOPIN, laquais,	. . . . .
URANIE,	Mlles DE BRIE.
ELISE,	MOLIÈRE.
CLIMÈNE.	Du PARC.

Observations. — Armande Béjart devenue la femme de Molière figurera désormais sous le nom de Mlle Molière.

―――――

L'IMPROMPTU DE VERSAILLES

COMÉDIE EN UN ACTE

*Représentée pour la première fois à Versailles en octobre 1663,
et sur le théâtre du Palais-Royal à Paris, le 4 novembre suivant.*

DISTRIBUTION

MOLIÈRE, marquis ridicule,	MM. Molière
BRÉCOURT, homme de qualité,	Brécourt
DE LA GRANGE, marquis ridicule,	Lagrange
DU CROISY, poète,	Du Croisy
LA THORILLIÈRE, marquis fâcheux,	La Thorillière
BÉJART, homme qui fait le nécessaire,	Louis Béjart
Mlle DU PARC, marquise façonnière,	Mlles Du Parc
Mlle BÉJART, prude,	Madeleine Béjart
Mlle DE BRIE, sage coquette,	De Brie
Mlle MOLIÈRE, satirique spirituelle,	Molière
Mlle DU CROISY, peste doucereuse,	Du Croisy
Mlle HERVÉ, servante précieuse,	Hervé

Observations. — Mlle Hervé, la dernière sur la liste, n'est autre que Geneviève Béjart, qui jouait sous le nom de sa mère pour ne pas augmenter la liste des comédiens d'une Béjart de plus. — On voit que deux acteurs manquent seulement pour que la troupe soit au grand complet : les manquants sont Du Parc et De Brie.

LE MARIAGE FORCÉ

COMÉDIE EN UN ACTE

Le Mariage forcé *fut joué au Louvre, en trois actes avec des intermèdes sous le titre de* Ballet du roi, *le 29 janvier 1664 : et en un
acte avec quelques changements, sur le théâtre du Palais-Royal.
le 15 février suivant.*

DISTRIBUTION

SGANARELLE.	MM. Molière
GÉRONIMO,	La Thorillière
ALCANTOR, père de Dori-mène,	Louis Béjart
ALCIDAS, frère de Dorimène,	. . . .
LYCASTE, amant de Dorimène,	Lagrange
PANCRACE, docteur aristotélicien.	Brécourt
MARPHURIUS, docteur pyr-rhonien,	Du Croisy
DORIMÈNE. jeune coquette,	Mlles Du Parc
1re ÉGYPTIENNE,	Madeleine Béjart
2me ÉGYPTIENNE	De Brie

Observations. On indique aussi Mlle Molière pour le rôle de la
1re Égyptienne.

LA PRINCESSE D'ÉLIDE

COMÉDIE-BALLET EN CINQ ACTES

Représentée pour la première fois à Versailles le 8 mai 1664, pendant les fêtes données par le roi, et à Paris sur le théâtre du Palais-Royal, le 9 novembre 1664.

DISTRIBUTION

Prologue

LYCISCAS, valet de chiens,   M. MOLIÈRE

Comédie

MORON, plaisant de la princesse,	MM. MOLIÈRE
IPHITAS, père de la princesse,	HUBERT
EURYALE, prince d'Ithaque,	LAGRANGE
ARISTOMÈNE, prince de Messène,	DU CROISY
THÉOCLE, prince du Pyle,	BÉJART
ARBATE, gouverneur du prince d'Ithaque,	LA THORILLIÈRE
LYCAS, suivant d'Iphitas.	PREVOST
LA PRINCESSE D'ÉLIDE.	Mlles MOLIÈRE
AGLANTE, cousine de la princesse.	DU PARC
CYNTHIE, cousine de la princesse,	DE BRIE
PHILIS, suivante de la princesse.	MADELEINE BÉJART

Observations. — Le prologue et les intermèdes comportaient d'autres rôles que nous ne désignons pas ci-dessus, ces rôles étant tenus par des chanteurs et des danseurs dont nous n'avons pas à nous occuper dans ce livre.

DON JUAN

OU LE FESTIN DE PIERRE

COMÉDIE EN CINQ ACTES

*Représentée pour la première fois sur le théâtre du Palais-Royal
le 15 février 1665*

DISTRIBUTION

DON JUAN,	MM. Lagrange
SGANARELLE,	Molière
DON LOUIS, père de don Juan.	Béjart
PIERROT, paysan,	Hubert
M. DIMANCHE, marchand.	Du Croisy
LA RAMÉE, spadassin,	De Brie
GUSMAN, écuyer d'Elvire,	. . . . . .
DON CARLOS) frères d'Elvire, DON ALOSE (	. . . . . .
FRANCISQUE, pauvre,	. . . .
LA STATUE DU COMMANDEUR.	. . . . . .
LA VIOLETTE) valets, RAGOTIN (	. . . . . .
ELVIRE, femme de Don Juan.	Mlles Du Parc
CHARLOTTE) paysannes. MATHURINE (	Molière De Brie

L'AMOUR MÉDECIN

COMÉDIE-BALLET EN TROIS ACTES

*Représentée, pour la première fois, à Versailles, le 15 septembre 1665,
et à Paris, sur le théâtre du Palais-Royal, le 22 du même mois.*

DISTRIBUTION

SGANARELLE, père de Lucinde,	MOLIÈRE
CLITANDRE, amant de Lucinde,	LA GRANGE ?
M. GUILLAUME, marchand de tapisseries,	. . . .
M. JOSSE, orfèvre,	. . . .
M. TOMÈS	. . . .
M. DESFONANDRÈS	L. BÉJART
M. MACROTON médecins,	. . . .
M. BAHIS	. . . .
M. FILERIN	. . . .
UN NOTAIRE,	. . . .
CHAMPAGNE, valet,	. . . .
LUCINDE, fille de Sganarelle, Mlles	. . . .
AMINTE, voisine de Sganarelle,	. . . .
LUCRÈCE, nièce de Sganarelle,	. . . .
LISETTE, suivante de Lucinde,	. . . .

Observations. — La distribution de cette pièce ne nous est pas
parvenue. Il y a cependant tout lieu de penser que le rôle de Lucinde
était rempli par Mlle Molière et celui de Lisette, par Madeleine Béjart.

LE MISANTHROPE

COMÉDIE EN CINQ ACTES

*Représentée pour la première fois sur le théâtre du Palais-Royal
à Paris le 4 juin 1666.*

DISTRIBUTION

ALCESTE, amant de Célimène,	MM. Molière
PHILINTE, ami d'Alceste,	La Thorillière
ORONTE, amant de Célimène,	Du Croisy
ACASTE ⎱ marquis,	Lagrange
CLITANDRE ⎰	. . . .
BASQUE, valet de Célimène,	. . . .
UN GARDE de la Maréchaussée,	De Brie
DUBOIS, valet d'Alceste,	Béjart
CÉLIMÈNE,	Mlles Molière
ÉLIANTE, cousine de Célimène,	De Brie
ARSINOÉ, amie de Célimène,	Du Parc

LE MÉDECIN MALGRÉ LUI

COMÉDIE EN TROIS ACTES

*Représentée pour la première fois sur le théâtre du Palais-Royal
le 6 août 1666.*

DISTRIBUTION

SGANARELLE, mari de Martine,	MM. Molière
GÉRONTE, père de Lucinde,	. . . .
LÉANDRE, amant de Lucinde,	Lagrange
M. ROBERT, voisin de Sganarelle,	. . . .
VALÈRE, domestique de Géronte,	. . . .
LUCAS, mari de Jacqueline,	. . . .
THIBAUT, père de Perrin, } paysans,	. . . .
PERRIN,	. . . .
LUCINDE, fille de Géronte,	Mᴵˡᵉ Molière
MARTINE, femme de Sganarelle,	. . . .
JACQUELINE, nourrice chez Géronte et femme de Lucas,	. . . .

Observations. — La distribution du *Médecin malgré lui* est une des seules que nous ne connaissons pas même en partie. Il y a tout lieu de supposer que *Géronte* était joué par Béjart, *Léandre* par Lagrange, *Lucas* par Hubert, *Martine* par Madeleine Béjart, mais nous n'en avons aucune preuve. — Mᴵˡᵉ Molière jouait sans aucun doute dans cette pièce puisque l'inventaire des habits de théâtre dressé après la mort de Molière nous fait savoir que l'habit du *Médecin malgré lui* se composait d'une jupe de satin, couleur de feu, avec trois guipures et trois volants et le corps de toile d'argent et soie verte. Ce n'était certes pas Martine qui s'habillait aussi luxueusement.

MÉLICERTE

PASTORALE HÉROIQUE

*Représentée pour la première fois à Saint-Germain-en-Laye
le 2 décembre 1666.*

DISTRIBUTION

MYRTIL, amant de Mélicerte,	MM. BARON
ACANTHE, amant de Daphné,	LAGRANGE
TYRÈNE, amant d'Eroxène,	DU CROISY
LYCARSIS, pâtre,	MOLIÈRE
NICANDRE, berger,	. . . .
MOPSE, d°	. . . .
MÉLICERTE, bergère,	Mlles DU PARC
DAPHNÉ, d°	DE BRIE
EROXÈNE, d°	MOLIÈRE
CORINNE, confidente de Mélicerte,	MADELEINE BÉJART

Observations — Cette pièce qui faisait partie du *Ballet des Muses*
avait été écrite pour le jeune Baron.

PASTORALE COMIQUE

*Représentée pour la première fois à Saint-Germain-en-Laye
en décembre 1666 ou janvier 1667.*

DISTRIBUTION

LYCAS, riche pasteur, amant d'Iris,   MM. Molière
PHILÈNE   —   . . . . .
CORYDON, jeune berger,   Lagrange
IRIS, jeune bergère,   Mlle De Brie

Observations.— Le personnage de *Philène*, que nous avons marqué
par des points, était tenu par un chanteur, le sieur Estival ; c'est
pourquoi nous n'avons pas voulu mêler son nom à celui de nos
comédiens déjà connus. Il y avait aussi un Ballet qui suivait la pastorale et les noms des danseurs qui en faisaient partie sont venus
jusqu'à nous. Mais ceci ne rentrant pas dans notre cadre, nous
n'avons pas à nous en occuper.

LE SICILIEN OU L'AMOUR PEINTRE

COMÉDIE-BALLET EN UN ACTE

*Représentée à Saint-Germain-en-Laye au commencement de janvier
1667, et à Paris, pour la première fois, sur le théâtre du Palais-
Royal, le 10 juin de la même année.*

DISTRIBUTION

DON PÈDRE, gentilhomme sicilien,	MM.	MOLIÈRE
ADRASTE, — français,		LAGRANGE
UN SÉNATEUR,		DU CROISY
HALI, Turc, esclave d'Adraste,		LA THORILLIÈRE
ISIDORE, Grecque, esclave de Don Pèdre,	Mlles	DE BRIE
ZAIDE, jeune esclave,		MOLIÈRE

Observations.— Le roi dansa en personne dans le divertissement
final. Les *Maures de qualité* étaient: le Roi, M. Le Grand, les marquis
de Villeroi et de Rassan; les *Mauresques*: Madame, Mlle de la
Vallière, Mme de Rochefort, Mlle de Brancas.

LE TARTUFFE OU L'IMPOSTEUR

COMÉDIE EN CINQ ACTES

Les trois premiers actes de Tartuffe furent représentés à Versailles, le 12 mai 1664 ; la première représentation de la pièce entière eut lieu, à Paris, le 5 août 1667 ; — la seconde, le 5 février 1669.

DISTRIBUTION

ORGON, mari d'Elmire,	MM. Molière
VALÈRE, amant de Mariane,	Lagrange
TARTUFFE, faux dévot.	Du Croisy
DAMIS, fils d'Orgon.	. . . .
CLÉANTE, beau-frère d'Orgon,	La Thorillière
MADAME PERNELLE, mère d'Orgon,	Hubert
M. LOYAL, sergent.	De Brie
UN EXEMPT,	. . . .
ELMIRE, femme d'Orgon,	Mlles Molière
MARIANE, fille —	De Brie
DORINE, suivante de Mariane,	Madeleine Béjart
FLIPOTE, servante de Mme Pernelle,	Flipote

Observations. — On voit que le rôle de *Madame Pernelle* est tenu par un homme, par Hubert. Quelques biographes le donnent à Louis Béjart. Il est certain que Hubert le joua aussi. — Qui des deux le créa ? Nous préférons désigner Hubert, qui joua toujours les rôles de femmes. L'emploi de duègne n'existait pas dans le théâtre de Molière. — Flipote était une gagiste dont on a retrouvé les traces.

AMPHITRYON

COMÉDIE EN TROIS ACTES

*Représentée pour la première fois sur le théâtre du Palais-
Royal le 13 janvier 1668.*

DISTRIBUTION

Prologue

MERCURE.	M. Du Croisy
LA NUIT.	. . . .

Comédie

SOSIE.	MM. Molière
JUPITER,	La Thorillière
MERCURE,	Du Croisy
AMPHITRYON,	Lagrange
ARGATIPHONTIDAS,	Chateauneuf
NAUCRATÈS.	. . . .
POLIDAS,	. . . .
PAUSICLÈS,	. . . .
ALCMÈNE,	Mlles Molière
CLÉANTHIS.	Beauval

L'AVARE

COMÉDIE EN CINQ ACTES

*Représentée pour la première fois le 9 septembre 1668
sur le théâtre du Palais-Royal.*

DISTRIBUTION

HARPAGON,	MM. MOLIÈRE
CLÉANTE,	LAGRANGE
VALÈRE,	DU CROISY
ANSELME,	. . . .
MAITRE JACQUES,	HUBERT
MAITRE SIMON,	. . . .
LA FLÈCHE,	BÉJART CADET
BRINDAVOINE,	. . . .
LA MERLUCHE,	. . . .
UN COMMISSAIRE,	. . . .
ÉLISE,	Mlles MOLIÈRE
MARIANE,	DE BRIE
FROSINE,	MADELEINE BÉJART

GEORGE DANDIN

OU LE MARI CONFONDU

COMÉDIE EN TROIS ACTES

Représentée pour la première fois à Versailles en juillet 1668, et à Paris, sur le théâtre du Palais-Royal, le 9 novembre suivant.

———

DISTRIBUTION

GEORGE DANDIN,	MM. Molière
M. DE SOTENVILLE,	Du Croisy
MADAME DE SOTENVILLE,	Hubert
CLITANDRE,	La Grange
LUBIN,	La Thorillière
COLIN,	. . . .
ANGÉLIQUE,	Mlles Molière
CLAUDINE,	De Brie

Observations.—On remarquera que le rôle de Madame de Sotenville était tenu par un comédien, par Hubert.

MONSIEUR DE POURCEAUGNAC

COMÉDIE-BALLET EN TROIS ACTES

Représentée pour la première fois devant le Roi, à Chambord, en septembre 1669 et sur le théâtre du Palais-Royal, le 15 novembre de la même année.

DISTRIBUTION

M. DE POURCEAUGNAC,	MM. MOLIÈRE
ORONTE,	BÉJART, cadet
ERASTE,	LA GRANGE
LUCETTE,	HUBERT
SBRIGANI,	DU CROISY
JULIE,	Mlles MOLIÈRE
NÉRINE,	MADELEINE BÉJART
1er MÉDECIN,	. . . .
2e —	. . . .
UN APOTHICAIRE,	. . . .
UN PAYSAN,	. . . .
UNE PAYSANNE,	. . . .
1er SUISSE	. . . .
2e —	. . . .
UN EXEMPT	. . . .
DEUX ARCHERS,	. . . .

Observations. — Le rôle de *Lucette* feinte Gasconne, est tenu par un homme, par Hubert.

LES AMANS MAGNIFIQUES

COMÉDIE-BALLET, EN CINQ ACTES

Représentée pour la première fois à Saint-Germain,
au mois de février 1670.

DISTRIBUTION

IPHICRATE,	MM. La Grange
TIMOCLÈS,	Du Croisy
SOSTRATE,	. . . .
ANAXARQUE,	Hubert
CLÉON,	. . . .
CLITIDAS,	Molière
ARISTIONE,	Mlles Hervé
ÉRIPHILE,	Molière
CLÉONICE,	Madeleine Béjart
CHORÉBE,	. . . .
UNE FAUSSE VÉNUS,	. . . .

LE BOURGEOIS GENTILHOMME

COMÉDIE-BALLET EN CINQ ACTES

*Représentée pour la première fois à Chambord, le 14 octobre 1670,
et à Paris, le 29 novembre suivant.*

DISTRIBUTION DE LA COMÉDIE

M. JOURDAIN,	MM. Molière
MADAME JOURDAIN,	Hubert
CLÉONTE,	La Grange
DORANTE,	La Thorillière
COVIELLE,	. . . .
UN MAITRE DE MUSIQUE,	. . . .
UN ÉLÈVE DU MAITRE DE MUSIQUE,	. . . .
UN MAITRE A DANSER,	. . . .
UN — D'ARMES,	Dé Brié
UN — DE PHILO- SOPHIE,	Du Croisy
UN MAITRE TAILLEUR,	. . . .
UN GARÇON —	. . . .
DEUX LAQUAIS,	. . . .
LUCILE,	Mlles Molière
DORIMÈNE,	De Brie
NICOLE,	Beauval

Observations. — Le rôle de Madame Jourdain fut créé par Hubert.

PSYCHÉ

TRAGÉDIE-BALLET EN CINQ ACTES

Représentée pour la première fois sur le théâtre des Machines des Tuileries, au mois de janvier 1671, et sur le théâtre du Palais-Royal, le 24 juillet de la même année.

DISTRIBUTION DE LA TRAGÉDIE

JUPITER,	MM. Du Croisy
L'AMOUR,	Baron
ZÉPHYRE,	Molière
LE ROI,	La Thorillière
CLÉOMÈNE,	Hubert
AGÉNOR,	La Grange
LYCAS,	Chateauneuf
LE DIEU D'UN FLEUVE,	De Brie
DEUX PETITS AMOURS,	{ La Thorillière fils { Barillonnet
VÉNUS,	Mlle De Brie
OEGIALE, } Grâces	La Petite La Thorillière
PHAÈNE,}	La Petite Du Croisy
PSYCHÉ,	Mlles Molière
AGLAURE,	Marotte
CIDIPPE,	Beauval

LES FOURBERIES DE SCAPIN

COMÉDIE EN TROIS ACTES

*Représentée pour la première fois sur le théâtre du Palais-Royal.
le 24 mai 1671.*

DISTRIBUTION

SCAPIN.	MM. Molière
ARGANTE.	Hubert
GÉRONTE.	Du Croisy
OCTAVE,	Baron
LÉANDRE,	La Grange
SYLVESTRE,	De Brie
CARLE,	. . . . .
DEUX PORTEURS.	. . . . .
ZERBINETTE.	Mlles Beauval.
HYACINTE.	Molière
NÉRINE.	. . . . .

Observations. — On a désigné aussi La Thorillière pour le rôle de *Sylvestre*. Ce n'était guère son emploi. Nous aimons mieux suivre la tradition qui donne ce rôle au spadassin De Brie.

LA COMTESSE D'ESCARBAGNAS

COMÉDIE EN UN ACTE

*Représentée à Saint-Germain, en décembre 1671, et au Palais-Royal,
pour la première fois le 8 juillet 1672.*

DISTRIBUTION

LE VICOMTE.	MM. LA GRANGE
M. TIBAUDIER.	HUBERT
M. HARPIN,	DU CROISY
M. BOBINET.	BEAUVAL
JEANNOT,	BOULONNOIS
CRIQUET,	FINET
LE COMTE.	GODON
LA COMTESSE D'ESCARBAGNAS,	Mlles MAROTTE
JULIE,	BEAUVAL
ANDRÉE,	BONNEAU

LES FEMMES SAVANTES

COMÉDIE EN CINQ ACTES

Représentée, pour la première fois, sur le théâtre du Palais-Royal
le 11 mars 1672.

———

DISTRIBUTION

CHRYSALE,	MM. MOLIÈRE
PHILAMINTE,	HUBERT
ARISTE,	BARON
CLITANDRE,	LA GRANGE
TRISSOTIN,	LA THORILLIÈRE
VADIUS,	DU CROISY
LÉPINE,	. . . .
JULIEN,	. . . .
UN NOTAIRE,	. . . .
ARMANDE,	Mlles DE BRIE
HENRIETTE.	MOLIÈRE
BÉLISE,	VILLEAUBRUN (Geneviève Béjart)
MARTINE,	MARTINE

Observations. — Le rôle de Philaminte, femme de Chrysale, est encore tenu par Hubert. On dit que le rôle de Martine fut tenu par une servante de Molière à qui l'on donna ce nom ou même qui le portait.

———

LE MALADE IMAGINAIRE

COMÉDIE-BALLET EN CINQ ACTES

*Représentée pour la première fois, le 10 février 1673,
sur le théâtre du Palais-Royal.*

DISTRIBUTION

ARGAN,	MM. Molière
BÉRALDE,	Du Croisy
CLÉANTE,	La Grange
M. DIAFOIRUS,	De Brie
THOMAS DIAFOIRUS,	Beauval
M. PURGON,	. . . .
M. FLEURANT,	La Thorillière
M. DE BONNEFOI,	. . . .
BÉLINE,	Mlles La Grange
ANGÉLIQUE,	Molière
TOINETTE,	Beauval
LOUISON,	La Petite Beauval

TABLE

			Pages.
Préface		.	I
Chapitre	I. — Madeleine Béjart		I
—	II. — Joseph, Geneviève et Louis Béjart.		33
—	III. — Les premiers camarades de Molière.		53
—	IV. — Les Du Parc		77
—	V. — Les De Brie		105
—	VI. — Les La Grange.		125
—	VII. — Les Du Croisy, Brécourt, La Thorillière, Hubert et les petits emplois.		159
—	VIII. — Armande Béjart.		195
—	IX. — Baron.		233
—	X. — Les Beauval		259
Appendice I	— Distribution des rôles dans les pièces de Molière.		279

Imp. de la Soc. de Typ. - Noizette, 8, r. Campagne-Première. Paris